प्रेरक धार्मिक सूक्तियों का एक अनोखा संग्रह,
जो जीवन को संबल देने का सामर्थ्य रखती हैं।

आइए ! जानें, इसमें क्या-क्या है–

✔ वेदों, उपनिषदों, पुराणों, दर्शनों, स्मृतियों, नीतियों एवं महाभारत व
रामायण में उपदिष्ट गूढ़-ज्ञान की सरल प्रस्तुति।

✔ सुभाषित वचनों से दैनिक कार्य-कलाप में अनुभवजन्य प्रयोग।

✔ महान् ऋषि, मुनि, संतों, महात्माओं व विद्वानों द्वारा कही गई सूक्तियों
का दुर्लभ संकलन।

✔ प्रवचनों, व्याख्यानों, लेखन कार्यों तथा अनेक बौद्धिक क्रिया-कलापों में
प्रयुक्त करने योग्य प्रभावी सूक्तियां।

महान् कथन

❖ पृथ्वी पर अन्न, जल और सूक्तियां ही रत्न हैं।

—चाणक्य

❖ ज्ञानियों के ज्ञान और युगों के अनुभव सूक्तियों द्वारा सुरक्षित रहते हैं।

—डिजरायली

❖ महान् व्यक्तियों की सूक्तियां अपूर्व आनंद को देने वाली, उत्कृष्टतर पद पर पहुंचाने वाली और मोह को पूर्णतया दूर करने वाली होती हैं।

—योगवासिष्ठ

❖ दुराग्रह से ग्रस्त चित्त वालों के लिए सूक्तियां व्यर्थ हो जाती हैं।

—माघ

❖ इस संसार में दो वृक्ष अमृत समान फल देने वाले हैं। पहला सुभाषित का रसास्वादन और दूसरा सज्जनों की सत्संगति।

—चाणक्यनीति 16/18

❖ जीवन भर के कितने अनुभवों का अमृत कुंड सूक्ति के एक बिंदु में रहता है।

—रामकुमार वर्मा

❖ पुष्प जैसे हमारी घ्राण तथा चाक्षुष शक्तियों को आह्लादित करता है, वैसे ही सूक्तियां हमारे मन तथा मस्तिष्क को पुलकायमान करती हैं।

—अनाम/अज्ञात

❖ फसल कटने के बाद खेत में पड़े हुए दानों पर निर्वाह करने वाला जिस प्रकार दानों को चुनकर संग्रह करता है, उसी प्रकार बुद्धिमान व्यक्ति को अच्छे वचनों, सूक्तियों तथा उनसे मिलने वाले उपदेशों को संचित करते रहना चाहिए।

—विदुरनीति

धर्म-ग्रंथों से उद्धृत

धार्मिक सूक्तियां

व्यक्तित्त्व विकास में सहायक, प्रेरक व मार्गदर्शक
धार्मिक सूक्तियों का अनूठा संकलन

संकलनकर्ता
डॉ. प्रकाशचंद्र गंगराड़े

वी एण्ड एस पब्लिशर्स

प्रकाशक

वी एण्ड एस पब्लिशर्स

F-2/16, अंसारी रोड, दरियागंज, नई दिल्ली-110002
☎ 23240026, 23240027 • *फैक्स:* 011-23240028
E-mail: info@vspublishers.com • *Website:* www.vspublishers.com

क्षेत्रीय कार्यालय : हैदराबाद
5-1-707/1, ब्रिज भवन (सेन्ट्रल बैंक ऑफ इण्डिया लेन के पास)
बैंक स्ट्रीट, कोटी, हैदराबाद-500 095
☎ 040-24737290
E-mail: vspublishershyd@gmail.com

शाखा : मुम्बई
जयवंत इंडस्ट्रिअल इस्टेट, 2nd फ्लोर - 222,
तारदेव रोड अपोजिट सोबो सेन्ट्रल मॉल, मुम्बई - 400 043
☎ 022-23510736
E-mail: vspublishersmum@gmail.com

फ़ॉलो करें:

हमारी सभी पुस्तकें **www.vspublishers.com** पर उपलब्ध हैं

मुद्रक: परम ऑफसेटर्स, ओखला, नई दिल्ली-110020

अपनी बात

श्रेष्ठ संस्कारवान मानव का निर्माण करना भारतीय संस्कृति का मूलभूत उद्देश्य है। हमारे प्राचीन ऋषि-मुनियों, साधु-संतों, महापुरुषों, विचारकों, अवतारों, दार्शनिकों, नीतिज्ञों ने अनेक धार्मिक ग्रंथों; जैसे– रामचरितमानस (रामायण), श्रीमद्भगवद्गीता, श्रीमद्भागवत, महाभारत, विदुरनीति, देवीभागवत, गुरुगीता, मनुस्मृति, चाणक्यनीति, भर्तृहरि नीतिशतक, वेदों, पुराणों, उपनिषदों आदि में मानव जीवन को सुसंस्कृत बनाने के लिए धर्म, नीति की पृष्ठभूमि पर सूक्तियां, सुभाषित व उपदेशों की रचनाएं कीं, ताकि सामान्य लोग भी सुभाषित वाक्यों को अपनाकर आध्यात्मिक जीवन को साकार करने हेतु, धार्मिकता के भावों की भरपूर वृद्धि कर सकें और वे अपना जीवन सफल बना सकें।

इसमें कोई संदेह नहीं कि धार्मिक, नीतिगत सूक्तियां हमारे हृदय को स्पर्श करने में सक्षम होने के कारण जीवन को बदल देने तक की सामर्थ्य रखती हैं। आज के तनावयुक्त, व्यस्त, संघर्षमय व भागमभाग के युग में हर व्यक्ति का जीवन अशांत बन गया है। ऐसे वातावरण में इनके सीमित श्लोकों, चौपाइयों के शब्दों में जादू का सा चमत्कारिक असर होता है, जो सूक्तियों का रूप धारण कर हमें प्रेरित, उत्साहित करके स्फूर्ति प्रदान करती हैं। हमारे सुख-दुख में मार्गदर्शन प्रदान कर जीवन को नया मोड़ देने में कारगर सिद्ध होती हैं। यहां तक कि हमारी कायाकल्प भी कर सकती हैं।

यूं तो हमारे धार्मिक साहित्य में सूक्तियां, सुभाषित यत्र-तत्र बिखरी हुई मिलती हैं, लेकिन जब हमें उनकी जरूरत संदर्भ के रूप में होती है, तब उन्हें ढूंढ़ निकालना आसान काम नहीं होता। इसी कठिनाई को दूर करने के लिए उन सबका संकलन एक ही पुस्तक के रूप में प्रस्तुत करना, इस पुस्तक का मुख्य उद्देश्य है, ताकि इसका उपयोग संदर्भ ग्रंथ की तरह हो सके। इसमें अकारादि क्रम से विषयों का चयन 'सर्वजन हिताय' को ध्यान में रखकर किया गया है, जिससे विषय ढूंढ़ने में कठिनाई न हो। इन्हें श्लोक, चौपाई के साथ संदर्भ व

अर्थ सहित संकलित किया गया है। आशा है, विद्यार्थियों, शिक्षकों, लेखकों, पत्रकारों, संपादकों, वक्ताओं, धर्मोपदेशकों, समाज-सेवियों के लिए तो यह पुस्तक अत्यंत उपयोगी संदर्भ ग्रंथ होगा ही, साथ ही आम पाठक भी अपने दैनिक जीवन में नित्य-प्रतिदिन नई-नई सूक्ति पर चिंतन-मनन कर अपने जीवन को श्रेष्ठ विचारों से उन्नति के मार्ग पर ले जाने में इस ग्रंथ को उपयोगी पाएंगे।

अंत में, इस पुस्तक को लिखने के लिए मैंने जिन अनेक ग्रंथों से सूक्तियां उद्धृत की हैं, उन सभी के रचयिताओं और प्रकाशकों के प्रति मैं अपना आभार प्रकट करता हूं।

–डॉ. प्रकाशचंद्र गंगराड़े
भोपाल (म.प्र.)

अनुक्रम

❖❖❖

अवतार

◆ धर्मावनायोरुकृतावतारः।
 —श्रीमद्भागवत 6/8/19

भगवान धर्म की रक्षा के लिए अवतार लेते रहते हैं।

◆ यदा यदा हि धर्मस्य ग्लानिर्भवति भारत।
 अभ्युत्थानमधर्मस्य तदात्मानं सृजाम्यहम्॥
 परित्राणाय साधूनां विनाशाय च दुष्कृताम्।
 धर्मसंस्थापनार्थाय संभवामि युगे युगे॥
 —श्रीमद्भगवद्गीता 4/7-8

भगवान श्रीकृष्ण कहते हैं—जब-जब धर्म की हानि और अधर्म की वृद्धि होती है, तब-तब ही मैं अपने रूप को प्रकट करता हूं यानी अवतार लेकर आता हूं। सज्जनों की रक्षा, दुष्टों का विनाश और धर्म की अच्छी तरह से पुनः स्थापना—इन तीन कामों के लिए मैं प्रत्येक युग में प्रकट हुआ करता हूं।

◆ हत्वा क्रूरं दुराधर्षं देवर्षीणां भयावहम्।
 दशवर्षसहस्राणि दशवर्षशतानि च॥
 वत्स्यामि मानुषे लोके पालयन्पृथिवीमिमाम्॥
 —वाल्मीकिरामायण/बालकांड 15/29-30

भगवान विष्णु कहते हैं—देवताओं और ऋषियों को भय देने वाले उस क्रूर एवं बलशाली राक्षसराज रावण का नाश करके मैं ग्यारह हजार वर्षों तक पृथ्वी का पालन करता हुआ मनुष्य लोक में निवास करूंगा। इस प्रकार भगवान ने देवताओं की प्रार्थना पर दशरथजी के घर में मनुष्य रूप में अवतार लेना स्वीकार कर लिया।

◆ निज इच्छां प्रभु अवतरइ सुर महि गो द्विज लागि।
 —श्रीरामचरितमानस/किष्किंधाकांड 26

देवता, पृथ्वी, गौ और ब्राह्मणों के लिए प्रभु अपनी इच्छा से अवतार लेते हैं।

✦ न तस्य कार्यकारणं न विद्यते।
स्वाभाविकी नबलं क्रिया च ॥
—बृहदारण्यक उपनिषद्

संसार को बनाने में ईश्वर का न कोई कार्य-विशेष है और न ही कोई विशेष-प्रयोजन है किंतु ज्ञान, बल और क्रिया—ये तीन वस्तुएं भगवान के अन्यतम स्वाभाविक गुण हैं। परमात्मा अपने भक्त की अनन्य भक्ति से प्रसन्न होकर उसका उद्धार करने स्वयं ही अवतरित हो जाते हैं।

✦ असुर मारि थापहिं सुरन्ह, राखहिं निज श्रुति सेतु।
जग बिस्तरहिं बिषद जस, राम जन्म करि हेतु ॥
—श्रीरामचरितमानस

अवतारी पुरुष राक्षसों को मारकर देवत्व की स्थापना करते हैं और अपने सनातन पवित्र-यश आचरण का प्रकाश फैलाते हैं। यही भगवान राम के अवतार का उद्देश्य कहा गया है।

✦ मर्त्यावतारस्त्विह मर्त्यशिक्षणं रक्षोवधार्येव न केवलं विभोः।
कुतोन्यथा स्याद्रमतः स्व आत्मनः सीताकृतानि व्यसनानीश्वरस्य ॥
—श्रीमद्भागवत 5/19/5

श्री राम के अवतार प्रसंग में कहा गया है कि प्रभो! आपका मनुष्यावतार केवल राक्षसों के वध के लिए नहीं है, इसका मुख्य उद्देश्य तो मनुष्यों को शिक्षा देना है अन्यथा अपने स्वरूप में ही रमण करने वाले साक्षात जगदात्मा जगदीश्वर को सीताजी के वियोग में इतना दुःख कैसे हो सकता था।

✦ न तस्य रोगो न जरा न मृत्युः प्राप्तस्य योगाग्निमयं शरीरम्।
श्वेताश्वतरोपनिषद् 2/12

अवतारों को दिव्य शरीर प्राप्त होने के कारण योगाग्निमय तेज से आलोकित होता है। इसीलिए वे सदैव आभामंडल से अलौकिक व सदैव युवा अवस्था में तेजोमय होते हैं। उन्हें न रोग सताता है, न वृद्धावस्था आती है और न ही वे मृत्यु को प्राप्त होते हैं।

✦ प्रजापतिश्चरति गर्भेरन्तरजायमानो बहुधाविजायते।
—यजुर्वेद 31/19

प्रजापालक भगवान गर्भ के मध्य में विचरता है, यद्यपि वह अजन्मा है, तथापि अनेक प्रकार से उत्पन्न होता है। ❑ ❑ ❑

अन्न/आहार

✦ आहारप्रभवाः प्राणाः ।
—महाभारत/वनपर्व 260/25

भोजन से ही प्राणों की रक्षा होती है ।

✦ सर्वो वा एष जग्धपाप्मा यस्यान्नमश्नन्ति ।
—अथर्ववेद 9/7/8

वह मनुष्य निष्पाप हो जाता है, जिसका अन्न कई प्राणी खाते हैं ।

✦ अन्नाद् भवन्ति भूतानि पर्जन्यादन्नसंभवः ।
यज्ञाद् भवति पर्जन्यो यज्ञः कर्मसमुद्भवः ॥
—श्रीमद्भगवद्गीता 3/14

संपूर्ण प्राणी अन्न से उत्पन्न होते हैं, अन्न की उत्पत्ति वर्षा से होती है, वर्षा यज्ञ से होती है और यज्ञ सत्कर्मों से उत्पन्न होने वाला है ।

✦ भुञ्जानो मनुजव्याघ्र नैव शंकां समाचरेत् ।
—महाभारत/अनुशासनपर्व 104/99

हे पुरुष श्रेष्ठ! भोजन करते हुए कभी भी संदेह न करो कि मुझे यह अन्न पचेगा या नहीं ।

✦ पूजितं ह्यशनं नित्यं बलमूर्जं च यच्छति ।
अपूजितं तु तद्भुक्तमुभयं नाशयेदिदम् ॥
—मनुस्मृति 2/55

नित्य पूजित हुआ अन्न बल और ऊर्जा को प्रदान करता है । जो अन्न पूजित नहीं होता है, उसे खा लिया जाए तो उक्त दोनों का नाश कर देता है ।

✦ तेजो बलं च रूपं च सत्वं वीर्य घृतिर्द्युतिः।
ज्ञानमेधा तथाऽयुश्च सर्वमन्ने प्रतिष्ठितम्॥

—महाभारत

तेज, बल, रूप, वीर्य, बुद्धि, कांति, मेधा तथा आयु ये सब पवित्र अन्न पर निर्भर करते हैं।

✦ अन्नं ब्रह्म यतः प्रोक्तमन्ने प्राणाः प्रतिष्ठिताः।
अन्नाद् भवन्ति भूतानि जगदन्नेन वर्तते॥
अन्नमेव ततो लक्ष्मीरन्नमेव जनार्दनः॥

—श्रीमत्स्यपुराण 83/42-43

अन्न ब्रह्म स्वरूप है क्योंकि अन्न में प्राणियों के प्राण प्रतिष्ठित रहते हैं और अन्न से ही प्राणी उत्पन्न होते हैं, अतः अन्न स्वयं भगवान् विष्णु एवं लक्ष्मी का स्वरूप है।

✦ दीपो भक्षयते ध्वान्तं कज्जलं च प्रसूयते।
यदन्न भक्षयेन्नित्यं जायते तादृशी प्रजा॥

—चाणक्यनीति 8/3

दीपक काले अंधकार को दूर कर देता है और काजल उत्पन्न करता है, इसी प्रकार जो मनुष्य जैसा अन्न खाता है, उसकी वैसी ही संतान उत्पन्न होती है।

✦ स भारः सौम्य भर्तव्यो यो नरं नावसीदयेत्।
तदन्नमपि भोक्तव्यं जीर्यते यदनामयम्॥

—रामायण

जैसे जिस बोझ को मनुष्य द्वारा उठाने व ढोने से थकान उत्पन्न नहीं होती उसी बोझ को उठाना-ढोना चाहिए, वैसे ही जो अन्न सेवन करने पर विकार उत्पन्न न करके पच जाए वही अन्न सेवन करना चाहिए।

✦ कृते चास्थिगताः प्राणास्त्रेतायां मांससंस्थिताः।
द्वापरे रुधिरं यावत् कलावन्नादिषु स्थिताः॥

—पाराशरस्मृति 1/30

सत्य युग में प्राण हड्डियों में, त्रेता में मांस में, द्वापर में रुधिर में किंतु कलियुग

में तो प्राण अन्नादि में ही स्थित रहते हैं अर्थात् कलियुग में अन्न न मिलने पर प्राण का नाश हो जाता है।

✦ वारिदस्तृप्ति माप्नोति सुखमक्षयमन्नदः।

—मनुस्मृति/गृहस्थ 229

जल का दान करने वाला पूर्ण संतुष्टि प्राप्त करता है और अन्न का दान करने वाला अक्षय सुख की प्राप्ति करता है।

✦ यद्वा आत्मसम्मितमन्नं तदवति। तन्न हिनस्ति ॥
यद् भूयो हिनस्ति तद्। यत्कनीयो न तदवति ॥

—शतपथ ब्राह्मण

जो अन्न मात्रा में भूख के अनुकूल होता है वह संतोष को बढ़ाता है यानी तृप्तिकारक और शरीर की रक्षा करता है। अर्थात् हानि नहीं करता। अधिक अन्न हानि करता है जबकि मात्रा से कम सेवन करने पर संतोष प्रदान नहीं करता।

✦ शिवौ ते स्तां व्रीहियवावबलासावदोमधौ।
एतौ यक्ष्मं वि बाधेते एतौ मुञ्चतौ अंहसः ॥

—अथर्ववेद 8/2/18

हे मनुष्य! धान्य (चावल) और जौ मेरे लिए लाभकारी, बलकारी, कफदोषों को दूर करने वाले और खाने के लिए मशहूर हैं। ये दोनों यक्ष्मा आदि रोगों को नष्ट कर मन और शरीर की पीड़ा को हटाते हुए दोषों से मुक्त करते हैं।

✦ पूजयेदशनं नित्यमद्याच्चैतदकुत्सयन्।
दृष्ट्वा हृष्येत् प्रसीदेच्च प्रतिनन्देच्च सर्वशः ॥

—मनुस्मृति 2/54

अन्न का सदैव सम्मान करें, निन्दा न करते हुए उसका सेवन करें। उसे देखकर हर्षित हों, प्रसन्न हों तथा सब प्रकार से उसकी प्रशंसा करें।

✦ बिनु अन्न दुखी सब लोग मरै।

—श्रीरामचरितमानस/उत्तरकांड 5

अन्न के बिना सब लोग दुखी होकर मरते हैं।

❑ ❑ ❑

अतिथि/मेहमान

✦ अतिथिदेवो भव।
—तैत्तिरीयोपनिषद् 1/11/2

अतिथि देवस्वरूप होता है। उसकी सेवा देव पूजा कहलाती है। इसलिए अतिथि को देवता ही मानो।

✦ अज्ञातगोत्र नामानं अन्यग्रामादुपागतम्।
विपश्चितोऽतिथिप्रहिर्विष्णुवत् तं प्रपूजयेत्॥
—नारदपुराण/पूर्वभाग 27/73

जिसका नाम और गोत्र पहले से ज्ञात न हो और जो दूसरे नगर या गांव से आया हो, ऐसे व्यक्ति को विद्वान पुरुष अतिथि कहते हैं। उसका भगवान विष्णु के समान पूजन करना चाहिए।

✦ अतिथिः पूजितो यस्य गृहस्थस्य तु गच्छति।
नान्यस्तस्मात्परोधर्म इति प्राहुर्मनीषिणः॥
—महाभारत/अनुशासनपर्व 2/70

मनीषी पुरुषों का ऐसा कहना है कि जिस गृहस्थ का अतिथि पूजित होकर जाता है, उसके लिए उससे बड़ा अन्य धर्म नहीं है।

✦ आवत ही हरषे नहीं नयनन नहीं सनेह।
तुलसी तहां न जाइए कंचन बरसे मेह॥
—गोस्वामी तुलसीदास

यदि अतिथि के आते ही आतिथेय प्रसन्न न हो और उसकी आंखों से स्नेह प्रकट न हो, तो तुलसीदासजी कहते हैं कि वहां नहीं जाना चाहिए, चाहे वहां पर सोने की ही वर्षा क्यों न होती हो।

◆ न वै स्वयं तदश्नीयादतिथिं यन्न भोजयेत् ।
   धन्यं यशस्यमायुष्यं स्वर्ग्यं वा तिथिपूजनम् ॥
                                          —मनुस्मृति 3/106

जिस भोज्य पदार्थ को अतिथि को नहीं खिलाया हो, उस भोज्य पदार्थ को स्वयं
कभी नहीं खाना चाहिए। मतलब यह कि गृहस्थ स्वयं जैसा भोजन करे वैसा ही
अतिथि को भी दे। अतिथि का सत्कार-पूजन; धन्य, सौभाग्य, यश, आयु और सुख
को निरंतर बढ़ाने वाला है।

◆ पीठं दत्त्वा साधवेऽभ्यागताय आनीयापः परिनिर्णिज्य पादौ ।
   सुखं पृष्ट्वा प्रतिवेद्यात्मसंस्थां ततो दद्यादन्नमवेक्ष्य धीरः ॥
                                          —महाभारत/उद्योगपर्व 38/2

महात्मा विदुर धृतराष्ट्र से कहते हैं कि राजन! धीर पुरुष को चाहिए कि जब कोई
सज्जन अतिथि के रूप में घर आए, तो पहले आसन देकर एवं जल लाकर उसके
चरण धोने चाहिए, फिर उसकी कुशल क्षेम पूछकर अपनी स्थिति बतानी चाहिए,
तदुपरांत आवश्यकता समझकर उसे भोजन कराना चाहिए।

◆ पादोदकं पादघृतं दीपमन्नं प्रतिश्रयम् ।
   प्रयच्छन्ति तु ये राजन् नोपसर्पन्ति ते यमम् ॥
                                          —महाभारत/वनपर्व 200/23-24

जो लोग अतिथि को चरण धोने के लिए जल, पैर की मालिश के लिए तेल, प्रकाश
हेतु दीपक, भोजन के लिए अन्न और रहने के लिए स्थान देते हैं, वे कभी यमद्वार
नहीं देखते यानी यमराज के यहां नहीं जाते।

◆ स्वागतेनाग्नयस्तुष्टा भवन्ति गृहमेधिनः ।
   आसनेन तु दत्तेन प्रीतो भवति देवराट् ॥
   पादशौचेन पितरः प्रीतिमायन्ति दुर्भमाम् ।
   अन्नदानेन युक्तेन तृप्यते हि प्रजापतिः ॥
                                          —हारीतस्मृति 57-58

गृहस्थ लोगों द्वारा अतिथि के स्वागत तथा आतिथ्य करने से अग्निदेव संतुष्ट होते
हैं। अतिथि को बैठाने के लिए आसन देने पर देवराज इंद्र प्रसन्न होते हैं। जब
गृहस्थ अतिथि के चरण धोता है तो पितर अत्यंत ही प्रीति प्राप्त करते हैं। मिले
हुए अन्न दान से प्रजापति तृप्त होते हैं।

✦ जग्धपाप्मा यस्यान्नमश्नन्ति।

—अथर्ववेद 9/7/8

अतिथि सत्कार करने वाले के समस्त पाप धुल जाते हैं।

✦ चक्षुर्दद्यान्मनो दद्याद् वाचं दद्याच्च सूनृताम्।
अनुव्रजेदुपासीत स यज्ञः पञ्चदक्षिणः॥

—महाभारत/अनुशासनपर्व 7/6

घर आए अतिथि को आप प्रसन्न दृष्टि से देखें। मन से उसकी सेवा करें। मीठी और सत्य वाणी बोलें। जब तक वह रहे उसकी सेवा में लगे रहें। जब वह जाने लगे तो उसके पीछे कुछ दूर तक जाएं—यह सब गृहस्थ का पांच प्रकार की दक्षिणा से युक्त यज्ञ है।

✦ इष्टं च वा एष पूर्तं च गृहाणामश्नाति यः पूर्वोऽतिथेरश्नाति।
एष वा अतिथिर्यच्छ्रो त्रियस्तस्मात् पूर्वो नाश्नीयत्॥

—अथर्ववेद 9/8/1,7

जो मनुष्य अतिथि से पहले भोजन करता है, वह घर के इष्ट सुख और पूर्ण मनोरथ को गंवाता है, यानी नाश करता है। अतिथि श्रोत्रिय, वेद-विज्ञान होता है, इसलिए अतिथि के पूर्व भोजन नहीं करना चाहिए।

✦ अतिथिर्यस्य भग्नाशो गृहात् प्रमितनिवर्तते।
स दत्त्वा दुष्कृतं तस्मै पुण्यमादाय गच्छति॥

—महाभारत/शांतिपर्व 191/12

जिस गृहस्थ के घर से अतिथि भूखा, प्यासा, निराश होकर वापस लौट जाता है, उस गृहस्थ की कुटुंब संस्था नष्ट-भ्रष्ट हो जाती है। गृहस्थ महादुखी हो जाता है, क्योंकि अपना पाप उसे देकर उसका संचित 'पुण्य' वह निराश अतिथि खींच ले जाता है। अतः सभी को आतिथ्य धर्म का पालन कर अपने कर्तव्य का निर्वाह करना चाहिए। ❑❑❑

अग्निहोत्र/हवन कर्म

✦ अग्निहोत्रं च जुहुयादाद्यन्ते द्यु निशो सदा।

—मनुस्मृति/गृहस्थ 3/25

दिन तथा रात्रि के आदि अंत में अर्थात् प्रातः सायं सदा अग्निहोत्र में हवन करना चाहिए।

✦ नाग्निहोत्रात्परो धर्मः।

—कूर्मपुराण

अग्निहोत्र से बढ़कर अन्य कोई धर्म नहीं है।

✦ नानाहिताग्निनयिज्वा।

—वाल्मीकिरामायण 1/6/12

अयोध्या में ऐसा कोई नहीं था, जो नित्य अग्निहोत्र न करता हो। यानी सभी लोग अग्निहोत्र कर्म करते थे।

✦ अग्निहोत्रिणे प्रणुदे सपत्नान्।

—अथर्ववेद 9/2/6

अग्निहोत्र करने से शत्रुओं का नाश होता है।

✦ अग्गिहुत्त मुखा यंत्रा सावित्री छन्दसो मुखं।
राजामुखं मनुष्साणं नदीनां सागरो मुखं॥

—सुत्तनिपात 268/21

भगवान बुद्ध ने नित्य अग्निहोत्र करने के विलक्षण महत्त्व को बताते हुए कहा था कि जिस प्रकार नदियों में सागर, मनुष्यों में राजा, छंदों में सावित्री छंद मुख्य हैं, उसी प्रकार यज्ञों में अग्निहोत्र मुख्य है।

✦ सायंसायं गृहपतिर्नो अग्निः प्रातः प्रातः सौमनस्य
द ा त ा ।
वसोर्वसोर्वसुदान एधि वयं त्वेन्धानास्तन्वं पुषेम ॥

—अथर्ववेद 19/55/3

गृह अग्नि हमें प्रत्येक सायंकाल और प्रत्येक सुबह में सुख-शांति, उत्तम चित्त, संकल्प और स्वस्थता देवे। वह प्रत्येक प्रकार के ऐश्वर्य का दाता होवे। हम तुझ यज्ञ अग्नि को प्रदीप्त करके अपने शरीर को पुष्ट करें। अग्निहोत्र से शरीर स्वस्थ और मन प्रसन्न रहता है। वह अध्यात्म का सोपान है।

✦ सहस्राक्षेण शतशारदेन शतायुषा हविषाहार्षमेनम्।
शतं यथेनं शरदो नयातीन्द्रो विश्वस्य दुरितस्य पारम् ॥

—ऋग्वेद 10/161/3

हजारों औषधि पदार्थों वाली, सैकड़ों गुणों वाली और सौ वर्ष की आयु देने वाली हवन सामग्री के साथ में यह अग्निहोत्र (यज्ञ) लाया हूं। इसका बोध कराता हूं। इसके द्वारा जीवात्मा सौ वर्ष तक आयु प्राप्त करेगा और सब दोषों से दूर होगा।

✦ आ वंसते मघवा वीरवद् यशः समिद्धो द्युम्न्याहुतः।
कुविन्नो अस्य सुमतिर्भवीयस्यच्छा वाजेभिरागमत् ॥

—सामवेद/उत्तरार्चिक 4/6/2

जो मनुष्य अग्नि में भली प्रकार होम करते हैं, उन्हें उत्तम संतान, सद्बुद्धि, धन और धान्य की प्रप्ति होती है।

✦ युगपत् सर्वतीर्थानि युगपत् सर्व देवताः।
द्रष्टुमिच्छसि चेद् राजन अग्निहोत्र ब्रज स्वह ॥

युगों-युगों के तीर्थों को और सभी देवताओं को यदि देखना चाहो, तो हे राजन! जहां अग्निहोत्र होता है, वहां देखो।

✦ अग्निहोत्र विना वेदाः न च दानं विना क्रियाः।
न भावे विना सिद्धिस्तस्माद्भावो हि कारणम् ॥

—चाणक्यनीति 18/10

अग्निहोत्र के बिना वेद पढ़ना व्यर्थ है, दान के बिना यज्ञादि पूरे नहीं होते। बिना भाव के सिद्धि नहीं होती, इसलिए भाव (प्रेम) ही सबमें प्रधान है।

❑ ❑ ❑

आत्मा

◆ न वा उ एतन्म्रियसे न रिष्यसि।
—यजुर्वेद 23/16

आत्मा न कभी मरती है, न कभी नष्ट होती है।

◆ तमेव विद्वान् न बिभाय मृत्योः।
—अथर्ववेद 10/8/44

उस आत्मा के परम तत्त्व को जो मनुष्य जान लेता है, वह मृत्यु से नहीं डरता।

◆ त्रिविधं नरकस्येदं द्वारं नाशनमात्मनः।
कामः क्रोधस्तथा लोभस्तस्मादेतत्त्रयं त्यजेत्॥
—विदुरनीति 1/71

काम, क्रोध और लोभ—ये आत्मा का नाश करने वाले नरक के तीन दरवाजे हैं, अतः इन तीनों को त्याग देना चाहिए।

◆ अपाङ्प्राङेति स्वधया गृभीतोऽमर्त्यो मर्त्येना सयोनिः।
ता शश्वन्ता विषूचीना वियन्तान्यन्यं चिक्युर्न नि चिक्युरन्यम्॥
—ऋग्वेद 1/164/38

जीवात्मा अमर है और शरीर प्रत्यक्ष नाशवान। संपूर्ण शारीरिक क्रियाओं का अधिष्ठाता आत्मा है, क्योंकि जब तक शरीर में प्राण रहते हैं, तब तक वह क्रियाशील रहता है। इस आत्मा के संबंध में बड़े-बड़े पंडित व मेधावी पुरुष भी नहीं जानते। इसे ही जानना मानव जीवन का प्रमुख लक्ष्य है।

◆ योऽयमात्मा इदममृतम्, इदं ब्रह्म इदं सर्वम्।
—बृहदारण्यकोपनिषद् 2/5/1

जो यह आत्मा है, यह अमर है, यह ब्रह्म है, यह सर्व है।

✦ न जायते म्रियते वा कदाचित् नायं भूत्वा भविता वा न भूयः।
अजो नित्यः शाश्वतोऽयं पुराणो न हन्यते हन्यमाने शरीरे॥

–महाभारत/भीष्मपर्व 26/20

यह आत्मा किसी काल में भी न तो जन्मता है और न मरता ही है तथा न यह उत्पन्न होने वाला है और न ही नाश होने वाला है, क्योंकि यह अजन्मा, नित्य, सनातन और पुरातन है। शरीर के मारे जाने पर भी यह नहीं मारा जाता।

✦ वासांसि जीर्णानि यथा विहाय नवानि गृह्णाति नरोऽपराणि।
तथा शरीराणि विहाय जीर्णान्यन्यानि संयाति नवानि देही॥

–महाभारत/भीष्मपर्व 26/22

जैसे मनुष्य पुराने वस्त्रों को त्यागकर दूसरे नए वस्त्रों को ग्रहण करता है, वैसे ही जीवात्मा पुराने शरीर को त्यागकर दूसरे नए शरीर को प्राप्त होती है। पुराने वस्त्र छोड़कर नए वस्त्र पहनने वाले व्यक्ति के शरीर में कोई परिवर्तन नहीं होता है, वैसे ही पुराने शरीर को छोड़कर नया शरीर ग्रहण करने वाली आत्मा भी वही रहती है, उसमें कोई परिवर्तन नहीं होता।

✦ नैनं छिन्दन्ति शस्त्राणि नैनं दहति पावकः।
न चैनं क्लेदयन्त्यापो न शोषयति मारुतः॥

–श्रीमद्भगवद्गीता 2/23

आत्मा को शस्त्र काट नहीं सकते, इसको आग नहीं जला सकती, इसको जल नहीं गला सकता और वायु सुखा नहीं सकती।

✦ न ह्यस्यास्ति प्रियः कश्चिन्नाप्रियः स्वः परोऽपि वा।
आत्मत्वात्सर्वभूतानां सर्वभूतप्रियोहरिः॥

–श्रीमद्भागवत 6/17/33

भगवान का कोई प्रिय, अप्रिय, अपना या पराया आदि नहीं है। उसके लिए सभी प्राणी प्रिय हैं, क्योंकि वे सबकी आत्मा हैं।

✦ इन्द्रियाणि पराण्याहुरिन्द्रियेभ्यः परं मनः।
मनसस्तु परा बुद्धिर्यो बुद्धेः परतस्तु सः॥

–महाभारत/भीष्मपर्व 27/42

शरीर से इंद्रियां श्रेष्ठ हैं। इंद्रियों से मन और मन से बुद्धि श्रेष्ठ है और जो बुद्धि से भी श्रेष्ठ है, वह आत्मा है।

❑ ❑ ❑

आचरण/व्यवहार

✦ आचारात्प्राप्यते स्वर्गमाचारात्प्राप्यते सुखम्।
   आचारात्प्राप्यते मोक्षमाचारात्किं न लभ्यते ॥
   —नारदपुराण/पूर्वभाग 4/27

आचार से स्वर्ग मिलता है। आचार से सुख मिलता है। आचार से मोक्ष मिलता है। आचार से क्या-क्या नहीं मिलता?

✦ यः शास्त्रविधिमुत्सृज्य वर्तते कामकारतः।
   न स सिद्धिमवाप्नोति न सुखं न परां गतिम् ॥
   —श्रीमद्भगवद्गीता 16/23

जो पुरुष शास्त्रविधि को त्यागकर अपनी इच्छा अनुसार मनमाना आचरण करता है, वह न तो सिद्धि को प्राप्त होता है, न परमगति को और न ही सुख को प्राप्त कर पाता है।

✦ इदमुच्छ्रेयोऽवसानमागां शिवे मे द्यावापृथिवी अभूताम्।
   असपत्नाः प्रदिशो मे भवन्तु न वै त्वा द्विष्मो अभयं नो अस्तु ॥
   —अथर्ववेद 19/14/1

जिस मनुष्य का व्यवहार मधुर होता है उसका कोई विरोध नहीं करता। जो किसी से द्वेष नहीं करता उसे किसी प्रकार का भय नहीं होता। ऐसे मनुष्यों को अनेकों सुख स्वयमेव मिलते रहते हैं।

✦ मधुमतीरोषधीर्द्याव आपो मधुमन्नो भवत्वन्तरिक्षम्।
   क्षेत्रस्य पतिर्मधुमान्नो अस्त्वरिष्यन्तो अन्वेनं चरेम ॥
   —ऋग्वेद 4/57/3

दूसरों के साथ भी हम वैसा ही उत्तम व्यवहार करें जैसा हम स्वयं औरों से अपेक्षा करते हैं। व्यावहारिक जीवन जीना ही सच्ची नीति है।

21

✦ मंगलाचारयुक्तानां नित्यं च प्रयतात्मनाम् ।
जपतां जुह्वतां चैव विनिपातो न विद्यते ॥

—मनुस्मृति

प्रतिदिन शुभ आचरण करने और मन को वश में रखने वालों का तथा जप और
होम करने वालों का कभी पतन नहीं होता ।

✦ यस्मिन् यथा वर्तते यो मनुष्यः तस्मिन् तथा वर्तितव्यं स धर्मः ।
मायाचारो मायया वर्तितव्यः साध्वाचारः साधुना प्रत्युपेयः ॥

—विदुरनीति 5/7

जो मनुष्य जिसके साथ जैसा बर्ताव (व्यवहार) करे, उसके साथ वैसा ही बर्ताव
करना चाहिए—यही नीति धर्म है । कपट का आचरण करने वाले के साथ कपटपूर्ण
बर्ताव करें और अच्छा बर्ताव करने वाले के साथ साधु-भाव से ही बर्ताव करना
चाहिए ।

✦ आत्मायत्तौ वृद्धिविनाशौ ।

—चाणक्यसूत्र 87

मनुष्य की वृद्धि और विनाश उसके अपने व्यवहार पर निर्भर करता है ।

✦ यो यथा वर्तते यस्मिन् तस्मिन्नेव प्रवर्तयन् ।
नाधर्म समवाप्नोति स चाश्रेयश्च विन्दति ॥

—महाभारत/उद्योगपर्व 178/53

जो जैसा व्यवहार करता है, उसके साथ वैसा ही व्यवहार करने वाला पुरुष न तो
अधर्म को प्राप्त होता है और न अमंगल का ही भागी होता है ।

✦ अनुचित उचित काज कछु होई । समुझि करिय भल कह सब कोई ॥

—गोस्वामी तुलसीदास

उचित अथवा अनुचित जो भी काम हो उसे खूब सोच-समझकर, विचार करके करना
चाहिए । सभ्य लोग ऐसे व्यवहार को अच्छा कहते हैं ।

✦ आचारो भूतिजनन आचारः कीर्तिवर्धनः ।
आचाराद् वर्धते ह्यायुराचारो हन्त्यलक्षणम् ॥

—महाभारत/अनुशासनपर्व 104/154

सदाचार कल्याण उत्पन्न करने वाला और कीर्ति बढ़ाने वाला होता है । सदाचार
से आयु बढ़ती है तथा सदाचार ही बुरे लक्षणों को नष्ट करता है ।

◆ आचाराल्लभते ह्यायुराचारादीप्सिताः प्रजाः ।
आचाराद्धनमक्षय्यमाचारो हन्त्यलक्षणम् ॥

—मनुस्मृति 4/156

आचार से मनुष्य बड़ी आयु प्राप्त किया करता है । आचार शुद्ध होने से ही मनचाही संतान संतति प्राप्त करता है । आचार से ही अक्षय धन लाभ मिलता है और बुरे लक्षणों को भी नष्ट कर देता है ।

◆ अभ्रातरो न योषणो व्यन्तः पतिरिपो न जनयो दुरेवाः ।
पापासः सन्तो अनृता असत्या इदं पदमजनता गभीरम् ॥

—ऋग्वेद 4/5/5

जो मनुष्य छल और कपटपूर्ण आचरण करते हैं वही संसार में घृणा और निन्दा फैलाते हैं । इसलिए मनुष्य को चाहिए कि वह सदैव सत्य का ही अनुसरण करे ।

❑ ❑ ❑

आलस्य/आलस

✦ इच्छन्ति देवाः सुन्वन्तं न स्वप्नाय स्पृहयन्ति।
यन्ति प्रमादमतन्द्राः॥

—ऋग्वेद 8/2/18

श्रेष्ठता और ऐश्वर्य सदैव पुरुषार्थी को मिलता है, आलसी व्यक्ति का कोई भी सम्मान नहीं करता। सुख प्राप्ति के लिए आलस्य रहित होना अनिवार्य है।

✦ आलस्यं हि मनुष्याणां शरीरस्थो महान् रिपुः।

—भर्तृहरि नीतिशतक 87

आलस्य मनुष्य के शरीर में रहने वाला उसी मनुष्य का घोर शत्रु है।

✦ सुखं दुःखान्तमालस्य दाक्ष्यं दुःखं सुखोदयम्।
भूतिः श्रीर्ह्रीर्धृतिः कीर्तिर्दक्षे वसति नालसे॥

—महाभारत/शांतिपर्व 27/31

आलस्य सभी दुःखों की जड़ है। श्री, ह्री, धृति, कीर्ति तथा भूति का वास दक्ष पुरुषार्थ प्राणी में ही होता है, आलसी में नहीं।

✦ अकृतेर्नियता क्षुत्। अलब्धलाभो नालसस्य।

—चाणक्यसूत्र 302

अकर्मण्य निकम्मे आलसी मनुष्य भूखों मरते हैं। यदि दैव आलसी को कुछ दे भी दे तो उससे उसकी दी हुई वस्तु की रक्षा भी नहीं होती।

✦ वीरयध्वं प्र तरता सखायः।

—अथर्ववेद 12/2/26

उद्योगी पुरुष ही सफलता को प्राप्त होते हैं। पुरुषार्थी व्यक्तियों की नाव बीच में कभी नहीं डूबती है।

✦ न पंचाभिर्दशभिर्वष्ट्यारभं नासुन्वता सचते पुष्यता चन।
जिनाति वेदमुया हन्ति वा धुनिरा देवयुं भजति गोमति व्रजे ॥

–ऋग्वेद 5/34/5

आलसी मनुष्य अपना पुरुषार्थ गंवा देते हैं, जिससे उन्हें कहीं भी सफलता नहीं मिलती। उन्हें सभी ओर निराशा के ही दर्शन करने पड़ते हैं।

✦ अव मा पाप्मन्त्सृज वशी सन् मृडयासि नः।
आ मा भद्रस्य लोके पाप्मन् धेह्यविह्रुतम् ॥

–अथर्ववेद 6/26/1

जीवन में अनेकों विघ्न बाधाएं आती हैं। जो इन्हें प्रयत्नपूर्वक हटाते हुए पर विचलित नहीं होते, वे ही पुरुषार्थी आनंद पाते हैं।

✦ अलक्ष्मीराविशत्येनं शयानमलसं नरम्।
निःसंशयं फलं लब्ध्वा दक्षो भूतिमुपाश्नुते ॥

–महाभारत/वनपर्व 32/42

आलसी, अधिक सोने वाले मनुष्य को दरिद्रता प्राप्त होती है तथा कार्य कुशल मनुष्य ही मनचाहा फल पाकर ऐश्वर्य का उपभोग करता है।

✦ विहितस्याननुष्ठानान्निन्दितस्य च सेवनात्।
अनिग्रहाच्चेन्द्रियाणां नरः पतनमिच्छति ॥

–याज्ञवल्क्यस्मृति/प्रायश्चित 2/9

सुख एवं दुःख भाव और दुःख-विनाश ये दो जीव के स्वतः पुरुषार्थ हैं अर्थात् अभिलाषा के विषय हैं। ये दोनों साध्य हैं। अन्य किसी के साधन नहीं हैं। धर्म, अर्थ, काम एवं मोक्ष ये चारों सुख ओर दुःख भाव के साधन होने से पुरुषार्थ माने गए हैं। ये स्वतः पुरुषार्थ नहीं हैं। इनमें धर्म, अर्थ, काम ये तीनों सुख के साधन होने से पुरुषार्थ हैं। मोक्ष दुःखभाव का साधन होने से पुरुषार्थ है।

✦ रुहो रुरोह रोहितः।

–अथर्ववेद 13/3/26

उन्नति उसकी होती है जो सदैव प्रयत्नशील है। भाग्य भरोसे बैठे रहने वाले आलसी सदा दीन-हीन ही रहेंगे।

❑ ❑ ❑

इंद्रियां

✦ रथः शरीरं पुरुषस्य राजन्नात्मा नियन्तेन्द्रियाण्यस्य चाश्वाः।
तैरप्रमत्तः कुशली सदश्वैर्दान्तैः सुखं याति रथीव धीरः॥

–विदुरनीति 2/59

मनुष्य का शरीर रथ है, बुद्धि सारथि है और इंद्रियां इसके घोड़े हैं। इनको वश में करके सावधान रहने वाला चतुर एवं धीर पुरुष काबू में किए हुए घोड़ों से रथी की भांति सुखपूर्वक यात्रा करता है।

✦ इन्द्रियवशवर्ती चतुरंगवानपि विनश्यति।
इन्द्रियाणि जरावंश कुर्वन्ति॥

–चाणक्यसूत्र 304

इंद्रियों के इशारे पर चलने वाला राजा सब प्रकार से शक्तिशाली होने पर भी नष्ट हो जाता है। इंद्रिय आसक्त की बुद्धि कुंठित हो जाने के कारण महत्त्वपूर्ण कार्य कर ही नहीं सकता। इंद्रियों का मर्यादाहीन उपयोग मनुष्य को समय से पहले बुढ़ापे के अधीन कर देता है।

✦ निगृहीतेतेन्द्रियग्रामो यत्रैव च।
तत्र यस्य कुरुक्षेत्रं नैमिषं पुष्कराणि च॥

–व्यासस्मृति 4/31

इंद्रियों को बुरे विषयों से रोककर जिस घर में रहें तो वही घर उसका कुरुक्षेत्र, नैमिषारण्य और पुष्कर आदि तीर्थ है।

✦ ये हि संस्पर्शजा भोगा दुःखयोनय एव ते।
आद्यन्तवन्तः कौन्तेय न तेषु रमते बुधः॥

–श्रीमद्भगवद्गीता 5/22

जो इंद्रिय तथा विषयों के संयोग से उत्पन्न होने वाले सब भोग हैं, यद्यपि विषयी पुरुषों को सुखरूप भासते हैं तो भीस दुःख के ही हेतु हैं और आदि-अंत वाले अर्थात् अनित्य हैं। इसलिए बुद्धिमान विवेकी पुरुष उसमें नहीं रमता।

◆ इन्द्रियाणां प्रसंगेन दोषमृच्छत्यसंशयम्।
   संनियम्य तु तान्येव ततः सिद्धिं नियच्छति ॥
                                              −मनुस्मृति 2/93

मानव इंद्रियों के विशेष संग से दोषों को प्राप्त कर दोषी बन जाता है, परंतु इंद्रियों को काबू में रखने से वही मनुष्य सिद्धि प्राप्त कर सकता है।

◆ वर्च आ धेहि मे तन्वां सह ओजो वयो बलम्।
   इन्द्रियाय त्वा कर्मणे वीर्याय प्रतिगृह्णामि शतशारदाय ॥
                                              −अथर्ववेद 19/37/2

हमारी इंद्रियां शक्तिशाली रहें, हम पराक्रमी हों, इसके लिए शरीर में ओज, कांति, जीवन शक्ति, सहनशीलता आदि को धारण किए रहें। इस प्रकार हम सौ वर्ष तक जिएं।

◆ धर्मार्थौ यः परित्यज्य स्यादिन्द्रियवशानुगः।
   श्रीप्राणधनदारेभ्यः क्षिप्रं स परिहीयते ॥
                                              −विदुरनीति 2/62

जो धर्म और अर्थ का परित्याग करके इंद्रियों के वश में हो जाता है, वह शीघ्र ही ऐश्वर्य, प्राण, धन तथा स्त्री से भी हाथ धो बैठता है।

◆ इन्द्रियाणां हि चरतां यन्मनोऽनु विधीयते।
   तदस्य हरति प्रज्ञां वायुर्नावमिवाम्भसि ॥
                                              −श्रीमद्भगवद्गीता 2/67

जैसे जल में चलने वाली नाव को वायु हर लेती है, वैसे ही विषयों में विचरती हुई इंद्रियों में से मन जिस इंद्रिय के साथ रहता है, वह एक ही इंद्रिय इस अयुक्त पुरुष की बुद्धि को हर लेती है।

◆ वि मे कर्णा पतयतो वि चक्षुर्वीदं ज्योतिर्हृदय आहितं यत्।
   वि मे मनश्चरति दूरआधीः किं स्विद्वक्ष्यामि किमु नू मनिष्ये ॥
                                              −ऋग्वेद 6/9/6

मनुष्य की इंद्रियां कभी एक ही दिशा में स्थिर नहीं रहतीं। अवसर मिलते ही अपने विषयों की ओर दौड़ती है इसलिए मनुष्यों को चाहिए कि वे इंद्रियों की विषय-लोलुपता के प्रति सदैव सावधान रहें।

                                              □ □ □

27

ईश्वर/परमात्मा/भगवान

✦ एकं सद्विप्रा बहुधा वदन्ति।

—ऋग्वेद 1/164/46

एक ही परमात्मा को ज्ञानी लोग अनेक नामों से पुकारते हैं। अनेक नामों के देवता ईश्वर के ही विभिन्न नाम हैं।

✦ ईशावास्यमिदं सर्वं यत्किं च जगत्यां जगत्।

—यजुर्वेद 40/1

इस सारे संसार के सभी पदार्थों में ईश्वर व्यापक है अर्थात् सब कुछ ईश्वरमय है।

✦ वस्यो भूयाय वसुमान् यज्ञो वसु वंशिषीय वसुमान् भूयासं वसु मयि धेहि॥

—अथर्ववेद 16/9/4

मनुष्यो! ईश्वर पर आस्था रखो और परोपकार करते हुए श्रेष्ठ पद प्राप्त करो।

✦ अग्निस्तिगमेन शोचिषा यं सद्विश्वं न्यत्रिणम् अग्निर्नो वंसते रयिम्॥

—सामवेद/पूर्वार्चिक 1/3/2

परमात्मा सदैव सबके साथ न्याय करता है। वह दुष्ट दुराचारी पुरुषों को दंड देता है और धर्मात्माओं को उनके कर्मानुसार सुख बांटता है।

✦ पवित्राणां पवित्रं यो मंगलानां च मंगलम्।
दैवतं देवतानां च भूतानां यो व्ययः पिता॥

—महाभारत/अनुशासनपर्व 149/10

जो पवित्रों का परम पवित्र है, मंगलों का मंगलकारी है, देवों का महादेव है और प्राणियों का अविनाशी पिता है, उसे ईश्वर कहते हैं।

✦ नह्येष दूरे नाभ्याशे नालभ्यो विषमे न च।
स्वानन्दाभासरूपोऽसौ स्वदेहादेव लभ्यते ॥

—योगवासिष्ठ 3/6/3

परमात्मा न तो हमसे बहुत दूर है और न ही कठिनाई से प्राप्त होता है। वह अपनी देह के भीतर ही है और आत्मानंद के रूप में प्रत्यक्ष है।

✦ ईश्वरः सर्वभूतानां हृद्देशेर्जुन तिष्ठति।
भ्रामयन्सर्वभूतानि यंत्रारुढानि मायया ॥

—श्रीमद्‌भगवद्‌गीता 18/16

शरीर रूपी यंत्र में आरूढ़ हुए संपूर्ण प्राणियों को अंतर्यामी परमेश्वर अपनी माया से उनके कर्मों के अनुसार भ्रमण कराता हुआ सब प्राणियों के हृदय में स्थित है।

✦ रूपं रूपं प्रतिरूपो बभूव।

—ऋग्वेद 6/47/18

परमात्मा ने प्रत्येक रूप के अनुरूप अपना रूप बना लिया।

✦ इन्द्रियेभ्यो मनः पूर्वं बुद्धिः परतरा ततः।
बुद्धेः परतरं ज्ञानं ज्ञानात् परतरं महत् ॥

—महाभारत/शांतिपर्व 204/10

इंद्रियों से मन श्रेष्ठ है, मन से बुद्धि श्रेष्ठ है, बुद्धि से ज्ञान श्रेष्ठतर है और ज्ञान से परात्पर परमात्मा श्रेष्ठतम है।

✦ न शास्त्रैर्नापि गुरुणा दृश्यते परमेश्वरः।
दृश्यते स्वात्मनैवात्मा स्वया सत्त्वस्थया धिया ॥

—योगवासिष्ठ 6/118/4

परमात्मा का दर्शन न शास्त्र करा सकते हैं, न गुरु। उनका दर्शन तो अपनी आत्मा को स्वस्थ बनाने से ही होता है।

✦ न चक्षुषा गृह्यते नापि वाचा नान्यैर्देवैस्तपसा कर्मणा वा।
ज्ञानप्रसादेन विशुद्धसत्वस्ततस्तुतं पश्यते निष्कलं ध्यायमानः ॥

—मुंडकोपनिषद् 3/1/8

आंखों से न दिखाई देने वाला परमात्मा विमल मन से ध्यान द्वारा देखा जा सकता है।

✦ पर्यगाच्छुक्रमकायमव्रणमस्नाविरं शुद्धमपापविद्धम्।
कविर्मनीषी परिभूः स्वयम्भूर्याथातथ्यतोऽर्थान्व्यदाच्छाश्वतीभ्यः समाभ्यः॥

—ईश उपनिषद् 8

वह परमात्मा आकाश की तरह सर्वत्र व्याप्त है, शुद्ध है। उसका कोई शरीर नहीं है, वह अक्षत और स्नायुरहित है। निर्मल और पाप से मुक्त है। सबसे अच्छा भी वही है, वही स्वयंभू है। अपनी उत्पत्ति का कारण वह आप ही है। उसी ने संसार में यथायोग्य कर्तव्यों और पदार्थों का विभाजन किया है।

✦ अवहितं देवा उन्नयथा पुनः।

—ऋग्वेद 10/137/1

जो गिरे हुओं को फिर से उठाते हैं, वे देव हैं।

✦ यो वा अनन्तस्य गुणाननन्ताननुक्रमिष्यन् स तु बालबुद्धिः।
रजांसि भूमेर्गणयेत् कथंचित् कालेन नैवाखिलशक्तिधान्यः॥

—श्रीमद्भागवत 11/4/2

भगवान अनंत है। उनके गुण भी अनंत हैं। जो यह सोचता है कि उनके गुणों को गिन लूंगा, वह मूर्ख है, बालक है। यह तो संभव है कि कोई किसी प्रकार पृथ्वी के धूलिकणों को गिन ले, परंतु समस्त शक्तियों के आश्रय भगवान के अनंत गुणों का कोई भी किसी प्रकार पार नहीं पा सकता।

✦ नैवायं चक्षुषा ग्राह्यो नापरैरिन्द्रियैरपि।
मनसैव प्रदीप्तेन महानात्मावसीयते॥
तिलेषु वा यथा तैलं दध्निं वा सर्पिरर्पितम्।
यथापः स्रोतसि व्याप्ता यथारण्यां हुताशनः॥
एवमेव महात्मानमात्मन्यन्यात्मविलक्षणम्।
सत्येन तपसा चैव नित्ययुक्तोऽनुपश्यति॥

—शिवपुराण/अध्याय 6

न तो वह ईश्वर आंखों से देखा जा सकता है, न अन्य इंद्रियों से ग्रहण किया जा सकता है, प्रकाशित मन से ही वह महान् आत्मा प्राप्त की जा सकती है; जैसे तिलों में तेल व दही में घृत छुपा रहता है, जैसे पानी के स्रोत में अग्नि छुपी रहती है, वैसे ही विलक्षण परमात्मा आत्मा में छिपा रहता है, उसको योगी सत्य और तप से नित्य अपनी आत्मा में देखा करता है।

❑ ❑ ❑

उत्साह/साहस/हिम्मत

✦ अग्ने शर्ध महते सौभगाय।
—अथर्ववेद 7/78/10

ऐश्वर्य उत्साही मनुष्य का पैर चूमता है अर्थात् जो व्यक्ति उत्साही और कर्मनिष्ठ है, उसके पास दरिद्रता कभी नहीं फटकती।

✦ निरुत्साहद् दैवं पतित।
—चाणक्यसूत्र 196

उत्साह के बिना निश्चित सफलताएं भी हाथ से बाहर ही रह जाती हैं।

✦ अनिर्वेदो हि सततं सर्वार्थेषु प्रवर्तकः।
   करोति सफलं जन्तोः कर्मयच्च करोति सः॥
—वाल्मीकिरामायण/सुंदरकांड 12/11

उत्साह ही प्राणियों को हमेशा सभी प्रकार के कर्मों में प्रवृत्त करता है। उत्साह ही उन्हें जो कुछ वे करते हैं, उस कार्य में सफलता प्रदान करता है।

✦ सुखं वा यदि वा दुःखं प्रियं वा यदि वाऽप्रियम्।
   प्राप्तुं प्राप्तमुपासीत हृदयेनापराजितः॥
—महाभारत/शांतिपर्व 25/26

सुख हो अथवा दुःख, प्रिय हो अथवा अप्रिय, जो-जो मिलता जाए उस-उस का सेवन करें। हृदय से हारें नहीं यानी उत्साह न छोड़ें।

✦ तेजोऽसि तेजो मयि धेहि। वीर्यमसि वीर्यं मयि धेहि।
—यजुर्वेद 19/9

हे प्रभु! तू तेज है, मेरे अंदर वह तेज (उत्साह) स्थापित कर।

✦ क्लैब्यं मा स्म गमः पार्थ नैतत्त्वय्युपपद्यते ।
   क्षुद्रं हृदयदौर्बल्यं त्यक्त्वोत्तिष्ठ परन्तप ॥

—श्रीमद्भगवद्गीता 2/3

हे अर्जुन! नपुंसकता को मत प्राप्त हो, तुझमें यह उचित नहीं जान पड़ती। शत्रुओं
को पीड़ा पहुंचाने वाले अपने मन की तुच्छ दुर्बलता को छोड़कर युद्ध के लिए खड़ा
हो जा। तात्पर्य यह है कि जीवन के संघर्ष में सफलता पाने के लिए व्यक्ति में
उत्साह होना आवश्यक है, यही नहीं वरन् उसमें अपने सहयोगियों और अपने साथ
कार्य करने वालों को भी उत्साहित करने का सामर्थ्य होना चाहिए।

✦ उत्साहो बलवानार्य नास्त्युत्साहात्परं बलम् ।
   सोत्साहस्य हि लोकेषु न किंचिदपि दुर्लभम् ॥

—वाल्मीकिरामायण/किष्किन्धाकांड 1/121

उत्साह ही बलवान होता है। उत्साह से बढ़कर दूसरा कोई बल नहीं, उत्साही पुरुष
के लिए संसार में कोई भी वस्तु दुर्लभ नहीं है।

✦ निरुत्साहस्य दीनस्य शोकपर्याकुलात्मनः ।
   सर्वार्था व्यवसीदन्ति व्यसनं चाधिगच्छति ॥

—वाल्मीकिरामायण/युद्धकांड 2/6

जो पुरुष निरुत्साही, दीन, शोक से व्यथित रहता है, उसके सारे काम बिगड़ जाते
हैं और वह विपत्ति में पड़ जाता है।

❏ ❏ ❏

उपासना/प्रार्थना

✦ नास्ति वेदात् परं शास्त्रं नास्ति मातृसमो गुरुः ।
न धर्मात् परमो लाभस्तपो नानशनात्परम् ॥
—महाभारत/अनुशासनपर्व 106/65

वेद से बड़ा शास्त्र नहीं है, माता के समान गुरु नहीं है, धर्म से बड़ा लाभ नहीं
है तथा उपासना से बड़ी तपस्या नहीं है ।

✦ नैनं प्राप्नोति शपथो न कृत्या नाभिशोचनम् ।
नैनं विष्कन्धमश्नुते यस्त्वा बिभर्त्याञ्जन ॥
—अथर्ववेद 4/9/5

पवित्र अंतःकरण से की हुई ईश्वर की उपासना से आत्मबल बढ़ता है और सांसारिक
सुखों की भी उपलब्धि होती है ।

✦ अद्या नो देव सवितः प्रजावत्सावीः सौभगम् ।
परा   दुःष्वप्न्यं   सुव ॥
—ऋग्वेद 5/82/4

जो ईश्वर की आराधना के साथ-साथ पुरुषार्थ करते हैं, उनके दुःख और दारिद्र्य
दूर होते हैं और ऐश्वर्य बढ़ता है ।

✦ तत्सवितुर्वरेण्यं भर्गो देवस्य धीमहि धियो यो नः प्रचोदयात् ।
—यजुर्वेद 30/2

सत्, चित्, आनंदस्वरूप और जगत के स्रष्टा ईश्वर के सर्वोत्कृष्ट तेज का हम ध्यान
करते हैं । वह हमारी बुद्धि को शुभ प्रेरणा दें ।

✦ स्वस्ति न इन्द्रो वृद्धश्रवाः स्वस्ति नः पूषा विश्ववेदाः।
स्वस्ति नस्तार्क्ष्यो अरिष्टनेमिः स्वस्ति नो बृहस्पतिर्दधातु ॥

—सामवेद/उत्तरार्चिक 21/27

सब ओर फैले हुए सुयश वाले इंद्र हमारे लिए कल्याण का पोषण करें। संपूर्ण विश्व का ज्ञान रखने वाले पूषा देव हमारे लिए कल्याण का पोषण करें। अरिष्टों को मिटाने के लिए चक्र सदृश शक्तिशाली गरूड़ देव कल्याण का पोषण करें। बृहस्पति भी हमारे लिए कल्याण की पुष्टि करें।

✦ तन्नस्तुरीपमध पोषयित्नु देव त्वष्टर्वि रराणः स्यस्व।
यतो वीरः कर्मन्यः सुदक्षो युक्तग्रावा जायते देवकामः ॥

—ऋग्वेद 7/2/9

ईश्वर उपासना के द्वारा हमें बल और वीर्य प्राप्त हो और पराक्रम में वृद्धि हो।

✦ तमेव चार्चयन् नित्यं भक्त्या पुरुषमव्ययम्।
ध्यायन् स्तुवन्नमस्यंश्च यजमानस्तमेव च ॥
अनादि निधनं विष्णुं सर्वलोक महेश्वरम्।
लोकाध्यक्षं स्तुवन् नित्यं सर्वदुःखातिगो भवेत् ॥

—महाभारत/अनुशासनपर्व 149/5-6

जो मनुष्य उस अविनाशी परम पुरुष का सदा भक्ति पूर्वक पूजन और ध्यान करता है तथा स्तवन और नमस्कार पूर्वक उसी की उपासना सकरता है, वह साधक उस अनादि, अनंत, सर्वव्यापी, सर्वलोक माहेश्वर, अखिलाधिपति परमात्मा की नित्य स्तुति करता हुआ संपूर्ण दुःखों से पार हो जाता है।

✦ असतो मा सद्‌गमय तमसो मा ज्योतिर्गमय। मृत्योर्मामृतं गमय।

—बृहदारण्यक उपनिषद् 1/3/28

हे ईश्वर! मुझे असत् से सत् की ओर ले जाओ। मुझे अंधकार से प्रकाश की ओर ले जाओ। मुझे मृत्यु से अमरता की ओर ले जाओ।

✦ अश्वत्थे वो निषदनं पर्णे वो वसतिष्कृता।
गोभाजऽइत्किलासथ यत्सनथ पूरुषम् ॥

—यजुर्वेद 35/4

यह संसार क्षणभंगुर नाशवान् है, यहां किसी पदार्थ में सच्चा सुख नहीं है। आत्मा-परमात्मा के संयोग से उत्पन्न सुख ही सच्चा सुख है। अतएव हमें सदा परमात्मा देव की उपासना करनी चाहिए।

✦ इन्द्रं मित्रं वरुणमग्निमाहुरथो दिव्यः स सुपर्णो गरुत्मान्।
एकं सद् विप्रा बहुधा वदन्त्यग्निं यमं मातरिश्वानमाहुः॥

—अथर्ववेद 9/15/28

परमात्मा की विभिन्न शक्तियां ही अनेक देवताओं के नाम से पुकारी जाती हैं। पर वह हैं एक ही, इसलिए गुण कर्म स्वभाव के अनुसार उस परमात्मा की उपासना करें।

✦ ईयुष्टे ये पूर्वतरामपश्यन्व्युच्छन्तीमुषसं मर्त्यासः ।
अस्माभिरू नु प्रतिचक्ष्याभूदो ते यन्ति ये अपरीषु
प श्य ा न ् ॥

—ऋग्वेद 1/113/11

जो मनुष्य उषाकाल से पहले उठकर नित्य कर्म करके ईश्वर की उपासना करते हैं, वे बुद्धिमान और धर्माचरण करने वाले होते हैं, जो स्त्री-पुरुष ईश्वर का ध्यान करके परस्पर प्रीतिपूर्वक बोलते हैं, वे अनेक प्रकार के सुख प्राप्त करते हैं।

✦ भौममनोरथं स्वर्गे स्वर्गे रम्यं च यत् पदम्।
प्राप्नोत्याराधिते विष्णुः निर्वाणमपि चौत्तमम॥

—विष्णुपुराण 3/8/6

भगवान विष्णु की आराधना करने पर मनुष्य भूमंडल संबंधी समस्त मनोरथ, स्वर्ग, स्वर्ग से भी श्रेष्ठ ब्रह्मपद और परम निर्वाणपद भी प्राप्त कर लेता है।

✦ यदेव श्रद्धया जुहोति तदेव वीर्यवत्तरं भवेति।

—छांदोग्योपनिषद्

श्रद्धापूर्वक की गई प्रार्थना ही फलवती होती है, अतः भावना जितनी सच्ची, गहरी और श्रद्धापूर्ण होगी, उतना ही उसका सत्परिणाम भी होगा।

✦ परि माग्ने दुश्चरिताद्बाधस्वा मा सुचरिते भज।
उदायुषा स्वायुषोदस्थाममृतांऽअनु॥

—यजुर्वेद 4/28

हम परमात्मा से सच्चे हृदय से प्रार्थना करें "प्रभो! हमें दुराचार से छुड़ाकर सदाचार की ओर बढ़ाओ, अधर्म से बचाकर धर्मशील बनाओ।"

✦ इंद्रा युवं वरुणा भूतमस्या धियः पेतारा वृषभेव धेनोः।
सा नो दुहीयद्यवसेव गत्वी सहस्रधारा पयसा मही गौः॥

—ऋग्वेद 4/41/5

हमारी प्रार्थना में बल हो, भावना हो ताकि देवता हमारी अभीष्ट कामना पूरी करें।

❑ ❑ ❑

ॐ/ओ३म्

✦ ओमिति ब्रह्म। ओमितीय सर्वम् ॥

–तैत्तरीयोपनिषद् 1/8

प्रणव (ॐ) यह ब्रह्म है। ॐ ही यह संपूर्ण जगत है।

✦ तस्य वाचकः प्रणवः।

–पातंजलियोगसूत्र 1/27

उस परमात्मा का वाचक शब्द प्रणव (ॐ) अर्थात् ओंकार है।

✦ आत्मभैषज्यमात्मकैवल्यमोंकारः।

–गोपथ ब्राह्मण/पूर्वभाग 1/30

ओंकार आत्मा की चिकित्सा और आत्मा को मुक्ति देने वाला है।

✦ ॐ इति एतत् अक्षरं उद्‌गीथ उपासीत् उद्‌गीथ उपासीत्।

–छांदोग्य उपनिषद् 1

इस एक ॐ अक्षर को श्रद्धा भाव के साथ ऊंचे स्वर से उच्चारण करने मात्र से अनेक प्रकार के लाभ मिलते हैं।

✦ ओमित्येकाक्षरं ब्रह्म व्याहरन्मामनुस्मरन्।
यः प्रयाति त्यजन्देहं स याति परमां गतिम् ॥

–श्रीमद्‌भगवद्‌गीता 8/13

मन के द्वारा प्राण को मस्तक में स्थापित करके, योगधारणा में स्थित होकर जो पुरुष ॐ इस एक अक्षर रूप ब्रह्म का उच्चारण और उसके अर्थस्वरूप मुझ निर्गुण ब्रह्म का चिंतन करता हुआ शरीर का त्याग करता है, वह पुरुष परम गति को प्राप्त होता है।

✦ सर्वे वेदा यत् पदमामनन्ति तपांसि सर्वाणि च यद् वदन्ति।
यदिच्छन्तो ब्रह्मचर्यं चरन्ति तत्ते पदं संग्रहेण ब्रवीम्योमित्येतत् ॥

—कठोपनिषद् 1/2/15

सभी वेदों ने जिस पद की महिमा गाई, तपस्वी लोगों ने तपस्या करके जिस शब्द का उच्चारण किया, उसी महत्त्वपूर्ण शक्ति को मैं तुम्हें साररूप में बताता हूं। हे नचिकेता! वेदों का सार, तपस्वियों का वचन, ज्ञानियों का अनुभव 'ॐ इति एतत्' केवल ॐ ही है।

✦ ब्राह्मणः प्रणवं कुर्यादादावन्ते च सर्वदा।
स्रवत्यनोङ्कृतं पूर्वं पुरस्ताच्च विशीर्यति ॥

—मनुस्मृति 2/74

नित्य वेदाध्ययन के समय आरंभ में तथा अंत में सदा प्रणव (ॐ) का उच्चारण करना चाहिए। ॐकार का उच्चारण न करने से पहले का पढ़ा हुआ बाद में भूल जाता है यानी धीरे-धीरे विस्मृत होता है और आगे याद नहीं रहता।

✦ अमृतं वै प्रणवः अमृतेनैव तत् मृत्युं तरति।
तद्यथा मंत्रेण वा गर्त्त संक्रामेत् एवं तत्प्रणवेनी पसन्तनोतिः प्रणवः ॥

—गोपथ ब्राह्मण/उत्तरभाग 3/11

ॐ जीवन है, जीवन ॐ के द्वारा मृत्यु को पार करता है जैसे बांस के द्वारा खाई को लांघा जाता है, ऐसे ही ॐ का सेतु बनता है।

✦ युंजीत प्रणवे चेतः प्रणवो ब्रह्म निर्भयम्।
प्रणवे नित्युक्तस्य न भयं विद्यते क्वचित् ॥

—माण्डूक्योपनिषद्/आगमप्रकरण 25

चित्त को ॐ में समाहित करो। ॐ निर्भय ब्रह्मपद है। ॐ में नित्य समाहित रहने वाले पुरुष को कहीं भी भय नहीं होता।

✦ तस्मादोमित्युदाहृत्य यज्ञदानतपः क्रियाः।
प्रवर्तन्ते विधानोक्ताः सततं ब्रह्मवादिनाम् ॥

—श्रीमद्भगवद्गीता 17/24

ॐ, तत, सत्—ऐसे यह तीन प्रकार में ही परम तत्त्व निहित है। इस कारण वेद मंत्रों का उच्चारण करने वाले श्रेष्ठ पुरुषों की शास्त्रविधि से नियत यज्ञ, दान और तप रूप क्रियाएं सदा 'ॐ' इस परमात्मा के नाम को उच्चारण करके ही आरंभ होती हैं।

✦ एतद्ध्येवाक्षरं ज्ञात्वा यो यदिच्छति तस्य तत् ॥

—कठोपनिषद् 1/2/16

ॐ अक्षर को जानकर मनुष्य जो कुछ चाहता है, जिसकी इच्छा करता है, उसे वही मिल जाता है।

✦ सर्वव्यापिनमोंकारं मत्वा धीरो न शोचति ॥

—माण्डूक्य उपनिषद्/आगमप्रकरण 28

सर्वव्यापी ॐकार को जानकर बुद्धिमान पुरुष शोक नहीं करता।

❑ ❑ ❑

कर्म

✦ कर्ममर्त्या हवाअग्ने देवा आसुः।

—शतपथ ब्राह्मण 11/1/2/12

मनुष्य शुभ कर्म करके देव बनते हैं।

✦ कुर्वन्नेवेह कर्माणि जिजीविषेच्छतं समाः।
एवं त्वयि नान्यथेतोऽस्ति न कर्म लिप्यते नरे॥

—यजुर्वेद 40/2

हर मनुष्य को चाहिए कि पूर्णायु भोगने के लिए वह जब तक जिए, शुभ कर्म करते हुए ही जीने की इच्छा रखे। यही उपाय है, इससे अन्य कोई नहीं।

✦ प्राक् कर्मभिस्तु भूतानि भवन्ति न भवन्ति च।

—महाभारत/स्त्रीपर्व 3/17

पूर्वजन्म में किए हुए कर्मों के द्वारा प्राणी वृद्धि तथा ह्रास को प्राप्त होते हैं।

✦ अकामस्य क्रिया काचित् दृश्यते नेह कर्हिचित्।
यद्यद्धि कुरुते किंचित् तत्तत् कामस्य चेष्टितम्॥

—मनुस्मृति 2/4

कामना से रहित कोई भी क्रिया इस संसार में कभी भी दिखलाई नहीं देती। जो-जो भी कोई करता है, वह सभी किसी न किसी कामना से प्रेरित होकर ही किया जाता है।

✦ सुख-दुःखदो न चान्योऽस्ति यतः स्वकृत भुक् पुमान्।

—श्रीमद्भागवत 10/54/38

सुख-दुःख भोगने वाला मनुष्य अपने किए पूर्व कर्मों का ही फल भोगता है।

✦ नाभुक्तं क्षीयते कर्म कल्पकोटि शतैरपि।

अवश्यमेव भोक्तव्यं कृतं कर्म शुभाशुभम् ॥

—ब्रह्मवैवर्तपुराण/प्रकृति 37/16

मनुष्य शुभ या अशुभ, जैसे भी कर्म करता है, उनका फल उसे भोगना ही पड़ता है। करोड़ों कल्प बीत जाने पर भी कर्मफल भोगे बिना, मनुष्य को कर्म से छुटकारा नहीं मिल सकता।

✦ कर्मण्येवाधिकारस्ते मा फलेषु कदाचन।
मा कर्मफलहेतुर्भूर्मा ते संगोऽस्त्वकर्मणि ॥

—श्रीमद्भगवद्गीता 2/47

आपका मात्र कर्म करने में ही अधिकार है, फल में कभी नहीं। इसलिए आप कर्मों के फल की इच्छा मत करें तथा आपकी कर्म न करने में भी आसक्ति न हो।

✦ यत् करोत्यशुभं कर्म शुभं वा यदि सत्तम।
अवश्यं तत् समाप्नोति पुरुषो नात्र संशयः ॥

—महाभारत/वनपर्व 209/5

मनुष्य जो शुभ या अशुभ कार्य करता है, उसका फल उसे अवश्य भोगना पड़ता है, इसमें संशय नहीं है।

✦ स्वयं कर्म करोत्यात्मा स्वयं तत् फलमश्नुते।
स्वयं भ्रमति संसारे स्वयं तस्मात् बुद्धिमुच्यते ॥

—चाणक्यनीति 6/9

जीव स्वयं ही कर्म करता है, उसका फल भी स्वयं ही भोगता है, स्वयं ही संसार में भ्रमण करता है और स्वयं ही उससे मुक्त भी होता हैं। इसमें उसका कोई साझीदार नहीं है।

✦ यदाचरति कल्याणि शुभं वा यदि वा शुभम्।
तदेव लभते भद्रे कर्ता कर्मजमात्मनः ॥

—वाल्मीकिरामायण/अयोध्याकांड 63/6

मनुष्य शुभ या अशुभ, जो भी कर्म करता है, अपने उन कर्मों के शुभ-अशुभ फल का भोक्ता होता है।

✦ ऐहिकं प्राक्तनं वापि कर्म यद्चितं स्फुरत।
पौरुषोऽसौ परो यत्नो न कदाचन निष्फलः ॥

—योगवासिष्ठ 3/95/34

पुनर्जन्म और इस जन्म के किए हुए कर्म, फल रूप में अवश्य प्रकट होते हैं। मनुष्य का किया हुआ यत्न, फल लाए बिना नहीं रहता है।

✦ कर्म प्रधान बिश्व करि राखा । जो जस करै सो तस फल चाखा ॥
काहु न कोउ सुख-दुख कर दाता । निज कृत करम भोग सब भ्राता ॥

—श्रीरामचरितमानस/अयोध्याकांड

विश्व में कर्म ही प्रधान है। जो जैसा करता है, उसे वैसा फल भोगना ही पड़ता है। दुनिया में कोई किसी को न दुख देने में समर्थ है, न सुख देने में। सभी व्यक्ति अपने किए हुए कर्मों का ही फल भोगते हैं।

✦ नाधर्मश्चरितो लोके सद्यः फलति गौरिवः ।
शनैरावर्तमानस्तु कर्तुर्मूलानि कृन्तति ॥
अधर्मेणैधते तावत्ततो भद्राणि पश्यति ।
ततः सपत्नांजयति समूलस्तु विनश्यति ॥

—मनुस्मृति 4/172, 174

इस जीवन (संसार) में किया गया अधर्म (अशुभ कर्म) तत्काल फल नहीं देता, जैसे बोई हुई पृथ्वी तत्काल फल नहीं देती। वह कुकर्म क्रमशः पककर कर्ता की जड़ों तक को काट डालता है। अधर्म करने वाला पहले तो बढ़ता है, फलता-फूलता व संपन्न होता है, नौकर-चाकर, धनवैभव के साधनों से संपन्न होता है, अपने ईर्ष्यालु शत्रुओं व प्रतिद्वंद्वियों को जीत भी लेता है, पर अंततः वह जड़ सहित नष्ट हो जाता है।

✦ यदेव विद्यया करोमि श्रद्धयोपनिषदा तदेव वीर्यवत्तरं भवति ।

—छान्दोग्योपनिषद् 1/1/10

जो कर्म विद्या, श्रद्धा और योग से युक्त होकर किया जाता है, वही प्रबलतर होता है।

✦ कर्म ज्यायो ह्यकर्मणः ।

—महाभारत/भीष्मपर्व 27/8

कर्म न करने की अपेक्षा कर्म करना श्रेष्ठ है।

◆ मधु नक्तमुतोषसो मधुमत्पार्थिवं रजः।
  मधु   द्यौरस्तु   नः   पिता ॥

—ऋग्वेद 1/90/7

संसार में ऐसे कार्य करने चाहिए, जिससे सभी को सुख-शांति और प्रसन्नता मिले।

◆ सुखं दुःखं भयं शोकमानन्दं कर्मणः फलम्।
  सुकर्मणः सुखं हर्षमितरे पापकर्मणः ॥

—ब्रह्मवैवर्तपुराण/गणपतिखंड 12/27

सुख-दुख, भय-शोक, आनंद—ये कर्म के ही फल हैं। इनमें सुख और हर्ष उत्तम कर्म के और अन्य पाप कर्म के परिणाम हैं।

◆ गुणवदगुणवद् वा कुर्वता कार्यमादौ।
  परिणतिरवधार्या यत्नतः पंडितेन ॥

—भर्तृहरि नीतिशतक 95

कोई काम चाहे अच्छा हो या बुरा, बुद्धिमान को पहले उसके परिणाम का विचार करके तब काम हाथ में लेना चाहिए क्योंकि श्रेष्ठ कर्म ही मनुष्य को सफल बनाते हैं।

❑ ❑ ❑

क्रोध

◆ ते हेलो वरुण नमोभिः ।
—ऋग्वेद 1/24/14

क्रोध को सदैव नम्रता से शांत करो ।

◆ क्रोधः प्राणहरः शत्रुः क्रोधो मित्रमुखो रिपुः ।
क्रोधो ह्यसिर्महातीक्ष्णः सर्व क्रोधोऽपकर्षति ॥
—वाल्मीकिरामायण/उत्तरकांड 2/21

क्रोध प्राण लेने वाला शत्रु है, क्रोध मित्र-सा दिखने वाला शत्रु है, क्रोध अत्यन्त तीखी तलवार है तथा क्रोध सारे गुणों का नाश करता है ।

◆ अज्ञान प्रभवो मन्युरहम्मानोपबृंहितः ।
—श्रीमद्भागवत 8/19/13

क्रोध अज्ञान से उत्पन्न होता है और अहंकार से बढ़ता है ।

◆ क्रोधाद् भवति सम्मोहः सम्मोहात्स्मृतिविभ्रमः ।
स्मृतिभ्रंशाद् बुद्धिनाशो बुद्धिनाशात्प्रणश्यति ॥
—श्रीमद्भगवद्गीता 2/63

क्रोध से सम्मोह उत्पन्न होता है यानी अत्यन्त मूढ़ भाव से स्मरण शक्ति में भ्रम हो जाता है, स्मृति में भ्रम हो जाने से बुद्धि नष्ट (ज्ञान शक्ति का नाश) हो जाती है और बुद्धि के नाश होने से मनुष्य स्वयं की स्थिति से गिरकर नष्ट हो जाता है ।

◆ मूढानामेव भवति क्रोधो ज्ञानवतां कुतः ।
—विष्णुपुराण 1/1/17

मूर्खों को ही क्रोध होता है, ज्ञानियों को कभी नहीं ।

◆ देवतेषु प्रयत्नेन राजसु ब्राह्मणेषु च ।
नियन्तव्यः सदा क्रोधो वृद्धबालातुरेषु च ॥

—विदुरनीति 6/30

देवता, ब्राह्मण, राजा, वृद्ध, बालक और रोगी पर होने वाले क्रोध को प्रयत्नपूर्वक रोकना चाहिए।

◆ परा हि मे विमन्यवः पतन्ति वस्य इष्टये ।
वयो न वसतोरूप ॥

—ऋग्वेद 1/25/4

क्रोधी व्यक्ति हमसे सदैव वैसे ही दूर रहें जैसे पक्षियों को उड़ा देने से वे एक निश्चित स्थान से दूर चले जाते हैं, क्योंकि क्रोधी व्यक्ति के पास रहने से स्वभाव उलटा हो जाता है और धर्म की हानि होती है।

◆ वाच्यावाच्यं प्रकुपितो न विजानाति कर्हिचित् ।
नाकार्यमस्ति क्रुद्धस्य नावाच्यं विद्यते क्वचित् ॥

—वाल्मीकिरामायण/सुंदरकांड 55/5

क्रोधी मनुष्य कैसा भी अपशब्द कभी भी अपने मुंह से निकाल सकता है और बुरे से बुरा कर्म कभी भी कर सकता है।

◆ प्रकृतिकोपस्सर्वकोपेभ्यो गरीयान् ।

—चाणक्यनीति 13

प्रकृति का कोप सब कोपों से बड़ा होता है।

◆ त्रिविधं नरकस्येदं द्वारं नाशनमात्मनः ।
कामः क्रोधस्तथा लोभस्तस्मादेतत्त्रयं त्यजेत् ॥

—श्रीमद्भगवद्गीता 16/21

काम, क्रोध और लोभ ये तीनों मनुष्य की आत्मा को अधोगामी की ओर ले जाते हैं। इसलिए इनसे सदैव दूर रहना चाहिए।

◆ अकार्य क्रियते मूढैः प्रायः क्रोध समीरितैः ।

—मत्स्यपुराण 157/3

प्रायः क्रोध से प्रेरित मूर्ख लोग अकार्य कर बैठते हैं।

✦ धन्याः धलु महात्मानो ये बुद्ध्या कोपमुत्थितम्।
निरुंधंति महात्मानो दीप्तमग्निमिवाम्भसा ॥

—वाल्मीकिरामायण/सुंदरकांड 55/3

वे महान पुरुष धन्य हैं जो अपने उठे हुए क्रोध को अपनी बुद्धि के द्वारा उसी प्रकार रोक देते हैं, जैसे दीप्त अग्नि को जल से रोक दिया जाता है।

✦ भूतैराक्रम्यमाणोऽपि धीरो दैववशानुगैः।
तद्विद्धान्न चलेन्मार्गादन्वशिक्षं क्षितेर्व्रतम् ॥

—श्रीमद्भागवत 11/7/37

पृथ्वी से मैंने धैर्य और क्षमा का गुण सीखा। उस पर लोगबाग कितना उत्पाद करते हैं, खोदते हैं, फावड़ा और कुदाली चलाते हैं पर वह न तो किसी से बदला लेती है, न रोती-चिल्लाती है। बुद्धिमान मनुष्य भी वैसे ही कभी क्रोध नहीं करते, धैर्य नहीं खोते।

✦ अक्रोधेन जयेत् क्रोधम्।

—विदुरनीति 7/72

अक्रोध से क्रोध को जीतो।

✦ क्रोधो वैवस्वतो राजा।

—चाणक्यनीति 18/14

क्रोध यमराज यानी काल है।

❑ ❑ ❑

क्षमा

✦ क्षमायुक्तस्य तपो विवर्धते ।
—चाणक्यसूत्र 571

क्षमाशील पुरुष का तप बढ़ता रहता है।

✦ क्षमा गुणवतां बलम् ।
—विदुरनीति 2/75

गुणवानों का बल है क्षमा ।

✦ अलंकारो हि नारीणां क्षमा तु पुरुषस्य वा ।
—वाल्मीकिरामायण/बालकांड 33/7

स्त्री अथवा पुरुष के लिए क्षमा ही अलंकार है।

✦ यः समुत्पतितं कोपं क्षमयैव निरस्यति ।
यथोरगस्त्वञ्च जीर्णा स वै पुरुष उच्यते ॥
—मत्स्यपुराण 28/4

जो मनुष्य अपने उत्पन्न क्रोध का क्षमा द्वारा उसी प्रकार निराकरण कर देता है, जिस प्रकार सांप अपनी पुरानी केंचुली को छोड़ देता है, वही सच्चा पुरुष कहा जाता है।

✦ क्षमा धर्मः क्षमा यज्ञः क्षमा वेदाः क्षमा श्रुतम् ।
य एतदेवं जानाति स सर्वं क्षन्तुमर्हति ॥
—महाभारत/वनपर्व 29/36

क्षमा ही मनुष्य का धर्म है। क्षमा ही पृथ्वी पर उसके लिए यज्ञ है और क्षमा में ही सब धर्मशास्त्र एकत्रित है। इस प्रकार क्षमा के स्वरूप और व्यावहारिक प्रयोग को जानने वाला सबको क्षमा करता है।

◆ क्षमा वशीकृतिल्लोके क्षमया किं न साध्यते ।
शान्तिखड्गः करे यस्य किं करिष्यति दुर्जनः ॥

—विदुरनीति 1/55

इस जगत् में क्षमा वशीकरणरूप है। भला क्षमा से क्या नहीं सिद्ध होता? जिसके हाथ में शांतिरूपी तलवार है, उसका दुष्ट पुरुष क्या कर लेंगे!

◆ क्षमा दानं क्षमा सत्यं क्षमा यज्ञाश्च पुत्रिकाः ।
क्षमा यशः क्षमा धर्मः क्षमायां विष्ठितं जगत् ॥

—वाल्मीकिरामायण/बालकांड 33/8-9

क्षमा दान है, क्षमा सत्य है, क्षमा यज्ञ है, क्षमा यश है और क्षमा धर्म है। यहां तक कि क्षमा पर ही यह संपूर्ण जगत टिका हुआ है।

◆ क्षमा गुणो ह्यशक्तानां शक्तानां भूषणं क्षमा ।

—महाभारत/उद्योगपर्व 33/49

क्षमा असमर्थ मनुष्यों का गुण तथा समर्थ मनुष्यों का भूषण है।

◆ यदेनं क्षमया युक्तमशक्तं मन्यते जनः ।

—विदुरनीति 1/53

क्षमाशील मनुष्य को लोग असमर्थ समझ लेते हैं।

◆ क्षमाशस्त्रं करे यस्य दुर्जनः किं करिष्यति ।
अतृणे पतितो वह्निः स्वयमेवोपशाम्यति ॥

—सुभाषित भंडागार 87/1

जिसके हाथ में क्षमारूपी शस्त्र हो, उसका दुर्जन क्या बिगाड़ सकेगा। घास-फूस रहित भूमि पर गिरी अग्नि स्वयं ही शांत हो जाती है।

◆ क्षमा गुणो ह्यशक्तानां शक्तानां भूषणं क्षमा ।

—विदुरनीति 1/54

क्षमा असमर्थ मनुष्यों का गुण तथा समर्थों का भूषण है।

◆ मूढस्य सततं दोष क्षमां कुर्वन्ति साधवः ।

—ब्रह्मवैवर्त्तपुराण

अच्छे लोग मूर्ख के दोष को सदा क्षमा कर देते हैं।

◆ नरस्याभरणं रूपं रूपस्याभरणं गुणः।
  गुणस्याभरणं ज्ञानं ज्ञानस्याभरणं क्षमा ॥

—सुभाषित भंडागार 87/2

मनुष्य का आभूषण उसका रूप है, रूप का आभूषण गुण है। गुण का आभूषण ज्ञान है और ज्ञान का आभूषण क्षमा है।

◆ क्षमा रूपं तपस्विनाम्।

—चाणक्यनीति 3/9

तपस्वियों की शोभा क्षमा (सहनशीलता) से होती है।

◆ नान श्रीमत्तरं किंचिदन्यत् पथ्यतमं मतम्।
  प्रभविष्णोर्यथा तात क्षमा सर्वत्र सर्वदा ॥

—विदुरनीति 7/58

समर्थ पुरुष के लिए सब जगह और सब समय में क्षमा के समान हितकारक और अत्यंत श्रीसंपन्न बनाने वाला उपाय दूसरा नहीं माना गया है।

◆ क्षममाणो विमुच्यते।

—विदुरनीति 2/74

क्षमा करने वाला पाप से मुक्त हो जाता है।

□ □ □

ख्याति/प्रसिद्धि/यश

✦ सुकर्माण सुरुचः।
—*अथर्ववेद 18/3/22*

यश उसे मिलता है, जो सत्कर्म करता है।

✦ पञ्चैव पूज्यल्लोके यशः प्राप्नोति केवलम्।
देवान् पितृन् मनुष्यांश्च भिक्षूनतिथिपंचिमान्॥
—*विदुरनीति 1/80*

देवता, पितर, मनुष्य, संन्यासी और अतिथि—इन पांचों की पूजा करने वाला मनुष्य शुद्ध यश प्राप्त करता है।

✦ यशो मा द्यावापृथिवी यशो ऐन्द्रबृहस्पती।
यशो भगस्य विन्दतु यशो मा प्रतिमुच्यताम्।
यशस्व्याऽस्याः संसदोऽहं प्रवदिता स्याम्॥
—*सामवेद/पूर्वार्चिक 6/3/10*

हे द्यावा पृथ्वी! मुझे यश प्राप्त हो। जिस प्रकार द्यावा और पृथ्वी अपने सर्वहितकारी, सहज, स्वाभाविक गुणों के कारण यशस्वी हैं, उसी प्रकार मैं भी इन गुणों से युक्त होकर सार्वभौमिक सेवाओं द्वारा यशस्वी होऊं। चंद्र और सूर्य! मुझे यश प्राप्त हो। मैं चंद्र और सूर्य के समान यश पूज्य बन जाऊं। मुझे ऐश्वर्य का यश प्राप्त हो। मैं इस सभा का यशस्वी होऊं। मेरी वाणी से विश्व प्रकृष्ट और उत्कृष्ट होता चला जाए।

✦ यशः शरीरं न विनश्यति।
—*चाणक्यसूत्र 319*

मनुष्य का भौतिक शरीर मरता है। उसकी यश या कीर्ति रूपी देह नहीं अर्थात् उसकी कीर्ति बराबर बनी रहती है।

49

✦ वयं सर्वेषु यशसः स्वाम।

—अथर्ववेद 6/58/2

हम समस्त जीवों में यशस्वी होवें।

✦ अष्टौ गुणाः पुरुषं दीपयन्ति प्रज्ञा च कौल्यं च दमः श्रुतं च।
पराक्रमश्चाबहुभाषिता च दानं यथाशक्ति कृतज्ञता च॥

—विदुरनीति 3/53

बुद्धि, कुलीनता, इंद्रियनिग्रह, शास्त्रज्ञान, पराक्रम, अधिक न बोलना, शक्ति के अनुसार दान और कृतज्ञता—ये आठ गुण पुरुष की ख्याति बढ़ा देते हैं।

✦ अधमा धनमिच्छन्ति धनं मानं च मध्यमाः।
उत्तमा मानमिच्छन्ति मानो हि महतां धनम्॥

—चाणक्यनीति 8/1

अधम लोग धन चाहते हैं, मध्यम श्रेणी के लोग धन और मान दोनों चाहते हैं, उत्तम लोग केवल मान चाहे हैं क्योंकि श्रेष्ठ व्यक्तियों के लिए मान ही सर्वोत्तम धन है।

✦ अभिवादनशीलस्य नित्यः वृद्धोपसेविनः।
चत्वारि तस्य वर्धन्ते आयुर्विद्या यशो बलम्॥

—मनुस्मृति 2/121

जो मनुष्य नित्य वृद्धों की सेवा करता है और उनको प्रणाम करता है, उसके आयु, विद्या, यश और बल—ये चारों बढ़ते हैं।

✦ यस्ते यज्ञेन समिधा च उम्थैरर्केभिः सूनो सहसो ददाशत्।
यं मर्त्येष्वष्मृत प्रचेता राया द्युम्नेन श्रवसा वि भाति॥

—ऋग्वेद 6/5/5

जो अपने सद्गुण के आधार पर श्रेष्ठ कर्म करने का प्रयत्न करते हैं, उन्हें संसार में विद्या, धन और यश मिलता है।

✦ यः सर्वभूतप्रशमे निविष्टः सत्यो मृदुर्मानकृच्छुद्धभावः।
अतीव स ज्ञायते ज्ञातिमध्ये महामणिर्जात्य इव प्रसन्नः॥

—विदुरनीति 1/125

जो मनुष्य संपूर्ण भूतों को शांति प्रदान करने में तत्पर, सत्यवादी, कोमल, दूसरों को आदर देने वाला तथा पवित्र विचारवाला होता है, वह अच्छी खान से निकले और चमकते हुए श्रेष्ठ रत्न की भांति अपने जातिवालों में अधिक प्रसिद्धि पाता है।

❑ ❑ ❑

गायत्री मंत्र

◆ ॐ भूर्भुवः स्वः तत्सवितुर्वरेण्यं भर्गो देवस्य धीमहि धियो यो नः प्रचोदयात् ॥
—यजुर्वेद 30/2

गायत्री मंत्र का भावार्थ यह है कि इस प्राणस्वरूप, दुःखनाशक, सुखस्वरूप, श्रेष्ठ, तेजस्वी, पापनाशक, देवस्वरूप, सर्वव्यापक परमात्मा को हम अंतरात्मा में धारण करें। वह परमात्मा हमारी बुद्धि को उत्तम मार्ग में प्रेरित करे।

◆ न गायत्र्या परं जप्यम्।
—अग्निपुराण 215/8

गायत्री से श्रेष्ठ जप करने योग्य मंत्र नहीं है।

◆ अन्तर्गायत्र्याममृतस्य गर्भे।
—अथर्ववेद 13/3/20

गायत्री में अमृत का बीज है।

◆ नास्ति गंगासमं तीर्थः न देवः केशवात् परः।
गायत्र्यास्तु परं जप्यं न भूतो न भविष्यति ॥
—बृहद्योगियाज्ञवल्क्यस्मृति 10/10-11

गंगा के समान कोई तीर्थ नहीं है, कृष्ण के समान कोई देव नहीं है। गायत्री से श्रेष्ठ जप करने योग्य कोई मंत्र न हुआ है, न होगा।

◆ नृसिंहार्कवराहाणां तान्त्रिकं वैदिकं तथा।
विना जप्त्वा तु गायत्रीं तत्सर्वं निष्फलं भवेत् ॥
—श्रीमद्भागवत 11/21/5

नृसिंह, सूर्य, वराह, तांत्रिक एवं वैदिक मंत्रों का अनुष्ठान, गायत्री मंत्र का जप किए बिना निष्फल हो जाता है।

♦ गायत्र्येव परो विष्णुः गायत्र्येव परः शिवः ।
गायत्र्येव परो ब्रह्मा गायत्र्येव त्रयी ततः ॥

—स्कंदपुराण/काशीखंड 4/9/58

गायत्री ही विष्णु है, गायत्री ही शिव है और गायत्री ही ब्रह्मा है । इस प्रकार गायत्री त्रिदेव (ब्रह्मा, विष्णु, महेश) स्वरूपा है ।

♦ यानपात्रे च याने च प्रवासे राजवेश्मनि ।
परां सिद्धिमवाप्नोति सावित्रीं ह्युत्तमां पठन् ॥

—महाभारत/अनुशासनपर्व 150/68

जो मनुष्य जहाज अथवा किसी सवारी में बैठने पर, विदेश में अथवा राजदरबार में जाने पर मन ही मन उत्तम गायत्री मंत्र का जाप करता है, वह परम सिद्धि को प्राप्त होता है ।

♦ भूतरोगविषादिभ्यः स्पृशञ्जप्त्वा विमोचयेत् ।
भूमादिभ्यो विमुच्येत जल पीत्वाऽभिमंत्रितम् ॥

—देवीभागवत/गायत्री 35

जो गायत्री मंत्र का जप करके कुश का स्पर्श करता है, वह भूत रोग आदि विषादि से रक्षित होता है । गायत्री से अभिमंत्रित जल का पान भूत-प्रेत के उपद्रव को नष्ट करता है ।

♦ गायत्री चैव वेदांश्च तुलया समतोलयत् ।
वेदा एकत्र साङ्गास्तु गायत्री चैकतः स्मृता ॥

—बृहद्योगियाज्ञवल्क्यस्मृति 4/80

ब्रह्माजी ने तराजू के एक पलड़े में चारों वेदों को और दूसरे पलड़े में गायत्री को स्थापित किया, तो दोनों को तोलने से गायत्री का पलड़ा ही भारी हुआ ।

♦ गायत्री वा इदं सर्वभूतं यदिदं किञ्च वाग्ने ।
गायत्री वाग्वा इदं सर्वभूतं, गायति च त्रायते च ॥

—छान्दोग्य उपनिषद् 3/12/1

इस जड़-चेतन जगत में गायत्री ही शक्ति रूप में विद्यमान है ।

♦ सावित्र्यास्तु परं नास्ति ।

—मनुस्मृति 2/83

गायत्री से श्रेष्ठ और कुछ नहीं है ।

✦ परब्रह्म न निर्वाण पद दायिनी।
ब्रह्मतेजोमयी शक्तिस्तदधिष्ठातृदेवता ॥

–देवीभागवत

गायत्री मोक्ष देने वाली, परमात्मा स्वरूप और ब्रह्मतेज से युक्त शक्ति और मंत्रों की अधिष्ठात्री है।

✦ गायन्तं त्रायते यस्माद् गायत्री त्वाभिधीयते।
प्रणवेन तु संयुक्तां व्याहृतित्रयसंयुताम् ॥

–देवीभागवत/रुद्राक्ष माहात्म्य 10/11

इहलोक और परलोक में भी गायत्री के समान कोई मंत्र नहीं है। जो इसको गाता है, गायत्री उसकी रक्षा करती हैं। यह ॐकार और व्याहृतियों से युक्त होने के कारण गायत्री कहलाती है।

✦ गायत्री जाह्नवी च मे सर्वपापं हरे स्मृते।

–बृहन्नारदीयपुराण 6/60

गायत्री और गंगाजी ये दोनों सब पाप हरने वाली हैं।

❑ ❑ ❑

गाय/गौ

✦ गौर्वरिष्ठा चतुष्पदाम्।

—महाभारत/भीष्मपर्व 121/34

चौपाये जीवों में गौ सर्वश्रेष्ठ जीव है।

✦ मातरः सर्वभूतानां गावः सर्वसुखप्रदाः।

—महाभारत/अनुशासनपर्व 69/7

गौएं समस्त प्राणियों की माता कहलाती हैं। वे सभी को सुख प्रदान करने वाली हैं।

✦ माता रुद्राणां दुहिता वसूनां स्वसादित्यानाममृतस्य नाभिः।
प्र नु वोचं चिकितुषे जनाय मा गामनागामदितिं वधिष्ट॥

—ऋग्वेद 8/101/15

गौ रुद्रों की माता, वसुओं की पुत्री, सूर्य की बहन और घृत रूप अमृत का केंद्र है। मैं समझदार व्यक्ति के प्रति कह दूं कि निरपराध, अदीना गौ को मत मार, वध न कर। अतिवृद्ध और अनुपयोगी हो जाने पर भी गौ-बैल की रक्षा और सेवा की जानी चाहिए क्योंकि उपकारकर्ता की प्राण रक्षा तो एक साधारण शिष्टता है।

✦ वृषा यूथेव वंसगः कृष्टी रियर्त्योजसा।
ईशनो अप्रतिष्कुतः॥

ऋग्वेद 1/7/8

गाय का दूध ग्रहण करो। गौ दुग्ध के सेवन और गौ के समान सात्विक जीवन यापन से तुम्हें यथेच्छ शारीरिक ओर मानसिक शक्ति मिलेगी।

✦ गोभिस्तुल्यं न पश्यामि धनं किंचित् इहाच्युत।

—महाभारत/अनुशासनपर्व 51/26

गाय के समान कोई धन इस संसार में मैं नहीं देखता। अस्तु गाय धन है।

✦ गावो भगो गाव इन्द्रो म इच्छाद् गावः सोमस्य प्रथमस्य भक्षः।
इमा या गावः स जनास इन्द्र इच्छामि हृदा मनसा चिदिन्द्रम् ॥

—अथर्ववेद 4/21/5

गायें ही मनुष्य का बल, धन और उत्तम अन्न हैं। इसलिए मैं सदा गायों की उन्नति
हृदय और मन से चाहता हूं।

✦ धेनूनामस्मि कामधुक्।

—श्रीमद्भगवद्गीता 10/28

भगवान श्रीकृष्ण कहते हैं कि गायों में कामधेनु मैं हूं।

✦ तैस्तैर्गुणैः कामदुघा च भूत्वा नरं प्रदातारमुपैति सा गौः।
स्वकर्मभिश्चाप्यनुवध्यमानं तीव्रान्धकारे नरके पतन्तम् ॥
महार्णवे नौरिव वायुनीता दत्ता हि गौस्तारयते मनुष्यम्।
तथैव दत्ता कपिला सुपात्रे पापं नरस्याशु निहन्ति सर्वम् ॥

—महाभारत/आश्वमेधिक/दाक्षिणात्यपाठ

दान में दी हुई गौ अपने विभिन्न गुणों द्वारा कामधेनु बनकर परलोक में दाता के
पास पहुंचती है। वह अपने कर्मों से बंधकर घोर अंधकारपूर्ण नरक में गिरते हुए
मनुष्य का उसी प्रकार उद्धार कर देती है, जैसे वायु के सहारे से चलती हुई नाव
मनुष्य को महासागर में डूबने से बचाती है, उसी प्रकार सुपात्र को दी हुई कपिला
गौ मनुष्य के सब पापों को तत्काल नष्ट कर डालती है।

✦ यथा हि गंगा सरितां वरिष्ठा। तथार्जुनीनां कपिला वरिष्ठा ॥

—महाभारत/अनुशासनपर्व 88/8

जिस प्रकार नदियों में गंगा श्रेष्ठ है, उसी प्रकार गौओं में कपिला गौ श्रेष्ठ है।

✦ गवां ग्रासप्रदानेन स्वर्गलोके महीयते।
गवां हि तीर्थे वसतीह गंगा पुष्टिस्तथा सा रजसि प्रवृद्धा।
लक्ष्मी करीषे प्रणतौ च धर्म्मसतासां प्रणामं शतं च कुर्यात् ॥

—विष्णुस्मृति

गौओं को भोजन देने से स्वर्ग मिलता है। गौओं के बाड़े में तीर्थों का निवास है।
उनकी रज से बुद्धि और संपदा बढ़ती है। उन्हें प्रणाम करने से पुण्य होता है इसलिए
गौओं को बार-बार प्रणाम करना चाहिए।

✦ दातास्याः स्वर्गमाप्नोति वत्सराल्लोमसम्मितान्।
कपिला चेत्तारयाति भूयश्च सप्तमं कुलम्॥

—याज्ञवल्क्यस्मृति 1/140

गौ दान करने वाला उतने वर्ष स्वर्ग में रहता है, जितने कि गाय के शरीर में रोम होते हैं। उत्तम गौ दान करने वाले की सात पीढ़ियों का उद्धार कर देती है।

✦ तीर्थस्थानेषु यत्पुण्यं यत्पुण्यं विप्रभोजने।
सर्वव्रतोपवासेषु सर्वेष्वेश तपसु च॥
यत्पुण्यं च महादाने यत्पुण्यं हरिसेवने।
भुवः पटने यत्तु सर्ववाक्येषु यद् भवेत्॥
यत्पुण्यं सर्वयज्ञेषु दीक्षायां च लभेन्नरः।
तत्पुण्यं लभते प्राज्ञो गोभ्यो दत्त्वा तृणानि च॥

—ब्रह्मवैवर्तपुराण/श्रीकृष्णजन्म 21/87-89

तीर्थस्थानों में जाकर स्नान दान से जो पुण्य प्राप्त होता है, ब्राह्मणों को भोजन कराने से जिस पुण्य की प्राप्ति होती है, संपूर्ण व्रत-उपवास, सब तपस्या, महादान तथा श्रीहरि की आराधना करने पर जो पुण्य सुलभ होता है, संपूर्ण पृथ्वी की परिक्रमा, संपूर्ण वेद-वाक्यों के स्वाध्याय तथा समस्त यज्ञों की दीक्षा ग्रहण करने पर मनुष्य जिस पुण्य को पाता है, वही पुण्य बुद्धिमान् मानव गौओं को घास देकर पा लेता है।

□ □ □

गंगा

✦ गांगेयं तु हरेत्तोयं पापमामरणान्तिकम् ।
—नारदपुराण/उत्तरभाग 38/25

गंगा जल सेवन करने पर आमरण किए हुए पापों को हर लेता है।

✦ यथा सुराणाममृतं पितृणां च यथा स्वधा ।
सुधा यथा च नागानां तथा गंगाजलं नृणाम् ॥
—महाभारत/अनुशासनपर्व 26/49

जिस प्रकार देवताओं को अमृत, पितरों को स्वधा (हवि की आहुति) तथा नागों को सुधा तृप्तिकारक है, उसी प्रकार मनुष्यों को गंगा जल संतुष्टिदायक है।

✦ अनिच्छयापि संस्पृष्टो दहनो हि यथा दहेत् ।
अनिच्छयापि संस्नाता गंगा पापं तथा दहेत् ॥
—स्कंदपुराण/काशीखंड 27/49

जैसे बिना इच्छा के भी स्पर्श करने पर आग जला ही देती है, उसी प्रकार अनिच्छा से भी अपने जल में स्नान करने पर गंगा मनुष्य के पापों को धो (भस्म कर) देती है।

✦ सर्वं कृतयुगे पुण्यं त्रेतायां पुष्करं स्मृतम् ।
द्वापरेऽपि कुरुक्षेत्रं गंगा कलियुगे स्मृता ॥
—महाभारत/वनपर्व 85/90

सत्य युग में सभी तीर्थ पुण्यदायक होते हैं। त्रेता में पुष्कर का महत्त्व है। द्वापर में कुरुक्षेत्र विशेष पुण्यदायक है और कलियुग में गंगा की अधिक महिमा गाई गई है।

✦ नास्ति विष्णुसमं ध्येयं तपो नानशनात्परम् ।
नास्त्यारोग्यसमं धन्यं नास्ति गंगासमा सरित् ॥

—अग्निपुराण

भगवान के समान कोई आश्रय नहीं। उपवास के समान तप नहीं। आरोग्य के
समान सुख नहीं और गंगा के समान कोई जल तीर्थ नहीं है।

✦ सम्प्राप्नोत्यक्षयं स्वर्गं गंगास्नानेन केशवम् ।
यशो राज्यं लभेत्पुण्यं स्वर्गमन्ते परां गतिम् ॥

—पद्मपुराण 5

गंगा के जल में स्नान करने की बहुत बड़ी महिमा है। इसके करने से कभी नाश
को न प्राप्त होने वाला स्वर्गलोक का निवास मिल जाता है। भगवान श्री केशव
के चरणों की प्राप्ति होती है। संसार में उत्तम यश प्राप्त होता है। राज्य का लाभ
होता है और महान् पुण्य मिलता है तथा अंत समय में स्वर्गलोक और परमगति
होती है।

✦ दर्शनात् स्पर्शनात् पानात् तथा गंगेति कीर्तनात् ।
पुनात्यपुण्यान् नपुरुषांछतशोऽथ सहस्रशः ॥

—महाभारत/अनुशासनपर्व 26/63

दर्शन से, स्पर्श से, जलपान करने तथा नामकीर्तन से सैकड़ों तथा हजारों पापियों
को गंगा पवित्र कर देती है।

✦ तीर्थानां परमं तीर्थः नदीनां परमा नदी ।
मोक्षदा सर्वभूतानां महापातकनाशनि ॥

—कूर्मपुराण 35/32

गंगा सभी तीर्थों में परम तीर्थ ओर नदियों में श्रेष्ठ नदी है। वह सभी प्राणियों,
यहां तक कि महापातकियों को भी मोक्ष प्रदान करने वाली है।

✦ पवित्राणां पवित्रं च मंगलानां च मंगलम् ।
महेश्वरात् परिपतिता सर्वपापहरा शुभा ॥

—कूर्मपुराण 35/35

गंगा सभी पवित्र वस्तुओं से अधिक पवित्र और सभी मंगलकारी पदार्थों से अधिक
मांगलिक है। भगवान शंकर के मस्तक से होकर निकली हुई गंगा सब पापों को
हरने वाली और शुभकारिणी है।

✦ पुनाति कीर्तिता पापं दृष्टा भद्रं प्रयच्छति ।
अवगाढा च पीता च पुनात्यासप्तमं कुलम् ॥

—महाभारत/वनपर्व 85/93

नाम लेने मात्र से गंगाजल पापी को पवित्र कर देता है, देखने से सौभाग्य तथा
स्नान या जल ग्रहण करने से सात पीढ़ियों तक कुल पवित्र हो जाता है ।

✦ यत्तोयकणिकास्पर्शे पापिनां ज्ञानसम्भवम् ।
ब्रह्महत्यादिकं पापं कोटि जन्मार्जितं दहेत् ॥

—देवीभागवत/गंगा की उत्पत्ति 22

भगवान विष्णु जी कहते हैं—जिस गंगा जल के स्पर्श मात्र से पापियों के चित्त
ज्ञान से परिपूर्ण हो जाते हैं, और करोड़ों जन्म-जन्मांतरों के अर्जित हुए ब्रह्महत्या
इत्यादि जैसे पाप तुरंत भस्म हो जाते हैं; उस पावनमयी पवित्ररूपा गंगा जी को
बारंबार प्रणाम करता हूं ।

❏ ❏ ❏

गुरु

✦ मातृमान् पितृमानाचार्यवान् पुरुषो वेद।
  —शतपथ ब्राह्मण

जब तीन उत्तम शिक्षक अर्थात् एक माता, दूसरा पिता और तीसरा आचार्य होवे
तभी मनुष्य ज्ञानवान् होता है।

✦ अक्षेत्रवित् क्षेत्रविदं ह्यप्राट् स प्रैति क्षेत्रविदानुशिष्टः।
  एतद् वै भद्रमनुशासनस्योत श्रुतिं विन्दत्यंजसीनाम् ॥
  —ऋग्वेद 10/32/7

मार्ग को न जानने वाला अवश्य ही मार्ग को जानने वाले से पूछता है। वह क्षेत्रज्ञ
विद्वान से शिक्षित होकर उत्तम मार्ग को प्राप्त होता है। गुरु के शासन का यही
कल्याणदायक फल है कि अनुशासित अज्ञपुरुष भी ज्ञान को प्रकाशित करने वाली
वाणियों को प्राप्त करता है।

✦ गुकारस्त्वन्धकारः स्याद् रुकारस्तेज उच्यते।
  अज्ञानग्रासकं ब्रह्म गुरुरेव न संशयः॥
  —स्कंदपुराण/गुरुगीता 1/33

'गु' शब्द का अर्थ है 'अंधकार' और 'रु' का अर्थ है तेज। अज्ञान का नाश करने
वाला तेजरूप ब्रह्म, गुरु ही है, इसमें संदेह नहीं है।

✦ स्वर्गो धनं वा धान्यं वा विद्या पुत्राः सुखानि च।
  गुरुवृत्त्यनुरोधेन न किंचिदपि दुर्लभम् ॥
  —वाल्मीकिरामायण/अयोध्याकांड 30/36

गुरुजनों की सेवा करने से स्वर्ग, धन-धान्य, विद्या, पुत्र, सुख आदि कुछ भी दुर्लभ
नहीं।

✦ पतिरेव गुरुः स्त्रीणां सर्वस्याभ्यागतो गुरुः ।
  गुरुरग्निर्द्विजातीनां वर्णानां ब्राह्मणो गुरुः ॥
  —चाणक्यनीति 5/1

स्त्रियों के गुरु पति होते हैं और अतिथि सबके गुरु होते हैं । ब्राह्मण, क्षत्रिय, वैश्य के गुरु अग्नि हैं तथा चारों वर्णों के गुरु ब्राह्मण हैं ।

✦ विद्यामन्त्रप्रदः सत्यं मातुः परतरो गुरुः ।
  न हि तस्मात्परः कोऽपि वन्द्यः पूज्यश्च वेदतः ॥
  —ब्रह्मवैवर्तपुराण/श्रीकृष्ण 72/112

यह भी सत्य है कि विद्यादाता और मंत्रदाता गुरु माता से भी बहुत बढ़-चढ़कर आदर के योग्य है । वेद के अनुसार गुरु से बढ़कर वंदनीय और पूजनीय दूसरा कोई नहीं है ।

✦ गुरु बिनु भवनिधि तरइ न कोई ।
  जो बिरंचि संकर सम होई ॥
  —श्रीरामचरितमानस/उत्तरकांड 92/3

संसार रूपी सागर को कोई अपने आप तर नहीं सकता । चाहे वह ब्रह्माजी जैसे सृष्टिकर्ता हो या शिवजी जैसे संहारकर्ता हो, फिर भी अपने मन की चाल से, अपनी मान्यताओं के जंगल से निकलने के लिए पगडंडी दिखाने वाले सद्गुरु अवश्य चाहिए ।

✦ देवद्विजगुरुप्राज्ञपूजनं शौचमार्जवम् ।
  ब्रह्मचर्यमहिंसा च शारीरं तप उच्यते ॥
  —श्रीमद्भगवद्गीता 17/14

देवता, ब्राह्मण, गुरु और ज्ञानीजनों का पूजन, पवित्रता, सरलता, ब्रह्मचर्य और अहिंसा—ये शरीर संबंधी तप कहलाते हैं, जो मनुष्य ज्ञान दे और ब्रह्म की ओर ले जाए उसे गुरु कहते हैं । गुरु उसी को जानिए जो ज्ञान भी समझा सके और उसका प्रमाण भी दे सके ।

✦ गुरुमंत्रो मुखे यस्य तस्य सिद्ध्यन्ति नान्यथा ।
  दीक्षया सर्वकर्माणि सिद्ध्यन्ति गुरुपुत्रके ॥
  —स्कंदपुराण/गुरुगीता 2/131

जिसके मुख में गुरुमंत्र है, उसके सब कार्य सिद्ध होते हैं, दूसरे के नहीं । दीक्षा लेने मात्र से शिष्य के सभी कार्य सिद्ध हो जाते हैं ।

✦ गुरुर्ब्रह्मा गुरुर्विष्णुः गुरुर्देवो महेश्वरः ।
गुरुः साक्षात् परब्रह्म तस्मै श्रीगुरवे नमः ॥

—स्कंदपुराण/गुरुगीता 43

गुरु ब्रह्मा है, गुरु विष्णु है, गुरु महेश्वर है तथा गुरु ही परब्रह्म है, ऐसे गुरु को बारंबार नमस्कार है ।

✦ गुरवो बहवः सन्ति शिष्यवित्तापहारकाः ।
दुर्लभोऽयं गुरुर्देवः शिष्यसन्तापहारकः ॥

—स्कंदपुराण/गुरुगीता 2/160

शिष्य के धन का हरण करने वाले गुरु बहुत से हैं, परंतु शिष्य के दुख को हरने वाला गुरु दुर्लभ है ।

✦ सर्वतीर्थावगाहस्य संप्राप्नोति फलं नरः ।
गुरोः पादोदकं पीत्वा शेषं शिरसि धारयन् ॥

—स्कंदपुराण/गुरुगीता 2/207

श्री सद्गुरु के चरणामृत का पान करने से और उसे मस्तक पर धारण करने से मनुष्य सर्व तीर्थों में स्नान करने का फल प्राप्त करता है ।

❑ ❑ ❑

गुण/सद्गुण

✦ इमा उ त्वा पुरूवसोऽभि प्र नोनुवुर्गिरः ।
गावो वत्सं न धेनवः ॥
—*सामवेद/पूर्वार्चिक 2/4/2*

जैसे दुधारी गायें दिन भर वन में विचर कर शाम को अपने बछड़ों के पास दौड़ती
हैं, उसी प्रकार गुणी व्यक्ति की सर्वत्र प्रशंसा होती है।

✦ यस्ते यज्ञेन समिधा य उम्थैरर्केभिः सूनो सहसो ददाशत् ।
यं मर्त्येष्वष्मृत प्रचेता रायाद्युम्नेन श्रवसा वि भाति ॥
—*ऋग्वेद 6/5/5*

जो अपने सद्गुण के आधार पर श्रेष्ठ कर्म करने का प्रयत्न करते हैं, उन्हें संसार
में विद्या, धन और यश मिलता है।

✦ बहूनपि गुणानेको दोषो ग्रसति ।
—*चाणक्यसूत्र 161*

अनेक गुणों को एक ही दोष ग्रसित कर लेता है।

✦ सर्वस्य भूषणं विनयः ।
—*चाणक्यसूत्र 428*

विनय सबका आभूषण है।

✦ जज्ञानो हव्यो बभूथ ।
—*ऋग्वेद 10/6/7*

जो गुणवान हैं, उनकी सदैव प्रशंसा होती है। गुणविहीन व्यक्ति का कहीं आदर
नहीं होता।

✦ अन्यो अन्यमभि हर्यत।

—अथर्ववेद 3/30/1

एक दूसरे से प्यार करो, क्योंकि उसमें परमात्मा का प्रत्यक्ष निवास है।

✦ प्रसुव यज्ञम्।

—यजुर्वेद 30/1

सत्कर्म ही किया करो।

✦ वसित्यप्सु हंसो न सीदन्।

—ऋग्वेद 1/65/9

हंस की तरह गुण ग्राहक बनो।

✦ विवेकिनमनुप्राप्ता गुणा यान्ति मनोज्ञताम्।
सुतरां रत्नमाभाति चामीकरनियाजितम्॥

—चाणक्यनीति 16/9

विवेकी मनुष्य को पाकर गुण उसी प्रकार चमक उठता है, जैसे सोने के आभूषण में रत्न जड़ देने पर शोभा पाता है।

✦ अव जहि यातुधानानव कृत्याकृतं जहि।
अथो यो अस्मान् दिप्सति तमु त्वं जह्योषधे॥

—अथर्ववेद 5/14/2

अन्न जिस तरह भूख मिटाता है वैसे ही सद्गुणों को अपने जीवन में धारण कर हम दोष-दुर्गुणों को दूर भगावें।

✦ विपदि धैर्यमथाभ्युदये क्षमा सदसि वाक्पटुता युधि विक्रमः।
यशसि चाभिरुचिर्व्यसनं श्रुतौ प्रकृतिसिद्धमिदं हि महात्मनाम्॥

—भर्तृहरि/नीतिशतक 52

विपत्ति में धीरज, संपत्ति में क्षमा, सभा में वाक्चातुरी, युद्ध में पराक्रम, यश में प्रेम और शास्त्रों में लगन—ये सद्गुण महात्माओं में स्वाभाविक होते हैं।

✦ गुणाः सर्वत्र पूज्यन्ते पितृवंशो निरर्थकः।
वासुदेवं नमस्यन्ति वसुदेव न मानवाः॥

—चाणक्यनीति 16/7

गुणों की ही सर्वत्र पूजा होती है, पितृवंश कोई महत्त्व नहीं रखता, सभी मनुष्य वासुदेव (श्रीकृष्ण) की पूजा करते हैं, वसुदेव (श्रीकृष्ण के पिता) की नहीं।

◆ पराक्रमोत्साहमतिप्रतापसौशील्यमाधुर्यनयानयैश्च ।
गाम्भीर्यचातुर्यसुवीर्यधैर्यैर्हनूमतः कोऽप्यधिकोस्ति लोके ॥

—वाल्मीकिरामायण/उत्तरकांड 36/44

संसार में ऐसा कौन है जो पराक्रम, उत्साह, अति प्रताप, सुशीलता, मधुरता, नीति-अनीति के विवेक, गंभीरता, चतुरता, उत्तम बल और धैर्य में हनुमानजी से बढ़कर हो ।

◆ अष्टौ गुणाः पुरुषं दीपयन्ति प्रज्ञां च कौल्यं च दमः श्रुतं च ।
पराक्रमश्चाबहुभाषिता च दानं यथाशक्तिकृतज्ञता च ॥

—विदुरनीति 3/53

हे राजन्! प्रज्ञा अर्थात् विशेष ज्ञान, कुलीनता, इंद्रिय-दमन, ज्ञान, पराक्रम, मितभाषी होना, यथाशक्ति दान और कृतज्ञता—ये आठ गुण पुरुष की शोभा बढ़ाने वाले होते हैं यानी यश और कीर्ति फैलाने वाले होते हैं ।

❏ ❏ ❏

घमंड/अहंकार

✦ अगम्यागमनादायुर्यशः पुण्यानि क्षीयन्ते ।
नास्त्यहंकारसमः शत्रुः ॥
—चाणक्यसूत्र 309

अहंकार से बड़ा कोई शत्रु नहीं है । यहां जिस अहंकार को शत्रु कहा गया है, वह भौतिक सामर्थ्य का दंभ है । यहां अहंकार के नाम से निंदित करके उसे शत्रु कहा गया है ।

✦ गुरोरप्यवलिप्तस्य कार्याकार्यमजानतः ।
उत्पथं प्रतिपन्नस्य कार्यं भवति शासनम् ॥
—वाल्मीकिरामायण/अयोध्याकांड 21/13

यदि गुरु भी घमंड में आकर कर्तव्य-अकर्तव्य का ज्ञान खो बैठे और कुमार्ग पर चलने लगे तो उसे भी दंड देना आवश्यक हो जाता है ।

✦ अहन्त्वविषचूर्णेन येषां कायो न मारितः ।
कुर्वन्तोऽपि हरन्तोऽपि न च ते निर्विषूचिका ॥
—योगवासिष्ठ 6/2/53/10

जिनका शरीर अहंकाररूपी विष से नष्ट नहीं हुआ, वे सब प्रकार के कार्यों को करते तथा उनका फल भोगते हुए भी सभी राग-रोगादि दोषों से मुक्त तथा स्वस्थ हैं ।

✦ विद्यामदो धनमदस्तृतीयोऽभिजनो मदः ।
मदा एतेऽवलिप्तानामेत एव सतां दमाः ॥
—विदुरनीति 2/44

विद्या का मद, धन का मद और तीसरा ऊंचे कुल का मद है । ये घमंडी पुरुषों के लिए तो मद है, परंतु सज्जन पुरुषों के लिए दम के साधन हैं ।

✦ आत्मसंभाविताः स्तब्धा धनमानमदान्विताः।
यजन्ते नामयज्ञैस्ते दम्भेनाविधिपूर्वकम् ॥

—श्रीमद्भगवद्गीता 16/17

अपने आपको बड़ा मानने वाले, अकड़ वाले, धन, मान, मद से युक्त लोग, दम्भ से अविधिपूर्वक नाममात्र के यज्ञों द्वारा यजन करते हैं।

✦ प्रीति प्रनय बिनु मद ते गुनी।

—श्रीरामचरितामनस/अरण्यकांड 6

नम्रता के बिना प्रेम और अहंकार से गुणवान् मनुष्य शीघ्र ही नष्ट हो जाता है।

❑ ❑ ❑

जप/स्मरण

✦ जकारो जन्मविच्छेद पकारो पापनाशकः।
तस्माद् जप इति प्रोक्त जन्मपापविनाशकः ॥

—अग्निपुराण

'ज' से जन्म-मरण का नाश होता है और 'प' से पाप का नाश होता है—इसी का नाम है जप। इसीलिए जन्म और मरण के पापों का, दुखों का नाश करने के लिए खूब जप करना चाहिए।

✦ विना दमैश्चयत्कृत्यं सच्चदानं विनोदकम्।
असंख्यया तु यज्ञप्तं तत्सर्वं निष्फलं भवेत् ॥

—अंगिरास्मृति

बिना कुशा के अनुष्ठान, बिना जल संस्पर्श के दान तथा बिना माला की संख्या के जप करना निष्फल होता है।

✦ गुरुनामजपाद्देवि बहुजन्मार्जितान्यपि।
पापानि विलयं यान्ति नास्ति सन्देहमण्वपि ॥

—स्कंदपुराण/गुरुगीता 2/185

गुरुनाम के जप से अनेक जन्मों के इकट्ठे हुए पाप भी नष्ट होते हैं, इसमें अणुमात्र संशय नहीं है।

✦ अंगुष्ठ योक्षदं विद्यात्तज्जननी शत्रुनाशिनीम्।
मध्यमां धनदां शांतिं करोत्येषा ह्यनाभिका ॥

—शिवपुराण/पंचाक्षर मंत्रजप 28

अंगूठे से जप करें तो मोक्ष, तर्जनी से शत्रु नाश, मध्यमा से धन प्राप्ति और अनामिका उंगली से शांति मिलती है।

✦ असंख्यमासुरं यस्मत्तस्मात्तद् गण्येद् ध्रुवम्।

—बृहद्पाराशर संहिता

बिना गिने जप असुर भाव को प्राप्त हो जाता है। अतः जप की गणना अवश्य करनी चाहिए।

✦ वस्त्रासने च दारिद्र्यं पाषाणे रोगसंभवः।
मेदिन्यां दुःखमाप्नोति काष्ठे भवति निष्फलम् ॥

—स्कंदपुराण/गुरुगीता 2/139

कपड़े के आसन पर बैठकर जप करने से दारिद्र्य आता है, पत्थर के आसन पर रोग, भूमि पर बैठकर जप करने से दुःख आता है और लकड़ी के आसन पर किए हुए जप निष्फल होते हैं।

✦ समस्तसप्ततन्तुभ्यो जपयज्ञ परः स्मृतः।
यावन्तः कर्म यज्ञाश्च दानानि च तपांसि च ॥
ते सर्वे जप यज्ञस्य नार्हति षोडशीं कलाम्।
जपेन देवता नित्यं स्तूयमाना प्रसीदति ॥
प्रसन्ना विपुलान् भोगान् दद्यान्मुक्तिश्च शाश्वतीम्।
तस्माज्जपः सदा श्रेष्ठः सर्वस्मत्पुण्यसाधनात् ॥

—भरद्वाज गायत्री व्याख्या

समस्त यज्ञों से जप अधिक श्रेष्ठ है। जितने भी कर्म, यज्ञ, दान, तप हैं, वे समस्त जप यज्ञ की सोलहवीं कला के समान भी नहीं होते हैं। जप द्वारा स्तुति किए गए देवता प्रसन्न होकर बड़े-बड़े भोगों को तथा अक्षय शक्ति को प्रदान करते हैं। समस्त पुण्य साधनों में जप सर्वश्रेष्ठ है।

✦ यज्ञानां जपयज्ञोऽपि।

—श्रीमद्भवगद्गीता 10/25

मैं (भगवान श्रीकृष्ण) सब प्रकार के यज्ञों में जप यज्ञ हूं।

✦ श्मशाने बिल्वमूले वा वटमूलान्तिके तथा।
सिद्ध्यन्ति कानके मूले आम्रवृक्षस्य सन्निधौ ॥

—स्कंदपुराण/गुरुगीता 2/146

श्मशान में, बिल्व, वटवृक्ष या कनकवृक्ष के नीचे और आम्रवृक्ष के पास जप करने से सिद्धि जल्दी मिलती है।

✦ विधियज्ञाज्जपयज्ञो विशिष्टो दशभिर्गुणैः।
उपांशुः स्याच्छतगुणः सहस्रो मानसः स्मृतः॥
ये पाकयज्ञाश्चत्वारो विधियज्ञसमन्विताः।
सर्वे ते जपयज्ञस्य कलां नार्हन्ति षोडशीम्॥

—मनुस्मृति 2/85-86

दश-पौर्णमासरूप कर्मयज्ञों की अपेक्षा जपयज्ञ दस गुना श्रेष्ठ है। उपांशु जप सौ गुना और मानस जप सहस्रगुना श्रेष्ठ है। कर्मयज्ञ में ये जो चार पाकयज्ञ हैं—वैश्वदेव, बलिकर्म, नित्य श्राद्ध और अतिथि पूजन—वे जपयज्ञ के 16वें अंश के बराबर भी नहीं हैं। ऐसा कहा गया है।

✦ तज्जपस्तदर्थभावनम्।

—पातंजलियोगसूत्र 1/28

उस ओंकार का जप और उसके अर्थ स्वरूप परमेश्वर की भावना करनी चाहिए।

❑ ❑ ❑

ज्ञान/ज्ञानी

✦ कृतमिष्टं ब्रह्मणो वीर्येण।

—अथर्ववेद 19/72/1

वेद ज्ञान से ही हमारा भला होता है।

✦ गतासूनगतासूंश्च नानुशोचन्ति पंडिताः।

—महाभारत/भीष्मपर्व 26/11

ज्ञानी लोग मृतकों अथवा जीवितों के लिए शोक नहीं करते।

✦ पाताले भूतले स्वर्गे सुखमैश्र्यमेव च।
न तु पश्यामि यन्नं पाण्डित्यादतिरिच्वते॥

—स्कंदपुराण 6/143/3

पाताल, भूतल और स्वर्ग में वह सुख कहीं भी नहीं दिखाई देता, जो ज्ञानवान होने पर प्राप्त होता है।

✦ दुरुत्तरा या विपदो दुःख कल्लोल संकुलाः।
तीर्यते प्रज्ञया ताभ्योनानाऽपद्धयो महामते॥

—योगवासिष्ठ 5/12/20

विभिन्न प्रकार की कठिन विपत्ति रूपी समुद्र में ज्ञान द्वारा ही तैरकर पार किया जाता है।

✦ न ता नशंति न दभाति तस्करो नासामामित्रो व्यथिरा दधर्षति।
देवांश्च याभिर्यजते ददाति च ज्योगित्ताभिः सचते गोपतिः सह॥

—ऋग्वेद 6/28/3

संसार का सर्वश्रेष्ठ दान ज्ञान दान है क्योंकि चोर इसे चुरा नहीं सकते, न ही कोई इसे नष्ट कर सकता है। यह निरंतर बढ़ता रहता है और लोगों को स्थायी सुख

देता है।

✦ आहार-निद्रा-भय-मैथुनानि समानि चैतानि नृणां पशूनाम्।
ज्ञानं नराणामधिको विशेषो ज्ञानेन हीनः पशुभिः समानाः॥

—चाणक्यनीति 16/17

भोजन, निद्रा, भय, मैथुन ये मनुष्य पशुओं के समान ही होते हैं किंतु मनुष्यों में ज्ञान विशेष रूप से अधिक है। ज्ञान रहित मनुष्य पशु के समान होता है।

✦ ब्रह्मणावङ्विि पश्यति।

—अथर्ववेद 10/8/19

ज्ञान से मनुष्य नीचे देखता है अर्थात् विनम्र हो जाता है।

✦ न हायनैर्न पलितैर्न वित्तेन न बन्धुभिः।
ऋषयश्चक्रिरे धर्मं योऽनूचानः स नो महान्॥

—मनुस्मृति 2/154

न अधिक वर्षों से, न सफेद बालों से, न धन और बंधुओं से कोई बड़ा है। ऋषियों ने ऐसा माना है कि जो ज्ञानवान है, वही बड़ा है।

✦ न हि ज्ञानेन सदृशं पवित्रमिह विद्यते।

—श्रीमद्भगवद्गीता 4/38

इस संसार में ज्ञान के समान पवित्र करने वाला निःसंदेह कुछ भी नहीं है।

✦ ज्ञानान्निर्दुखितामेति ज्ञानादज्ञान संक्षयः।
ज्ञानादेवपरासिद्धिर्नायस्मादाम वस्तुतः॥

—योगवासिष्ठ 5/88/12

ज्ञान से ही दुःख दूर होते हैं, ज्ञान से अज्ञान का निवारण होता है, ज्ञान से ही परम सिद्धि प्राप्त होती है और किसी भी उपाय से नहीं।

✦ अज्ञश्चाश्रद्दधानश्च संशयात्मा विनश्यति।

—महाभारत/भीष्मपर्व 28/40

जिसे ज्ञान नहीं, श्रद्धा नहीं और जो संशयग्रस्त मनुष्य है, उसका नाश हो जाता है।

✦ ब्राह्मणे पुल्कसे स्तेने ब्रह्मण्येऽर्के स्फुलिंगके।
अक्रूरे क्रूरके चैव समदृक् पण्डितो मतः॥

—श्रीमद्भागवत 11/29/14

जो ब्राह्मण और चांडाल में, चोर ओर सदाचारी ब्राह्मण में, सूर्य और चिनगारी में तथा कृपालु और क्रूर में समदृष्टि रखता है, उसे ज्ञानी मानना चाहिए।

✦ अज्ञेभ्यो ग्रंथिनः श्रेष्ठ ग्रंथेभ्यो धारिणोवरः।
धारिभ्यो ज्ञानिनः श्रेष्ठ ज्ञानिभ्यो व्यवसायिनः॥

—मनुस्मृति/कृषिधर्म 170

अज्ञानी मूर्ख से शास्त्र पढ़ने वाला श्रेष्ठ होता है, उसे पढ़कर स्मृति में धारण करने वाला उससे श्रेष्ठ होता है। शास्त्र के मर्म को समझने वाला ज्ञानी और ज्ञानी से भी श्रेष्ठ उस पर आचरण करने वाला होता है।

✦ यथैधांसि समिद्धोऽग्निर्भस्मसात्कुरुतेऽर्जुन।
ज्ञानाग्नि सर्वकर्माणि भस्मसात्कुरुते तथा॥

—श्रीमद्भगवद्गीता 4/37

जैसे प्रज्ज्वलित अग्नि ईंधनों को सर्वथा भस्म कर देती है, ऐसे ही ज्ञान रूपी अग्नि संपूर्ण कुकर्मों को सर्वथा भस्म कर देती है।

❑ ❑ ❑

तप/तपस्या

✦ तपो हि परमं श्रेयः सम्मोहमितरत् सुखम्।

—वाल्मीकिरामायण/उत्तरकांड 84/9

तप ही परम कल्याण का साधन है। दूसरा सारा सुख तो अज्ञान मात्र है।

✦ दिवमारूहत् तपसा तपस्वी।

—अथर्ववेद 13/2/25

ऊंचा वह उठता है जो तप करता है, क्योंकि तप किए बिना किसी की आत्मोन्नति नहीं हो सकती।

✦ पवित्रं ते विततं ब्रह्मणस्पते प्रभुर्गात्राणि पर्य्येषि विश्वतः।
अतप्ततनूर्न तदामो अश्नुते शृतासइद्वहन्तस्तत्समाशत॥

—ऋग्वेद 9/83/1

यह संसार शुभ मंगलदायक और मधुर पदार्थों से भरा पड़ा है किंतु वे मिलते उन्हीं को हैं जो तप के द्वारा उनका मूल्य चुकाने को तैयार रहते हैं। विवेकपूर्ण तप से विद्या धन आदि की प्राप्ति होती है।

✦ नातप्ततपसो लोके प्राप्नुवन्ति महासुखम्।

—महाभारत/वनपर्व 259/13

बिना तप किए इस लोक में कोई भी मनुष्य सुख को प्राप्त नहीं करता है।

✦ नासाध्यमस्ति तपसो।

—ब्रह्मपुराण 129/50

तपस्या से कुछ भी दुर्लभ नहीं है।

◆ देवद्विजगुरुप्राज्ञपूजनं शौचमार्जवम् ।
ब्रह्मचर्यमहिंसा च शारीरं तप उच्यते ॥
—श्रीमद्भगवद्गीता 17/14

देवता, ब्राह्मण, गुरु और ज्ञानीजनों का पूजन, पवित्रता, सरलता, ब्रह्मचर्य और अहिंसा—यह शरीर-संबंधी तप कहा जाता है।

◆ ब्रह्मचर्येण तपसा देवा मृत्युमपाघ्नत ।
—अथर्ववेद 11/7/19

ब्रह्मचर्य के पालन और तपस्या के द्वारा देवताओं ने मृत्यु को भी जीत लिया। तप एक ऐसा साधन है जिसके द्वारा सब कुछ संभव है इसलिए तपस्या का महत्त्व सर्वाधिक है।

◆ तपसा वै लोकं जयन्ति ।
—शतपथ ब्राह्मण 3/4/4/27

लोकों को तप से जीतते हैं।

◆ तपोमूलमिदं सर्वम् ।
—महाभारत/उद्योगपर्व 43/13

तपस्या ही सारे जगत का मूल है।

◆ तप बल से सिरजई विधाता । तप बल विष्णु भये परिभ्राता ॥
तप बल संभु करहिं संहारा । तप तें अगम न कछु संसारा ॥
—गोस्वामी तुलसीदास

तप के बल से ब्रह्मा सृष्टि करते हैं, तपोबल से विष्णु रक्षा करते हैं और तपोबल से शंकरजी संहार करते हैं। तप से संसार में कोई भी वस्तु दुर्लभ नहीं है।

◆ ब्रह्मणः तपसा सृष्टं जगद्विश्वमिदं पुरा ।
तस्मान्नाप्नोति तद्यज्ञात्तपो मूलमिदं स्मृतम् ॥
—मत्स्यपुराण 143/41

प्राचीन काल में ब्रह्मा ने तपोबल द्वारा ही इस संपूर्ण जगत की सृष्टि की थी। इसलिए यज्ञ के द्वारा उस अक्षय पदार्थ की प्राप्ति नहीं हो सकती, जिसकी प्राप्ति तपस्या द्वारा हो सकती है। तपस्या ही सबका मूल है।

◆ तपः संचय एवेह विशिष्टो द्रव्यसंचयात् ।
—महाभारत/अनुशासनपर्व 93/45

अर्थ संचय की अपेक्षा तप संचय ही श्रेष्ठ है।

◆ ज्ञानं विज्ञानं विज्ञानमारोग्यरूपवत्वं तथैव च ।
सौभाग्यं चैव तपमा प्राप्यते सर्वदा सुखम् ॥

—शिवपुराण/तर्पण 51

तपस्या से ज्ञान-विज्ञान, आरोग्य, रूपवत्ता और सौभाग्य, सुखादि निरंतर प्राप्त हुआ करते हैं ।

◆ मनः प्रसादः सौम्यत्वं मौनमात्मविनिग्रहः ।
भावसंशुद्धिरित्येतत्तपो   मानसमुच्यते ॥

—श्रीमद्भगवद्गीता 17/16

मन की प्रसन्नता, शांतभाव, भगवच्चिंतन करने का स्वभाव, मन का निग्रह और अंतःकरण के भावों की भलीभांति पवित्रता, इस प्रकार यह मन संबंधी तप कहा जाता है ।

❑ ❑ ❑

तीर्थ/पूज्य स्थल

✦ तीर्थैस्तरन्ति प्रवतो महीरिति यज्ञकृतः सुकृतो येन यन्ति।
अत्रादधुर्यजमानाय लोकं दिशो भूतानि यदकल्पयन्त॥

—*अथर्ववेद 18/4/7*

जिस तरह यज्ञ करने वाले यजमान यज्ञादि द्वारा बड़ी-बड़ी आपत्तियों से मुक्त होकर पुण्यलोक की प्राप्ति करते हैं, उसी प्रकार तीर्थयात्रा करने वाले तीर्थयात्री तीर्थादि द्वारा बड़े-बड़े पापों और आपत्तियों से मुक्त होकर पुण्यलोक (स्वर्ग) की प्राप्ति करते हैं।

✦ पुष्करे तु कुरुक्षेत्रे गंगायां मध्यमेषु च।
स्नात्वा तारयते जन्तुः सप्त सप्तावरांस्तथा॥

—*महाभारत/वनपर्व 85/92*

पुष्कर, कुरुक्षेत्र, गंगा और प्रयाग आदि मध्यवर्ती तीर्थों में स्नान करने वाला मनुष्य अपनी सात पीछे की और सात आगे की पीढ़ियों का उद्धार कर देता है।

✦ यस्य हस्तौ च पादौ च वाङ्मनस्तु सुसंयते।
विद्या तपश्च कीर्तिश्च स तीर्थफलमश्नुते॥
अश्रद्दधानः पापात्मा नास्तिकोऽच्छिसंशयः।
हेतुनिष्ठाश्च पंचैते न तीर्थफलभागिनः॥

—*भविष्यपुराण/उत्तरखंड 122/7-8*

जिसके हाथ, पैर, मन और वाणी सुसंयत हैं तथा जिसकी विद्या, कीर्ति और तपस्या पूरी है, उसे ही तीर्थ का फल मिलता है। श्रद्धारहित, पापी, संशयग्रस्त, नास्तिक और तार्किक—इन पांच प्रकार के लोगों को तीर्थ का फल नहीं मिलता।

✦ तीर्थाभिगमनं पुण्यं यज्ञोरपि विशिष्यते।

—*महाभारत/वनपर्व 82/17*

तीर्थ-यात्रा पुण्य कार्य है। यह यज्ञों से भी बढ़कर है।

✦ निगृहीतेन्द्रियग्रामो यत्रैव च वसेन्नरः।
तत्र तस्य कुरुक्षेत्रं नैमिषं पुष्कराणि च ॥

—स्कंदपुराण/काशीखंड 6/40

जिसने इंद्रिय समूह को वश में कर लिया है, वह मनुष्य जहां भी निवास करता है, वहीं उसके लिए कुरुक्षेत्र, नैमिषारण्य और पुष्कर आदि तीर्थ हैं।

✦ तीर्थानां स्मरणं पुण्यं दर्शनं पापनाशनम्।
स्नानं मुक्तिकरं प्रोक्तमपि दुष्कृतकर्मणः ॥

—वामनपुराण 33/4

तीर्थों का स्मरण पुण्य देने वाला, पापियों के लिए भी दर्शन पापनाशक और स्नान मुक्तिकारक कहा गया है, फिर पुण्यात्माओं के लिए तो कहना ही क्या है!

✦ ब्राह्मणाः जंगम तीर्थः निर्जलं सार्वकामिकम्।
येषा वाक्योदकेनैव शुद्ध्यन्ति मलिना जनाः ॥

—शातातपस्मृति 30

साधु-ब्राह्मण चलते-फिरते तीर्थ हैं, जिनके सद्वाक्य रूपी निर्मल जल से कलुषित विचारों वाले भी शुद्ध हो जाते हैं।

✦ ऐश्वर्यं लोभमोहाद् वा गच्छेद् यानेन यो नरः।
निष्फलं तस्य तत्सर्वं तस्माद्यानं विवर्जयेत् ॥

—मत्स्यपुराण 106/7

ऐश्वर्य के गर्व से, मोह से या लोभ से जो सवारी पर चढ़कर तीर्थयात्रा करता है, उसकी तीर्थयात्रा निष्फल हो जाती है।

✦ यस्य हस्तौ च पादौ च मनश्चैव सुसंयतम्।
निर्विकाराः क्रियाः सर्वा स तीर्थफलमश्नुते ॥

—स्कंदपुराण/कुमारखंड 2/6

जिसके हाथ, पैर और मन भली-भांति संयम में हों तथा जिसकी सभी क्रियाएं निर्विकार भाव से संपन्न होती हों, वही तीर्थ का पूरा फल प्राप्त करता है।

✦ अग्निष्टोमादिभिर्यज्ञैरिष्ट्वा विपुलदक्षिणैः।
न तत् फलमवाप्नोति तीर्थाभिगमनेन यत् ॥

—महाभारत/वनपर्व 82/19

मनुष्य तीर्थयात्रा से जिस फल को पाता है, उसे बहुत दक्षिणा वाले अग्निष्टोम आदि यज्ञों द्वारा यजन करके भी कोई नहीं पा सकता।

✦ कामं क्रोधं च लोभं च यो जित्वा तीर्थमाविशेत्।
न तेन किंचिद् प्राप्तं तीर्थाभिगमनाद् भवेत् ॥

—नारदपुराण

जो काम, क्रोध और लोभ को जीतकर तीर्थ में प्रवेश करता है, उसे तीर्थयात्रा से सब कुछ प्राप्त हो जाता है।

✦ तीर्थानां हृदयं तीर्थः शुचीनां हृदयं शुचिः।

—महाभारत/शांतिपर्व 191/18

सब तीर्थों में हृदय (अंतरात्मा) ही परम तीर्थ है। सब पवित्रताओं में अंतरात्मा की पवित्रता ही मुख्य है।

✦ चित्तमन्तर्गतं दुष्टं तीर्थस्नानान्न शुद्ध्यति।
शतशोऽपि जलैर्धौतं सुराभाण्डमिवां शुचिः ॥

—स्कंदपुराण/काशीखंड 6/38

चित्त के भीतर यदि दोष भरा है तो वह अनेक तीर्थ-स्नानों से भी शुद्ध नहीं हो सकता। जिस प्रकार मदिरा से भरे हुए घड़े को ऊपर से जल द्वारा सैकड़ों बार धोया जाए तो पवित्र नहीं होता।

✦ न ह्यम्मयानि तीर्थानि न देवा मृच्छिलामयाः।
ते पुनन्त्युरुकालेन दर्शनादेव साधवः ॥

—श्रीमद्भागवत 10/48/31

केवल जल के तीर्थ (नदी, सरोवर आदि) ही तीर्थ नहीं हैं। केवल मृत्तिका और शिला आदि की बनी हुई मूर्तियां ही देवता नहीं हैं। उनकी तो बहुत दिनों तक श्रद्धा से सेवा की जाए, तब वे पवित्र करते हैं परंतु संत पुरुष तो अपने दर्शन मात्र से ही पवित्र कर देते हैं।

❑ ❑ ❑

दया/सहानुभूति

✦ अनुकोशो हि साधूनां महद्धर्मस्य लक्षणम् ।
—महाभारत/अनुशासनपर्व 5/24

सज्जन पुरुषों के लिए दया करना ही महान धर्म का लक्षण है।

✦ परे वा बन्धुवर्गे वा मित्रे द्वेष्ये रिपौ तथा ।
आपन्ने रक्षितव्यं हि दयैषा परिकीर्तिता ॥
—अत्रिस्मृति 41

दूसरों में हो, बंधु-बांधवों में, मित्रों में या द्वेष रखने वालों में अथवा चाहे वैरियों में हो—किसी को भी विपत्तिग्रस्त देखकर उसकी रक्षा करना 'दया' कहलाता है।

✦ पापानां वा शुभानां वा वधार्हाणामथापि वा ।
कार्यं कारुण्यमार्येण न कश्चिन्नापराध्यति ॥
—वाल्मीकिरामायण/युद्धकांड 113/45

श्रेष्ठ पुरुष को चाहिए कि कोई पापी हो या पुण्यात्मा अथवा वे वध के योग्य अपराध करने वाले ही क्यों न हों, उन सब पर दया करें क्योंकि ऐसा कोई भी प्राणी नहीं है, जिससे कभी अपराध होता ही न हो।

✦ शान्तितुल्यं तपो नास्ति न सन्तोषात्परं सुखम् ।
न तृष्णाया परो व्याधिर्न च धर्मो दया समः ॥
—चाणक्यनीति 8/13

शांति के बराबर कोई तप नहीं, संतोष से बढ़कर दूसरा सुख नहीं, तृष्णा (लालच) से बड़ा कोई रोग नहीं और दया के बराबर कोई धर्म नहीं है।

✦ आनृशंस्यं परो धर्मः ।
—महाभारत/वनपर्व 213/30, वाल्मीकिरामायण/सुंदरकांड 38/39

दया करना सबसे बड़ा धर्म है यानी दया ही परम धर्म है।

◆ न हि प्राणैः प्रियतमं लोके किंचन विद्यते ।
तस्मात् प्राणिदया कार्या यथाऽत्मनि तथा परे ॥

–महाभारत/अनुशासन/दाक्षिणात्य 145

संसार में प्राणों के समान प्रियतम दूसरी कोई वस्तु नहीं है। अतः समस्त प्राणियों पर दया करनी चाहिए। जैसे अपने ऊपर दया अभीष्ट होती है, वैसे ही दूसरों पर भी होनी चाहिए।

◆ दया धर्म का मूल है, पाप मूल अभिमान ।
तुलसी दया न छोड़िये, जब लग घट में प्राण ॥

–तुलसीदास

दया धर्म का आधार है और अभिमान पाप का आधार है। अतः जब तक शरीर में प्राण है तब तक दया नहीं छोड़नी चाहिए।

◆ अमित्रमपि चेद् दीनं शरणैषिणमागतम् ।
व्यसने योऽनुगृह्णाति स वै पुरुषसत्तमः ॥

–महाभारत/अनुशासनपर्व 59/10

शत्रु भी यदि दीन होकर शरण पाने की इच्छा से घर पर आ जाए तो संकट के समय जो उस पर दया करता है, वही मनुष्यों में श्रेष्ठ है।

◆ अहिंसा सत्यमक्रोधस्त्यागः शान्तिरपैशुनम् ।
दया भूतेष्वलोलुप्त्वं मार्दवं ह्रीरचापलम् ॥

–श्रीमद्भगवद्गीता 16/2

अहिंसा, सत्त्व, अक्रोध, त्याग, शांति, किसी की निन्दा न करना, सब प्राणियों (भूतों) के प्रति दया का भाव, निर्लोभता, कोमलता, लज्जा, व्यर्थ चेष्टाओं का अभाव सभी दैवी संपदा हैं।

◆ यस्य चित्तं द्रवीभूतं कृपया सर्वं जन्तुषु ।
तस्य ज्ञानेन मोक्षेण किं जटाभस्मलेपनैः ॥

–चाणक्यनीति 13/1

जिसका हृदय सब जीवों पर दया भाव से सर्वदा द्रवित हो जाता है, उसको ज्ञान, मोक्ष, जटा और भस्म लगाने से क्या?

❑ ❑ ❑

दान/दक्षिणा

◆ उतो रयिः पृणतो नोप दस्यति।
— ऋग्वेद 10/117/1

दान देने वाले की संपदा घटती नहीं बढ़ती है। यानी सत्कार्यों में लगाया धन, बैंक में जमा पूंजी के समान बढ़ता ही है।

◆ न पावत्याय रासीय।
— अथर्ववेद 20/82/1

कुपात्रों को दान मत दो।

◆ येन केन विधि दीन्हे दान करइ कल्याण।
— श्रीरामचरितमानस 7/103 ख

जिस किसी प्रकार से दान किया जाए वह कल्याण ही करता है।

◆ पानीयदानं परम दानानामुत्तमं सदा।
सर्वेषां जीवपूजानां तर्पणं जीवनस्मृतम् ॥
— शिवपुराण/तर्पण परमार्थ फल 1

जल का दान समस्त दान में बहुत ही श्रेष्ठ एवं बड़ा दान है। यह सदा समस्त जीवों की पूर्ण तृप्ति करने वाला होता है। यहां तक कि जीवन देने वाला माना गया है।

◆ वारिदस्तृप्तिमाप्नोति सुखमक्षयमन्नदः।
तिलप्रदः प्रजामिष्टां दीपदश्चक्षुरुत्तमम् ॥
— मनुस्मृति 4/229

जल का दान यानी प्यासे को पानी देने वाला पूर्ण तृप्ति को प्राप्त करता है। भूखे को अन्न का दान करने वाला अक्षय सुख की प्राप्ति करता है। तिलों का दान करने वाला मनचाही संतान पाता है और दीपक का दान करने वाला उत्तम नेत्र प्राप्त करता है।

✦ दानेन सर्वकामानवाप्नोति।

—वसिष्ठस्मृति 29/1

दान धर्म का पालन करने से सभी कामनाओं की प्राप्ति हो जाती है।

✦ दक्षिणावन्तो अमृतं भजन्ते दक्षिणावन्तः प्र तिरन्त आयुः।

—ऋग्वेद 1/125/6

दानी अमरत्व पाते हैं और दीर्घायु प्राप्त करते हैं।

✦ स्वर्गायुर्भूतिकामेन तथा पापोपशान्तये।
मुमुक्षुणा च दातव्यं ब्राह्मणेभ्यस्तथाऽवहम्॥

—कूर्मपुराण 26/57

स्वर्ग, आयु तथा ऐश्वर्य अभिलाषी और पाप की शांति के इच्छुक तथा मोक्षार्थी पुरुष को चाहिए कि ब्राह्मणों को भरपूर दान करे।

✦ दानान्न दुश्करतरं पृथिव्यामस्ति किञ्चन।

—महाभारत/वनपर्व 259/28

पृथ्वी पर दान से ज्यादा मुश्किल (कठिनाई से किया जाने वाला) कार्य कोई नहीं है।

✦ पृणन्नापिरपृणन्तमभि ष्यात्।

—ऋग्वेद 10/117/7

न कमाने वाले त्यागी से कमाकर दान करने वाला व्यक्ति श्रेष्ठ होता है।

✦ दानमेक कलौयुगे।

—मनुस्मृति 1/86

कलियुग में गृहस्थ-धर्म के अंतर्गत एक दान ही सबसे श्रेष्ठ कर्म कहलाता है, इसलिए जितनी शक्ति हो उतना दान करना चाहिए।

✦ न दद्याद् यशसे दानं न भयान्नोपकारिणो।

यश की इच्छा से कभी दान न दें, न भयभीत होकर दें और न ही पूर्वोपकारी को दें, क्योंकि वह बदला चुकाने के समान होगा, पुण्य कुछ भी प्राप्त नहीं होगा।

✦ सर्वस्व दानं विधिवत्सर्वं पापं विशोधनम्।

—कूर्मपुराण 34/94

अनीति से संग्रह किए हुए धन को दान कर देने पर ही पाप का निवारण होता है।

✦ क्षीयन्ते सर्वदानानि यज्ञहोमबलिक्रियाः।
न क्षीयते पात्रदानभयं सर्वदेहिनाम्॥

—चाणक्यनीति 16/14

सभी प्रकार का दान, यज्ञ, होम (हवन) और बलि ये सब कुपात्र को देने से शीघ्र ही नष्ट हो जाते हैं, लेकिन सुपात्र को दिया हुआ दान और जीवों पर दया ये कभी नष्ट नहीं होते।

✦ भूमिदो भूमिमाप्नोति दीर्घमायुर्हिरण्यदः।
गृहदोग्रयाणि वेश्मनि रूप्यदोरूपमुत्तमम्॥

—मनुस्मृति 4/230

भूमि को दान देने वाला भूमि की प्राप्ति करता है और सुवर्ण को देने वाला दीर्घ आयु पाता है। बने हुए घर का दान करने वाला उत्तम घरों की प्राप्ति करता है। चांदी का दान करने वाला सुंदरता को प्राप्त करता है।

✦ शतहस्त समाहर सहस्रहस्त सं किर।

—अथर्ववेद 3/24/5

सैकड़ों हाथों से इकट्ठा करो और हजारों हाथों से बिखेरो यानी दान करो।

✦ दातव्यमिति यद्दानं दीयतेऽनुपकारिणे।
देशे काले च पात्रे च तद्दानं सात्त्विकं स्मृतम्॥

—श्रीमद्भगवद्गीता 17/20

दान देना ही शुभ कर्म है, ऐसा मानकर जो दान देश, काल और पात्र का विचार करके प्राप्त होने पर उपकार न करने वाले (यानी दान देने वाले से किसी सहयोग की आशा न रखें) के प्रति दिया जाता है, वह दान सात्त्विक कहलाता है।

❑ ❑ ❑

दुष्ट/क्रूर/निर्दयी

✦ अतिक्रामेम दूढ्यो।

—ऋग्वेद 1/105/6

दुष्टों को आगे मत बढ़ने दो यानी उनकी उन्नति में सहायक न बनो।

✦ मा शपन्तं प्रति वोचे देवयन्तम्।

—ऋग्वेद 1/41/8

सत्कार्यों में विघ्न उत्पन्न करने वाले दुष्टों का बहिष्कार करो।

✦ सर्वान् दुरस्यतो हन्मि।

—अथर्ववेद 4/36/4

दुष्टता करने वालों के साथ संघर्ष करो यानी उनके साथ असहयोग, विरोध और संघर्ष की नीति अपनाओ।

✦ हृद्गतमाच्छाद्यान्यद्वदत्यनार्यः।

—चाणक्यसूत्र 548

दुष्ट लोग मन की दुष्टता को तो छिपाए रखते हैं और केवल जीभ से अच्छी बातें करते हैं। मन से परपीड़न आदि के उपाय सोचते हैं और वाणी से परोपकार, देश सेवा, साधुता आदि का बखान करते हैं।

✦ अशंकितमतिः स्वस्थो न शठः परिसर्पति।

—वाल्मीकिरामायण/युद्धकांड 17/63

दुष्ट पुरुष कभी भी निर्भय बुद्धिवाला होकर सामने नहीं आ सकता है।

✦ मृदुं वै मन्यते पापो भाषमाणमशक्तिकम्।

—महाभारत/उद्योगपर्व 4/6

पापी (दुष्ट) मनुष्य मधुर बोलने वाले को शक्तिहीन या डरपोक समझता है।

✦ दुर्जनं सज्जनं कर्तुमुपायो न हि भूतले।
अपानं शतधा धौतं न श्रेष्ठमिन्द्रियं भवेत् ॥

—चाणक्यनीति 10/10

दुष्ट मनुष्यों को सज्जन बनाने के लिए इस पृथ्वी पर कोई उपाय नहीं है। जैसे मल त्याग करने वाली इन्द्रियों को सौ-सौ बार धोएं पर वह अन्य इंद्रियों की तरह शुद्ध नहीं हो सकती हैं।

✦ असंत्यागात् पापकृतामपापांस तुल्यो दण्डः स्पशते मिश्रभावात्।
शुष्केणार्द्रे दह्यते मिश्रभावात् तस्मात् पापैः सह सन्धिं न कुर्यात् ॥

—विदुरनीति 2/70

पापाचारी दुष्टों का त्याग न करके उनके साथ मिले रहने से निरपराध सज्जनों को भी समान ही दंड प्राप्त होता है, जैसे सूखी लकड़ी में गीली लकड़ी मिल जाने से जल कर नष्ट हो जाती है। इसलिए दुष्ट पुरुषों के साथ कभी मेल न करें।

✦ विषाग्नि सर्पशस्त्रेभ्यो न तथा जायते भयम्।
अकारणं जगद्वैरिखलेभ्यो जायते यथा॥

—मत्स्यपुराण 210/3

विष, अग्नि, सर्प तथा शस्त्र से भी संसार को उतना भय नहीं होता, जितना भय बिना कारण संसार के भयंकर शत्रु अर्थात् दुष्टों से होता है।

✦ दुर्जनः परिहर्तव्यो विद्ययाऽलंकृतोऽपि सन्।
मणिना भूषितः सर्पः किमसौ न भयंकरः ॥

—भर्तृहरि नीतिशतक 53

विद्या से युक्त होने पर भी दुर्जन (दुष्ट) के साथ व्यवहार नहीं रखना चाहिए। मणि से विभूषित सर्प क्या भयंकर नहीं होता?

✦ न दुर्जनः साधुदशामुपैति बहु प्रकारैरपि शिक्ष्यमाणः।
आमूलसिक्तः पयसाघृतेन न निम्बवृक्षौ मधुरत्वमेति ॥

—चाणक्यनीति 11/6

दुर्जन (दुष्ट) को कितना भी सिखाया जाए परंतु उसमें साधुता का प्रवेश नहीं हो सकता। जैसे नीम की जड़ को कितना भी दूध, घी से सींचों पर उसमें मीठापन (मधुरता) नहीं आ सकता।

✦ वरः क्रूरनिसर्गाणामहीनाममृतं यथा।

—श्रीमद्‌भागवत 7/10/30

क्रूर स्वभाव वालों के लिए वरदान वैसा ही होता है, जैसा सांप के लिए अमृत।

✦ बरु भल बास नरक कर ताता। दुष्ट संग जनि देइ बिधाता॥

—श्रीरामचरितमानस

अपने सुख से सुखी और अपने दुःख से दुःखी होना दुष्टता है। नरकों में निवास बेशक हो जाए, पर ऐसे दुष्टों का संग विधाता न दें।

✦ अतो हास्यतरं लोके किंचिदन्यन्न विद्यते।
यत्र दुर्जनमित्याह दुर्जनः सज्जनं स्वयम्॥

—महाभारत/आदिपर्व 74/95

संसार में इससे बढ़कर हंसी की दूसरी बात नहीं हो सकती कि जो दुर्जन हैं, वे स्वयं दूसरों को दुर्जन कहते हैं।

❑ ❑ ❑

दुःख/कष्ट

✦ अपां मध्ये तस्थिवांसं तृष्णाविदज्जरितारम्। मृडा सुक्षत्र मृडय॥

—ऋग्वेद 7/89/4

दुःख का प्रमुख कारण है मनुष्य का अज्ञान। इसलिए उसे ऊंचे उठकर आत्म-ज्ञान प्राप्त करना चाहिए। इसी से संपूर्ण कामनाएं शांत होती हैं।

✦ तरत्ति शोकमात्मविद्।

—छान्दोग्योपनिषद् 7/1/3

स्वयं को जानने वाला शोक से दूर हो जाता है।

✦ भैषज्यमेतद् दुःखस्य यदेतन्नानुचिन्तयेत्।
चिन्त्यमानं हि चाभ्येति भूयश्चापि प्रवर्तते॥

—महाभारत/शांतिपर्व 205/2

दुःख को दूर करने के लिए सबसे अच्छी दवा यही है कि उसका चिंतन छोड़ दिया जाए, क्योंकि चिंतन से वह दुःख सामने आता है और अधिकाधिक कष्ट को बढ़ाता है।

✦ शक्यमापतितः सोढुं प्रहारो रिपुहस्ततः।
सोढुमापतितः शोकः सुसूक्ष्मोऽपि न शक्यते॥

—वाल्मीकिरामायण/अयोध्याकांड 62/16

शत्रु के हाथ का प्रहार सहन करना संभव है परंतु अचानक आ पड़ा अतिसूक्ष्म दुःख भी सहन करना असंभव है।

✦ स्वयमेव दुःखमधिमच्छति।

—चाणक्यसूत्र 504

मनुष्य स्वयं ही अपने दुःख का कारण होता है, दूसरा नहीं।

✦ ईर्ष्यी घृणी न संतुष्टः क्रोधिनो नित्यशंकितः।
   परभाग्योपजीवी च षडेते नित्यदुःखिताः॥

—विदुरनीति/1/95

ईर्ष्या करने वाला, घृणा करने वाला, असंतोषी, क्रोधी, सदा शंकित रहने वाला और दूसरों के भाग्य पर जीवन-निर्वाह करने वाला—ये छह सदा दुखी रहते हैं।

✦ आशा हि परमं दुःखम्।

—श्रीमद्भागवत 11/8/44

आवश्यकता से अधिक आशा रखना ही परम दुःख का मूल कारण है।

✦ संतोष परमास्थाय सुखार्थी संयतो भवेत्।
   संतोषमूलं हि सुखं दुःखमूलं विपर्ययः॥

—मनुस्मृति 4/12

सुख चाहने वाले को चाहिए कि संयमित होकर दूसरों के संतोष रूपी गुण को अपनाए, क्योंकि सुख का मुख्य कारण संतोष ही होता है और उसका विरोधी असंतोष दुःख का मूल कारण होता है।

✦ सुखस्यानन्तरं दुःखं दुःखस्यानन्तरं सुखम्।
   सुखदुःखं मनुष्याणां चक्रवत् परिवर्तते॥

—महाभारत/शांतिपर्व 174/19

सुख के पश्चात् दुःख और दुःख के पश्चात् सुख होता है, यह शाश्वत नियम है। मनुष्यों के सुख-दुःख पहिये (चक्र) की भांति घूमते रहते हैं।

✦ अनन्तानीह दुःखानि सुखं तृणलवोपमम्।
   नातः सुखेषु बध्नीयात् दृष्टिं दुःखानुबंधिषु॥

—योगवासिष्ठ 2/13/23

इस संसार में दुःख अनंत हैं तथा सुख अत्यल्प हैं, इसलिए दुःखों से घिरे होने पर सुखों पर दृष्टि नहीं लगानी चाहिए।

✦ वृद्धकाले मृता भार्या बन्धुहस्ते गतं धनम्।
   भोजनं च पराधीनं तिस्रः पुंसां विडम्बनाः॥

—चाणक्यनीति 8/9

बुढ़ापे में स्त्री का मरना, बंधु के हाथ में चला गया धन और दूसरे के वश का भोजन ये तीनों पुरुषों के लिए अत्यंत दुःखदायी होती हैं।

✦ शोको नाशयते धैर्यं शोको नाशयते श्रुतम् ।
शोको नाशयते सर्वं नास्ति शोकसमो रिपु: ॥

—वाल्मीकिरामायण/अयोध्याकांड 62/15

शोक धैर्य को नष्ट कर देता है, शोक शास्त्र के ज्ञान को नष्ट करता है। शोक सब कुछ नष्ट कर देता है, अतः शोक के समान कोई दूसरा दुश्मन नहीं है।

✦ सुखं वा यदि वा दुःखं प्रियं वा यदि वा प्रियम् ।
प्राप्तं प्राप्तमुपासीत हृदयेनापराजितः ॥

—महाभारत/शांतिपर्व 174/39

बुद्धिमान पुरुष को चाहिए कि सुख या दुःख, प्रिय अथवा अप्रिय, जो प्राप्त हो जाए उसका हृदय से स्वागत करे, कभी हिम्मत न हारे।

✦ राजा वेश्या यमश्चाग्निश्चौरो बालयाचकौ ।
परदुःखन्न जानन्ति अष्टमो ग्रामकंटकाः ॥

—चाणक्यनीति 17/19

राजा, वेश्या, यमराज, अग्नि, चोर, बालक, भिक्षुक और कहीं का चुगलखोर (चमचे) ये आठों दूसरे के दुःख को नहीं जानते हैं।

✦ व्याधेरनिष्टसंस्पर्शाच्छमादिष्टविवर्जनात् ।
दुःखं चतुर्भिः शारीरं कारणैः सम्प्रवर्तते ॥

—महाभारत/वनपर्व 2/22

रोग, अप्रिय घटनाओं की प्राप्ति, अधिक परिश्रम तथा प्रिय वस्तुओं का वियोग—इन चार कारणों से शारीरिक दुःख प्राप्त होता है।

❑ ❑ ❑

दोष/अवगुण

✦ आलस्यं मदमोहौ च चापलं गोष्ठिरेव च ।
स्तब्धता चाभिमानित्वं तथात्यागित्वमेव च ।
एते वै सप्त दोषाः स्युः सदा विद्यार्थिनां मताः ॥
—विदुरनीति 8/5

आलस्य, मद-मोह, चंचलता, गोष्ठी, उद्दंडता, अभिमान और लोभ— ये सात विद्यार्थियों के लिए सदा ही दोष माने गए हैं ।

✦ अनृतं साहसं माया मूर्खत्वमतिलोभिता ।
अशौचत्वनिर्दयत्वं च स्त्रीणां दोषाः स्वभावजाः ॥
—चाणक्यनीति 2/1

झूठ बोलना, बिना विचारे किसी काम को उतावलेपन में करना, कपट, मूर्खता, लालच, अपवित्रता और दयाहीनता ये सब स्त्रियों के स्वाभाविक दोष हैं ।

✦ बहूनपि गुणानेको दोषे ग्रसति ।
—चाणक्यसूत्र 170

मनुष्य का एक भी दोष बहुत से गुणों को दोषपूर्ण बना डालता है ।

✦ विनाशे बहवो दोषा जीवन्प्राप्नोति भद्रकम् ।
तस्मात्प्राणान्धरिष्यामि ध्रुवो जीवति संगमः ॥
—वाल्मीकिरामायण/सुंदरकांड 13/47

इस जीवन का नाश कर देने में बहुत से दोष हैं । जो पुरुष जीवित रहता है, वह कभी न कभी अवश्य कल्याण का भागी होता है, अतः मैं इन प्राणों को धारण किए रहूंगा । जीवित रहने पर अभीष्ट वस्तु अथवा सुख की प्राप्ति अवश्यम्भावी है ।

✦ नास्त्यकीर्तिसमो मृत्युर्नास्ति क्रोधसमो रिपुः ।

नास्ति निन्दासमं पापं नास्ति मोहसमासवः ॥
नास्त्यसूया-समाकीर्तिर्नास्ति कामसमोऽनलः ।
नास्ति रागसमः पाशो नास्ति संग-समं विषम् ॥
—नारदपुराण/पूर्वभाग/प्रथमपाद 7/41/42

बदनामी के समान कोई मृत्यु नहीं है। क्रोध के समान कोई शत्रु नहीं है। निंदा के समान कोई पाप नहीं है और मोह के समान कोई भय नहीं है। ईर्ष्या के समान कोई कलंक नहीं है। कामवासना के समान कोई अग्नि नहीं है। आसक्ति के समान कोई बंधन नहीं है, और बुरी संगति के समान कोई विष नहीं है अर्थात् इन सभी से सदैव सावधान रहना चाहिए।

✦ नैव पश्यन्ति जन्मान्धाः कामान्धो नैव पश्यति ।
   मदोन्मत्ता न पश्यन्ति अर्थी दोषं न पश्यति ॥
—चाणक्यनीति 6/8

जन्म के अंधे नहीं देखते हैं, कामांध को भी नहीं दिखाई देता है। मतवालों को भी नहीं सूझता है और स्वार्थी स्वार्थवश अपना दोष नहीं देखता है।

✦ परस्वानां च हरणं परदाराभिमर्शनम् ।
   सुहृदामतिशंका च त्रयो दोषाः क्षयावहाः ॥
—वाल्मीकिरामायण/युद्धकांड 87/23

दूसरे के धन को चुरा लेना, दूसरे की स्त्री के साथ संभोग करना, और अपने शुभचिन्तकों पर अति शंका करना—ये तीन दोष भयंकर विनाशकारी होते हैं।

✦ हरणं च परस्वानां परदाराभिमर्शनम् ।
   सुहृदश्च परित्यागस्त्रयो दोषाः क्षयावहाः ॥
—विदुरनीति 1/70

दूसरे के धन का हरण, दूसरे की स्त्री का संसर्ग तथा सुहृद्मित्र का परित्याग—ये तीनों ही दोष नाश करने वाले होते हैं।

✦ नाल्पदोषाद् बहुगुणास्त्यज्यन्ते ।
—चाणक्यसूत्र 179

किसी के साधारण दोष को देखकर उसके महत्त्वपूर्ण गुणों को अस्वीकार नहीं करना चाहिए।

✦ सिते हि जायते शितेः सुलक्ष्यता।

—नैषधीयचरित 12/22

सफेद वस्तु के बीच कालिमा सरलता से दिखाई दे जाती है अर्थात् सज्जनों के पास थोड़ी बुराई भी पहाड़ जैसी दीख जाती है।

✦ अज्ञानतिमिरान्धस्य ज्ञानाञ्जनशलाकया।
चक्षुरुन्मीलितं येन तस्मै श्रीगुरवे नमः॥

—स्कंदपुराण/गुरुगीता 44

अज्ञान रूपी अंधता के दोष को दूर कर ज्ञान के अंजन की सलाई से जो नेत्रों को खोल दे और देखने लायक बना दे, उस गुरुसत्ता को नमस्कार है।

✦ यत एवागतो दोषस्तत एव निवर्तते।
अग्निदग्धस्य विस्फोटशान्तिः स्यादग्निनाध्रुवम्॥

—सुभाषित भंडागार 175/699

जिससे जो दोष उत्पन्न होता है, उसी से उसका शमन भी होता है, जैसे अग्नि से जले हुए फोड़े की शांति अग्नि की सेंक से ही होती है।

✦ न विषादे मनः कार्यं विषादो दोषवत्तरः।
विषादो हन्ति पुरुषं बालं क्रुद्ध इवोरगः॥

—वाल्मीकिरामायण/किष्किंधाकांड 64/9

मन को विषाद (दुःख) में नहीं डालना चाहिए क्योंकि विषाद में बहुत बड़ा दोष है। जैसे क्रुद्ध सांप पास आए हुए बालक को काट खाता है, उसी प्रकार विषाद भी पुरुष को काट खाता है।

✦ अर्थी दोषं न पश्यति

—चाणक्यनीति 6/8

स्वार्थी स्वार्थवश अपना दोष नहीं देखता है।

❑ ❑ ❑

धर्म

✦ सुगां ऋतस्य पन्था।

—ऋग्वेद 8/3/13

धर्म का मार्ग मानव को सुख देता है, दुख से मुक्त करता है।

✦ धर्मेण धार्यते लोकः।

—चाणक्यसूत्र 234

धर्म ही संसार को धारण किए हुए है।

✦ धर्मनित्यास्तु ये केचिन्न ते सीदन्ति कर्हिचित्।

—महाभारत/वनपर्व 263/44

जो धर्म परायण हैं, वे कभी संकट को नहीं प्राप्त होते हैं।

✦ त्रयो धर्मस्कन्धा यज्ञोऽध्ययनं दानमिति।

—छान्दोग्योपनिषद् 2/23/9

धर्म के तीन आधार हैं—यज्ञ, अध्ययन और दान।

✦ धर्मादर्थः प्रभवति धर्मात् प्रभवते सुखम्।
    धर्मेण लभते सर्वं धर्मसारमिदं जगत्॥

—वाल्मीकिरामायण/अरण्यकांड 9/30

धर्म से ही धन मिलता है और धर्म से ही सुख मिलता है। अधिक क्या, धर्म से सब कुछ मिल जाता है। अतः इस विश्व में धर्म ही सार-सर्वस्व ग्राह्य वस्तु है।

✦ धर्मज्ञः पण्डितो ज्ञेयः।

—महाभारत/वनपर्व 313/98

धर्मज्ञ (धर्म जानने वाले) को बुद्धिमान समझना चाहिए।

94

◆ श्रेयान् स्वधर्मो विगुणः परधर्मात्स्वनुष्ठितात् ।
स्वधर्मे निधनं श्रेयः परधर्मो भयावहः ॥
—श्रीमद्भगवद्गीता 3/35

अच्छी प्रकार आचरण में लाए हुए दूसरे के धर्म से गुणरहित भी अपना धर्म अति उत्तम है। अपने धर्म में तो मरना ही कल्याणकारक है और दूसरे का धर्म भय को देने वाला है।

◆ धर्मादर्थश्च कामश्च स किमर्थं न सेव्यते ।
—महाभारत/स्वर्गारोहण 5/62

धर्म के सेवन से ही अर्थ-धन-समृद्धि और समस्त अभीसित पदार्थों की प्राप्ति होती है। धर्म से ही कामनाओं की पूर्ति होती है। फिर उस एक ही धर्म का सेवन क्यों न किया जाए?

◆ धर्मो हि हतो हन्ति न संशयः ।
—महाभारत/आदिपर्व 41/22

यदि धर्म को नष्ट किया जाए तो वह मनुष्य का नाश कर देता है। इसमें संशय नहीं है।

◆ धृतिः क्षमा दमोऽस्तेयं शौचमिन्द्रियनिग्रहः ।
धीर्विद्या सत्यमक्रोधो दशकं धर्मलक्षणम् ॥
—मनुस्मृति 6/92

धैर्य, क्षमा, दम, अस्तेय (चोरी न करना), शौच (मन, वाणी और शरीर की पवित्रता), इंद्रिय निग्रह, बुद्धि, विद्या, सत्य और अक्रोध ये धर्म के दस लक्षण हैं।

◆ चला लक्ष्मीश्चलाः प्राणाश्चले जीवितयौवने ।
चलाचले च संसारे धर्म एको हि निश्चलः ॥
—चाणक्यनीति 5/20

इस चराचर जगत में लक्ष्मी, प्राण, यौवन और जीवन सब कुछ नाशवान है, केवल एक धर्म ही अटल है।

◆ धर्मः स नो यत्र न सत्यमस्ति नैतत्सत्यं यच्छलेनानुविद्धम् ।
—गरुड़पुराण 1/115/52

जो सत्य नहीं है, वह धर्म नहीं है और जो छल से युक्त है, वह सत्य नहीं है।

✦ न जातु कामान्न भयान्न लोभाद् धर्म त्यजेज्जीवितस्यापि हेतोः।
नित्यो धर्मः सुखदुःखे त्वनित्ये जीवो नित्यो हेतुरस्य त्वनित्यः॥

—महाभारत/स्वर्गारोहण 5/63

मनुष्य को किसी भी समय काम से, लोभ से या जीवन रक्षा के लिए भी धर्म का त्याग नहीं करना चाहिए, क्योंकि धर्म नित्य है और सुख अनित्य है तथा जीव नित्य है और जीवन का हेतु अनित्य है।

✦ धारणाद्धर्ममित्याहुर्धर्मेण विधृताः प्रजाः।
यस्माद्धारयते सर्वं त्रैलोक्यं सचराचरम्॥

—वाल्मीकिरामायण/उत्तरकांड 2-7

धर्म संपूर्ण जगत को धारण करता है, इसलिए उसका नाम धर्म है। धर्म ने ही समस्त प्रजा को धारण कर रखा है क्योंकि वही चराचर प्राणियों सहित तीनों लोकों का आधार है।

✦ अहिंसा सत्यमस्तेयमकामक्रोधलोभता।
भूतप्रियहितेर्हा च धर्मोऽयं सार्ववर्णिकः॥

—श्रीमद्भागवत 11/17/21

चारों वर्णों और चारों आश्रमों के लिए साधारण धर्म यह है कि मन, वाणी और शरीर से किसी की हिंसा न करें। सत्य पर दृढ़ रहें, चोरी न करें, काम, क्रोध तथा लोभ से बचें और जिन कामों के करने से समस्त प्राणियों की प्रसन्नता और उनका भला हो, वही करें।

✦ न तत् परस्य संदध्यात् प्रतिकूलं यदात्मनः।
एष संक्षेपतो धर्मः कामादन्य प्रवर्तते॥

—महाभारत/अनुशासनपर्व 113/8

जो बात अपने को अच्छी न लगे, वह दूसरों के प्रति भी नहीं करनी चाहिए। यही धर्म का संक्षिप्त लक्षण है। इससे भिन्न जो बर्ताव है, वह कामनामूलक है।

✦ धर्म न दूसर सत्य समाना। आगम निगम पुरान बखाना॥

—श्रीरामचरितमानस/अयोध्याकांड 84/5

सत्य के समान कोई दूसरा धर्म नहीं है जिसकी प्रशंसा वेद, पुराण तथा शास्त्रों में है।

✦ नास्ति धर्मात् परो बन्धुर्नास्ति धर्मात् परं
धानम् ।
धर्मात् प्रियः परः को वा स्वधर्म रक्ष यत्नतः ॥
स्वधर्मे रक्षिते तात शाश्वत सर्वत्र मंगलम् ।
यशसं सुप्रतिष्ठां च प्रतापः पूजनं परम् ॥

—ब्रह्मवैवर्तपुराण/श्रीकृष्णजन्मखंड 62/22-23

धर्म से श्रेष्ठ बंधु कोई नहीं है और धर्म से बढ़कर धन नहीं है। धर्म से अधिक प्रिय और उत्तम कौन है? अर्थात् कोई नहीं। अतः आप यत्नपूर्वक अपने धर्म की रक्षा कीजिए। स्वधर्म की रक्षा करने पर सदा और सर्वत्र मंगल होता है। यश, प्रतिष्ठा, प्रताप और परम आदर की प्राप्ति होती है।

✦ अधर्मेणैधते तावत् ततो भद्राणि पश्यति।
ततः सपत्नाञ्जयति समूलस्तु विनश्यति ॥

—मनुस्मृति 4/174

अधर्म से मनुष्य पहले तो एक बार बढ़ता है, फिर मौज, शौक, आनंद भी करता है और अपने छोटे-मोटे शत्रुओं पर धन के बल से विजय भी प्राप्त करता है किंतु अंत में वह देह, धन और संतानादि सहित समूल नष्ट हो जाता है।

✦ जीवन्तं मृतवन्मन्ये देहिनं धर्मातजीवितम्।
यतो धर्मेण संयुक्तो दीर्घजीवी न संशयः ॥

—चाणक्यनीति 13/9

धर्मरहित मनुष्य मरे हुए के समान है। धार्मिक मनुष्य मरने के बाद भी जीवित रहता है, इसमें कोई शक नहीं क्योंकि उसकी कीर्ति अमर रहती है। ऐसा धार्मिक मनुष्य दीर्घजीवी होता है।

✦ धर्मे वर्धति वर्धन्ति सर्वभूतानि सर्वदा।
तस्मिन् ह्रसति ह्रीयन्ते तस्माद्धर्मं न लोपयेत ॥

—महाभारत/शांतिपर्व 90/17

सभी प्राणी धर्म की वृद्धि होने पर बढ़ते हैं तथा धर्म के घटने पर क्षीण होते हैं, अतः धर्म को कभी लुप्त न होने दें।

❑ ❑ ❑

धन/दौलत/संपत्ति

✦ देवः वार्यं बनते।

—ऋग्वेद 166/112

धन उन्हीं के पास ठहरता है, जो सद्गुणी होते हैं। दुर्गुणी की विपुल संपदा भी निश्चय ही जल्दी नष्ट हो जाती है।

✦ न्यायात्गतोऽर्थः।

—चाणक्यसूत्र 2/54

न्यायपूर्वक कमाया हुआ धन असली धन होता है।

✦ रयिं दानाय चोदय।

—अथर्ववेद 3/20/5

दान देने के लिए धन कमाओ। संग्रह करने या विलासिता के लिए धन नहीं है।

✦ यदिन्द्र यावतस्त्वमेतावदहमीशीय।
स्तोतारमिद्दिधिषेय रदावसो न पापत्वाय रासीय॥

—ऋग्वेद 7/32/18

उचित रीति से कमाया धन, सत्कार्यों में लगाने से सद्गति प्रदान करता है। जो उसे पाप के कर्मों में लगाता है, उनका नाश हो जाता है।

✦ मा प्र गाम पथो वयं यज्ञादिन्द्र सोमिनः।
मान्तः स्थुर्नो अरातयः॥

—अथर्ववेद 13/1/59

धन से प्रायः लोगों को घमंड हो जाता है, जिससे लोग धर्म के मार्ग से विचलित हो जाते हैं। इसलिए धन प्राप्त करें, परंतु कभी पागलपन का शिकार न हों।

✦ यस्यार्था धर्मकामार्थास्तस्य सर्वं प्रदक्षिणम्।
अधनेनार्थकामेन नार्थः शक्यो विचिन्विता॥

—वाल्मीकिरामायण/युद्धकांड 83/38

जिसके पास धन है उसके धर्म-अर्थ-काम पुरुषार्थ सिद्ध हो जाते हैं, सब कुछ उसके अनुकूल बन जाता है। जो निर्धन है, वह अर्थ की इच्छा रखकर उसका अनुसंधान करने पर भी पुरुषार्थ के बिना उसे पा नहीं सकता।

✦ त्यजन्ति मित्राणि धनैर्विहीनं दाराश्च भृत्याश्च सुहृज्जनाश्च।
तं चार्थवन्तं पुनराश्रयन्ते ह्यर्थो हि लोके पुरुषस्य बन्धुः॥

—चाणक्यनीति 15/5

मित्र, स्त्री, सेवक भाई-बंधु भी धनहीन हो जाने पर साथ छोड़ देते हैं, किंतु फिर धनी हो जाने पर पुनः आश्रय में आ जाते हैं अर्थात् धन ही इस युग में सब कुछ है।

✦ ओ हि वर्तन्ते रथ्येव चक्रान्यमन्यमुप तिष्ठन्त रायः।

—ऋग्वेद 10/117/5

जैसे रथ का पहिया इधर-उधर नीचे-ऊपर घूमता है, वैसे ही धन भी विभिन्न व्यक्तियों के पास आता-जाता रहता है। वह कभी एक स्थान पर स्थिर नहीं रहता।

✦ येऽर्था धर्मेण ते सत्या येऽधर्मेण धिगस्तु तान्।
धर्मं वै शाश्वतं लोके न जह्याद् धनकांक्षया॥

—महाभारत/शांतिपर्व 292/19

धर्म का पालन करते हुए ही जो धन प्राप्त करता है, वही सच्चा धन है। जो अधर्म से प्राप्त होता है, वह धन तो धिक्कार करने योग्य है। संसार में धन की इच्छा से शाश्वत धर्म का त्याग कभी नहीं करना चाहिए।

✦ अन्यायोपार्जितेनैव द्रव्येण सुकृतं कृतम्।
न कीर्तिरिहलोके च परलोके न तत्फलम्॥

—देवीभागवत 3/12/8

अन्याय से कमाए हुए धन से जो पुण्य कार्य किया जाता है, वह न तो इस लोक में कीर्ति दे सकता है और न परलोक में ही उससे कुछ फल मिल सकता है।

✦ मा गृधः कस्यस्विद्धनम्।

—यजुर्वेद 40/1

किसी के धन पर मत ललच जाओ।

✦ अर्थस्य साधने सिद्धे उत्कर्षे रक्षणे व्यये।
नाशोपभोग आयासस्त्रासश्चिन्ता भ्रमो नृणाम् ॥
स्तेयं हिंसानृतं दम्भः कामः क्रोधः स्मयोमदः।
भेदो वैरमविश्वासः संस्पर्धा व्यसनानि च ॥

–श्रीमद्भागवत 11/23/17-18

धन कमाने में, कमा लेने पर उसको बढ़ाने, रखने एवं खर्च करने में तथा उसके नाश और उपभोग में जहां देखो वहीं निरंतर परिश्रम, भय, चिंता और भ्रम का ही सामना करना पड़ता है। चोरी, हिंसा, झूठ बोलना, दंभ, काम, क्रोध, गर्व, अहंकार, भेदबुद्धि, वैर, अविश्वास, स्पर्धा, लंपटता, जुआ और शराब–ये पंद्रह अनर्थ मनुष्यों में धन के कारण ही माने गए हैं।

✦ मा गृधः कस्यस्विद्धनम्।

–यजुर्वेद 40/1

किसी के धन पर मत ललच जाओ।

✦ यस्यार्थास्तस्य मित्राणि यस्तार्थास्तस्य बान्धवाः।
यस्यार्थाः सपुमाल्लोके यस्यार्थाः स च जीवति ॥

–चाणक्यनीति 7/15

जिसके पास धन है उसी के मित्र हैं, धनी के ही बांधव हैं, धनी ही लोक में सम्मानित पुरुष हैं, धनी ही संसार में जीवित रहता है अर्थात् उसकी ही कीर्ति अमर होती है।

✦ अथरर्था निबध्यन्ते गजैरिव महागजाः।

–महाभारत/शांतिपर्व 8/20

जैसे जंगल में एक हाथी के पीछे बहुत से हाथी चले आते हैं, उसी प्रकार धन से ही धन बंधा चला आता है।

✦ त्रय एवाधना राजन् भार्या दासस्तथा सुतः।
यत्ते समधिगच्छन्ति यस्य ते तस्य तद्धनम् ॥

–विदुरनीति 1/69

राजन्! तीन ही धन के अधिकारी नहीं माने जाते–स्त्री, पुत्र तथा दास। ये जो कुछ कमाते हैं, वह धन उसी का होता है, जिसके अधीन ये रहते हैं।

❑ ❑ ❑

ध्यान/साधना

✦ व्रतानि सर्वं दानानि तपांसि नियमास्तथा।
कथितानि पुरा सद्‌भिधीवार्थं नात्र संशयः॥

—शिवपुराण/शिव ही परतत्त्व 24

व्रत, दान, तप, नियम यह सब प्राचीन ऋषियों ने रुद्र रूप ईश्वर के ध्यान के लिए बनाए हैं।

✦ ध्यानं एव चित्ताद् भूयः।

—छान्दोग्योपनिषद् 7/6/1

ध्यान ही चित्त से बढ़कर है।

✦ ध्यानात् पापानि नश्यन्ति ध्यानान्मोक्षं च विन्दति।
ध्यानात् प्रसीदति हरिः ध्यानात् सर्वार्थ साधनम्॥

—नारदपुराण/पूर्वभाग 33/139

ध्यान से पाप नष्ट होते हैं। ध्यान से मोक्ष मिलता है। ध्यान से भगवान प्रसन्न होते हैं। ध्यान से सब मनोरोगों की सिद्धि होती है।

✦ इन्द्रियाणि च संयम्य बकवत् पण्डितो नरः।
देशकालबलं ज्ञात्वा सर्वकार्याणि साधयेत्॥

—चाणक्यनीति 6/17

इंद्रियों को वश में रखकर जैसे बगुला शिकार के लिए साधना करता है, उसी प्रकार विद्वान लोगों को इस काल और बल को समझ कर कार्य करना चाहिए। इसकी शिक्षा बगुला से ग्रहण कीजिए।

✦ ज्ञानाद् ध्यानं विशिष्यते।

—महाभारत/भीष्मपर्व 36/12

ज्ञान की अपेक्षा परमेश्वर के स्वरूप का ध्यान श्रेष्ठ है।

✦ पृथिव्याऽअहमुदन्तरिक्षमारुहमन्तरिक्षाद्दिवमारुहम्।
दिवो नाकस्य पृष्ठात् स्वर्ज्योतिरगामहम्॥
–यजुर्वेद 17/67

हे मनुष्यो! ध्यान और धारणा आदि से ऊर्ध्वगामी बनो और पृथ्वी लोक से ऊपर उठकर सूर्यलोक से भी आगे जाकर ज्योति स्वरूप परमात्मा के दर्शन करो।

✦ ध्यानयज्ञात्परं नास्ति ध्यानं ज्ञानस्य साधनम्।
यतः समरसं स्वेष्टं योगी ध्यानेन पश्यति॥
–शिवपुराण/रुद्रसंहिता/सृष्टि 12/46

ध्यान यज्ञ से बढ़कर कोई वस्तु नहीं है। ध्यान ज्ञान का साधन है, क्योंकि योगी ध्यान के द्वारा अपने इष्टदेव समरस शिव का साक्षात्कार करता है।

✦ यतो यतो निश्चरति मनश्चञ्चलमस्थिरम्।
ततस्ततो नियम्यैतदात्मन्येव वशं नयेत्॥
–श्रीमद्भगवद्गीता 6/26

मन को भगवान में लगाने के उपाय कहते हुए श्रीकृष्ण कहने लगे कि यह स्थिर न रहने वाला चंचल मन जहां-जहां सांसारिक विषयों में विचरता है, उसे उनसे रोक कर आत्मा में ही निरोध करे।

✦ श्रेयो हि ज्ञानमभ्यासाज्ज्ञानाद् ध्यानं विशिष्यते।
ध्यानात्कर्मफलत्यागस्त्यागाच्छान्तिरनन्तरम्॥
–श्रीमद्भगवद्गीता 12/12

अभ्यास से ज्ञान श्रेष्ठ है। ज्ञान से ध्यान श्रेष्ठ है। ध्यान से कर्मफल का त्याग श्रेष्ठ है। त्याग से अनंत शांति होती है।

✦ संकल्प प्रभवान्कामांस्त्यक्त्वा सर्वानशेषतः।
मनसैवेन्द्रियग्रामं विनियम्य समन्ततः॥
शनैः शनैरूपरमेद्बुद्ध्या धृतिगृहीतया।
आत्मसंस्थं मनः कृत्वा न किंचिदपि चिन्तयेत॥
–श्रीमद्भगवद्गीता 6/24-25

संकल्प से उत्पन्न होने वाली संपूर्ण कामनाओं को निःशेष रूप से त्यागकर और मन के द्वारा इंद्रियों के समुदाय को सभी ओर से भली भांति रोककर क्रम-क्रम से अभ्यास करता हुआ उपरति को प्राप्त हो तथा धैर्ययुक्त बुद्धि के द्वारा मन को परमात्मा में स्थित करके परमात्मा के सिवा और कुछ भी चिंतन न करें।

❑ ❑ ❑

नरक

✦ त्रिविधं नरकस्येदं द्वारं नाशनमात्मनः ।
कामः क्रोधस्तथा लोभस्तस्मादेतत्त्रयं त्यजेत् ॥
—श्रीमद्भगवद्गीता 16/21

काम, क्रोध तथा लोभ—ये तीन प्रकार के नरक के द्वार (दरवाजे) हैं, जो आत्मा का नाश करने वाले हैं अर्थात् उसको अधोगति में ले जाने वाले हैं। अतएव इन तीनों को त्याग देना चाहिए।

✦ अत्यन्तकोपः कटुका च वाणी दरिद्रता च स्वजनेषु वैरम् ।
नीचप्रसंगः कुलहीन सेवा चिह्नानि देहे नरक स्थितानाम् ॥
—चाणक्यनीति 7/17

इस संसार में नरक में रहने वालों के आचरण में छह लक्षण (चिह्न) होते हैं—(1) अत्यंत क्रोधी स्वभाव, (2) कटुवचन बोलना, (3) दरिद्रता, (4) अपने स्वजनों से ईर्ष्या और वैर रखना, (5) नीच लोगों की संगति और (6) नीचकुल के लोगों की सेवा-चाकरी करना।

✦ पापोदयफलं विद्वान् यो नारभति वर्धते ।
यस्तु पूर्वकृतं पापमविमृश्यानुवर्तते ॥
अगाधपंके दुर्मेधा विषमे विनिपातते ॥
—विदुरनीति 7/35

जो विद्वान् पापरूप फल देने वाले कामों का आरंभ नहीं करता, वह बढ़ता है, किंतु जो पूर्व में किए हुए पापों का विचार न करके उन्हीं का अनुसरण करता है, वह खोटी बुद्धिवाला मनुष्य अगाध कीचड़ से भरे हुए घोर नरक में गिराया जाता है।

✦ ब्राह्मण्यं पुण्यमुत्सृज्य ये द्विजा मोहिता।
कुकर्माण्युप जीवन्ति ये वै निरय गामिनः॥

—पद्मपुराण 2अ/96

जो ब्राह्मण लोभ में आकर अपने ब्राह्मणपन को त्यागकर कुकर्मों से आजीविका करते हैं, ये नरकगामी होते हैं।

✦ परुषाः पिशुनाश्चैव मानिनोऽनृतवादिनः।
असम्बन्ध अलापश्च ये वै निरय गामिनः॥

—पद्मपुराण 2/96/5

कठोर वचन बोलने वाले, चुगलखोर अभिमानी, मिथ्यावादी और व्यर्थ की बातें बनाने वाले—ये सब नरकगामी हैं।

✦ अनाथं विक्लवं दीनं रोगात्त वृद्धमेव च।
नानु कम्पति ये मूढ़ाः ये वै निरय गामिनः॥

—पद्मपुराण 2/96/18

अनाथ, दीन, रोगी और वृद्ध, इन पर जो दया नहीं करते, वे मनुष्य नरकगामी होते हैं।

✦ कुकर्मविहितो घोरे कामक्रोधार्जितेऽशुभे।
नरके पतितो भूयो यस्योत्तारो न विद्यते॥

—गरुड़पुराण/उत्तराखंड 34/35

काम-क्रोधयुक्त अशुभ कर्मों के (अर्जन) करने पर मनुष्य ऐसे घोर नरक में गिरता है, जहां से उद्धार की संभावना ही नहीं होती।

✦ ये मत्कीर्तौ जनं सक्तं पृथक् कुर्वन्ति मानवाः।
तथा मद्द्वेषिणो नित्यं पतन्ति नरकेऽशुचौ॥

—आदिपुराण 19/38

जो मनुष्य मेरे कीर्तन में लगे हुए व्यक्ति को कीर्तन से अलग कर देते हैं, वे मेरे द्वेषी हैं और अपवित्र नरक में गिरते हैं।

❑ ❑ ❑

नारी/स्त्री/औरत

✦ केवलो नान्यासां कीर्तयाश्वन।

—अथर्ववेद 7/38/1

पर नारी का चिंतन तक मत करो।

✦ यत्र नार्यस्तु पूज्यन्ते रमन्ते तत्र देवताः।
यत्रैतास्तु न पूज्यन्ते सर्वास्तत्राफलाः क्रियाः॥

—मनुस्मृति 3/56

जिस घर में (जहां) नारियों की पूजा (सम्मान) होती है, वहां समस्त देवता आनंदपूर्वक निवास करते हैं। जहां इनका आदर, सत्कार नहीं होता, वहां किए गए सारे कार्य, क्रियाएं निष्फल हो जाती हैं।

✦ स्त्रीणां द्विगुण आहारो लज्जा चापि चतुर्गुणा।
साहसं षड्गुणं चैवकामश्चाष्टगुणः स्मृतः॥

—चाणक्यनीति 1/17

पुरुषों की अपेक्षा स्त्रियों का भोजन (आहार) दूना, लज्जा चौगुना, साहस छह गुना और काम (रति इच्छा) आठ गुना अधिक होता है।

✦ तदैव तत्कुलं नास्ति यदा शोचन्ति जामयः।

—महाभारत/अनुशासनपर्व 46/6

वह कुल तभी नष्ट हो जाता है, जब कुलीन स्त्रियां दुखी रहती हैं।

✦ जिय बिनु देह नदी बिनु बारी। तैसिअ नाथ पुरुष बिनु नारी॥

—श्रीरामचरितमानस/अयोध्याकांड 64/7

जीव के बिना शरीर, जल के बिना नदी जैसे व्यर्थ है, उसी प्रकार स्त्री के बिना पुरुष का जीवन व्यर्थ है।

◆ न स्त्रीरत्नसमं रत्नम् ।
—चाणक्यसूत्र 313

स्त्री रत्न से बढ़कर दूसरा कोई रत्न नहीं है।

◆ स्त्रीणां भूषणं लज्जा ।
—चाणक्यसूत्र 365

स्त्रियों का आभूषण लज्जा है।

◆ लोकं पृण छिद्रं पृणाथो सीद ध्रुवा त्वम् ।
इन्द्राग्नी त्वा बृहस्पतिरस्मिन् योनावसीषदन् ॥
—यजुर्वेद 15/59

भली स्त्रियां घर का प्रत्येक कार्य रुचिपूर्वक पूरा करती हैं। किसी कार्य में आलस्य नहीं दिखातीं। प्रत्येक विदुषी और श्रेष्ठ नारी द्वारा धर्म का जैसा पालन होना चाहिए, उसी की शिक्षा वे दूसरी स्त्रियों को भी देती हैं।

◆ पूजनीया महाभागाः पुण्याश्च गृहदीप्तयः ।
स्त्रियः श्रियो गृहस्योक्तास्तस्माद् रक्ष्या विशेषतः ॥
—महाभारत/उद्योगपर्व 38/11

स्त्रियां घर की लक्ष्मी कही गई हैं। ये अत्यंत सौभाग्यशालिनी, आदर के योग्य, पवित्र तथा घर की शोभा हैं। अतः इनकी विशेष रूप से रक्षा करनी चाहिए।

◆ रूप-यौवन-माधुर्य स्त्रीणां बलमुत्तमम् ।
—चाणक्यनीति 7/11

स्त्री का बल रूप, यौवन, सरस मीठी वाणी है।

◆ जामयो यानि गेहानि शपन्त्यप्रतिपूजिताः ।
तानि कृत्याहतानीव सद्यो यान्ति पराभवम् ॥
अमृतस्येव कुण्डानि सुखानामिव राशयः ।
रतेरिव निधनानि योषितः तेन निर्मिताः ॥
—भविष्यपुराण 171/2-4

स्त्रियां तिरस्कृत होकर जिन घरों को शाप देती हैं, वे घर कृत्या राक्षसी के द्वारा हत होने की तरह दुर्दशाग्रस्त हो जाते हैं। स्त्रियां मानो अमृत के कुंड अथवा सुख की राशि ही हैं। ब्रह्मा ने इन्हें संपूर्ण आनंद के निधान के रूप में ही रचा है।

✦ यास्ते राके सुमतयः सुपेशसो याभिर्ददासि दाशुषे वसूनि।
ताभिर्नो अद्य सुमना उपागहि सहस्रपोषं सुभगे रराणा ॥

—ऋग्वेद 2/32/35

सुलक्षणा साध्वी स्त्री और श्रेष्ठ विद्वान पुरुष के संयोग से घर स्वर्ग में बदल जाते हैं। उन्हें धन और सुख की कोई कमी नहीं रहती।

✦ नरं नारी प्रोद्धरति मज्जन्तं भववारिधौ।
एतत्संदर्शनार्थाय तथा चक्रे भवोद्भवः ॥

—स्कंदपुराण/कुमारखंड

स्त्री भव-सागर में डूबते हुए पुरुष का उद्धार कर देती है, इस बात को भली भांति दिखाने के लिए संसार को उत्पन्न करने वाले भगवान शिव ने यह लीला की।

✦ पिता रक्षति कौमारे भर्ता रक्षति यौवने।
पुत्राश्च स्थाविरे भावे न स्त्री स्वातन्त्र्यमर्हति ॥

—महाभारत/अनुशासनपर्व 46/14

पिता स्त्री की कुमारावस्था में, पति युवावस्था में तथा पुत्र वृद्धावस्था में रक्षा करते हैं। स्त्री को स्वतंत्र नहीं रहना चाहिए।

✦ सत्य कहहि कबि नारि सुभाऊ। सब बिधि अगहु अगाध दुराऊ।
निज प्रतिबिम्बु बरुक गहि जाई। जानि न जाइ नारि गति भाई ॥

—श्रीरामचरितमानस/अयोध्याकांड 46/7-8

कवियों ने सत्य कहा है कि स्त्रियों का स्वभाव सब प्रकार से अज्ञेय, गंभीर और रहस्यमय होता है। चाहे कोई दर्पण में अपना प्रतिबिंब पकड़ ले, परंतु स्त्री के स्वभाव और आचरण को नहीं समझ सकता।

✦ अनृतं साहसं माया मूर्खत्वमतिलोभिता।
अशौचत्वनिर्दयत्वं च स्त्रीणां दोषाः स्वभावजाः ॥

—चाणक्यनीति 2/1

मिथ्या बोलना, बिना विचारे किसी काम को करना (उतावलापन), कपट, मूर्खता, लालच (तृष्णा), अपवित्रता और दयाहीनता, ये सब स्त्रियों के स्वाभाविक दोष हैं।

❑ ❑ ❑

निर्धनता/दरिद्रता/गरीबी

✦ परोऽपेह्य समृद्धे ।
　　　　—अथर्ववेद 5/7/7

दरिद्रता को मार भगाओ क्योंकि गरीबी अनेक बुराइयों की जननी है।

✦ दारिद्र्यं खलु पुरुषस्य जीवितं मरणम् ।
　　　　—चाणक्यसूत्र 280

दरिद्रता मनुष्य के लिए मौत के समान है, जिससे जीते जी मौत का कष्ट हमेशा भोगना पड़ता है। दरिद्रता रूपी जीवन मानव का अभिशाप है। अतएव संपन्न बनें।

✦ दरिद्रो यस्त्वसंतुष्टः कृपणो योऽजितेन्द्रियः ।
　 गुणेष्वसक्तधीरीशो गुणसंगो विपर्ययः ॥
　　　　—श्रीमद्भगवद्गीता 11/19/44

जिसके चित्त में असंतोष है, अभाव का बोध है, वही 'दरिद्र' है। जो जितेन्द्रिय नहीं है, वही 'कृपण' है। समर्थ, स्वतंत्र और ईश्वर वह है, जिसकी चित्तवृत्ति विषयों में आसक्त नहीं है। इसके विपरीत जो विषयों में आसक्त है, वही सर्वथा असमर्थ है।

✦ अधनं दुर्बलं प्राहुर्धनेन बलवान् भवेत् ।
　 सर्वं धनवता प्राप्यं सर्वं तरति कोशवान् ॥
　　　　—महाभारत/शांतिपर्व 130/49

निर्धन को दुर्बल कहा जाता है। धन से मनुष्य बलवान होता है। धनवान् को सब कुछ सुलभ है। जो धन को बचाकर रखता है, वह सारे संकटों से पार हो जाता है।

✦ अग्ने शर्ध महते सौभगाय।

—अथर्ववेद 7/73/10

ऐश्वर्य उत्साही के पैर चूमता है। जो उत्साही और कर्मनिष्ठ है, उसके पास दरिद्रता न फटकेगी।

✦ दारिद्र्यरोगदुःखानि बन्धनव्यसनानि च।
आत्मापराधवृक्षस्य फलान्येतानि देहिनाम् ॥

—चाणक्यनीति 14/2

दरिद्रता, रोग, दुख, बंधन और विपत्तियां ये सब मनुष्यों के अपने ही दुष्कर्मरूपी वृक्ष के फल हैं।

✦ अर्थेन हि विहीनस्य पुरुषस्याल्पमेधसः।
विच्छिद्यन्ते क्रियाः सर्वा ग्रीष्मे कुसरितो यथा ॥

—महाभारत/शांतिपर्व 8/18

जैसे गर्मी में छोटी-छोटी नदियां सूख जाती हैं, उसी प्रकार धनहीन हुए मंदबुद्धि मनुष्य की सारी क्रियाएं छिन्न-भिन्न हो जाती हैं।

✦ अधनस्य बुद्धिर्न विद्यते।

—चाणक्यसूत्र 312

धनहीन व्यक्ति की बुद्धि नष्ट हो जाती है। धन की कमी से और जीवन यात्रा की चिंता से व्याकुलता बने रहने से बुद्धि धीमी पड़ जाती है तथा प्रतिभा सो जाती है।

✦ दरिद्रान्भर कौन्तेय मा प्रयच्छेश्वरे धनम्।

—सुभाषित भंडागार 72/8

दरिद्रों (जरूरतमंदों) को धन प्रदान करो। धनवान को धन मत प्रदान करो।

✦ ह्रीर्हता बाधते धर्मं धर्मो हन्ति हतः श्रियम्।
श्रीर्हता पुरुषं हन्ति पुरुषस्याधनं वधः ॥

—महाभारत/उद्योगपर्व 72/19

निर्लज्जता धर्म को नष्ट कर देती है। नष्ट हुआ धर्म मनुष्य की संपत्ति का नाश कर देता है और नष्ट हुई संपत्ति उस मनुष्य का विनाश कर देती है, क्योंकि धन का अभाव ही मनुष्य का वध है।

❑ ❑ ❑

निंदा/बुराई/आलोचना

✦ उत वा यः सहस्य प्रविद्वान् मर्तो मर्तं मर्चयति द्वयेन।
अतः पाहि स्तवमान स्तुवन्तमग्ने माकिर्नो दुरिताय धायीः ॥

–ऋग्वेद 1/147/5

जो लोग सदैव दूसरों की निंदा और दूसरों की छोटी-छोटी कमियों को खोजने में लगे रहते हैं, उनसे बचना चाहिए, क्योंकि उनके पास रहने से अपना स्वभाव भी वैसा ही बनता है।

✦ न वाच्यः परिवादोऽयं न श्रोतव्यः कथंचन।
कर्णावथ पिधातव्यौ प्रस्थेयं चान्यतो भवेत् ॥

–महाभारत/शांतिपर्व 132/12

किसी की निंदा नहीं करनी चाहिए और न उस निंदा को किसी प्रकार सुनना ही चाहिए। यदि कोई दूसरे की निंदा करता है तो वहां अपने कान बंद कर लेने चाहिए अथवा वहां से उठकर अन्यत्र चले जाना चाहिए।

✦ निन्दां भगवतः शृण्वंस्तत्परस्य जनस्य वा।
ततो नापैति यः सोऽपि यात्यधः सुकृताच्च्युतः ॥

–श्रीमद्भागवत 10/74/40

जो भगवान की या भगवत्परायण भक्तों की निंदा सुनकर वहां से अलग नहीं हो जाता, वह अपने शुभ कर्मों से छोड़ने मात्र से अधोगति को प्राप्त होता है।

✦ परेषां यदसूयेत न तत् कुर्यात् स्वयं नरः।
यो ह्यसूयुस्तथायुक्तः सोऽवहासं नियच्छति ॥

–महाभारत/शांतिपर्व 290/24

मनुष्य दूसरे के जिस कर्म की निंदा करे, उसको स्वयं भी न करे। जो दूसरे की निंदा करता है किंतु स्वयं उसी निंदा रूपी बुरे कर्म में लगा रहता है, वह उपहास का पात्र होता है।

✦ यदीच्छसि वशीकर्तुं जगदेकेन कर्मणा।
परापवासस्येभ्यो गां चरन्तीं निवारय॥

—चाणक्यनीति 14/13

यदि आप एक ही कर्म से सारे जगत को अपने वश में करना चाहते हैं, तो दूसरों की निंदारूपी धान्य भरे खेतों में विचर रही अपनी गौरूपी वाणी को रोक दीजिए।

✦ असतां शीलमेतद् वै परिवादोऽथ पैशुनम्।

—महाभारत/शांतिपर्व 132/13

दुर्जनों का स्वभाव निश्चय ही निन्दा एवं चुगलखोरी करना है।

✦ न पापकर्मणामाक्रोशभयम्।

—चाणक्यसूत्र 192

पापियों को निंदा का तनिक भी भय नहीं हुआ करता है।

✦ तुल्यनिन्दास्तुतिमौनी सन्तुष्टो येन केनचित्।
अनिकेतः स्थिरमतिर्भक्तिमान्मे प्रियो नरः॥

—श्रीमद्भगवद्गीता 12/19

भगवान श्रीकृष्ण कहते हैं कि मुझे वे स्थिर बुद्धि वाले लोग पसंद (प्रिय) हैं, जो हर परिस्थिति में सम रहते हैं यानी जो निंदा तथा स्तुति में तुल्य रहते हैं।

✦ सर्पश्चाग्निश्च सिंहश्च कुलपुत्रश्च भारत।
नावज्ञेया मनुष्येण सर्वे ह्येतेऽतितेजसः॥

—विदुरनीति 5/59

मनुष्य को चाहिए कि वह सांप, अग्नि, सिंह और अपने कुल में उत्पन्न व्यक्ति का कदापि अनादर न करे, क्योंकि ये सभी बड़े तेजस्वी होते हैं यानी नुकसान करते हैं तो बड़ा भारी करते हैं।

✦ प्राणिनां प्राण हिंसायां ये नरा निरताः सदा।
पर निन्दा रता ये वै निरयगामिनः॥

—पद्मपुराण 2/96/7

हिंसक जीव और दिन-रात दूसरों की निन्दा में लगे रहने वाले मनुष्य नरकगामी होते हैं।

✦ पर निंदा सम अघ न गरीसा॥

—श्रीरामचरितमानस/उत्तरकांड 121/22

परनिंदा के समान दूसरा भारी पाप कोई नहीं है। ❑ ❑ ❑

नीरोग/स्वास्थ्य

✦ पश्येम शरदः शतम्। जीवेम शरदः शतम्। बुध्येम शरदः शतम्।
रोहेम शरदः शतम्। पूषेम शरदः शतम्। भवेम शरदः शतम्।
भूयेम शरदः शतम्। भूयसीः शरदः शतम्।

–अथर्ववेद 19/67/1-8

हम सौ वर्ष तक देखें। हम सौ वर्ष तक सांस लें। हम सौ वर्ष तक चिंतन करते रहें। हम सौ वर्ष तक बढ़ें। हम सौ वर्षों तक पुष्ट रहें। हम सौ वर्षों तक बने रहें। हम सौ वर्षों तक भव्य बने रहें। हम सौ से अधिक वर्षों तक देखें, सांस लें, विचारें, बढ़ें, पुष्ट हों, बने रहें, भव्य बने रहें।

✦ दधिष्वा जठरे सुतं सोममिन्द्र वरेण्यम्। तव द्युक्षास इन्दवः।

–ऋग्वेद 3/40/5

हमारा आहार ऐसा हो, जिससे हमारी बुद्धि, अवस्था और बल में निरंतर वृद्धि होती रहे।

✦ उतवात पितासि न उत भ्रातोत नः सखा। स नो जीवातवे कृधि॥

–सामवेद/उत्तरार्चिक 20/7/8

वायु जीवन है, आरोग्यदाता है। अतः प्रातःकाल उठकर प्राणदायक वायु का नियमित सेवन करें। यह पिता, भाई और मित्र के समान सुख देती है।

✦ ऋजीते परि वृङ्ग्धि नोऽश्मा भवतु नस्तनूः।
सोमो अधि ब्रवीतु नोदितिः शर्मयच्छतु॥

–यजुर्वेद 29/49

जिस प्रकार मनुष्य पृथ्वी में अपना घर बनाकर निवास करता है, उसी प्रकार शरीर भी जीवात्मा का घर है। अतः इसे ब्रह्मचर्य, सात्विक अन्न, पथ्य और संयम द्वारा स्वस्थ व नीरोग रखें।

✦ स्वयं वर्धस्य तन्वम्
—ऋग्वेद 7/8/5

अपने शरीर को निरंतर बलवान बनाओ।

✦ शीतोष्णे चैव वायुश्च त्रयः शरीरजा गुणाः।
तेषां गुणानां साम्यं यत्तदाहुः स्वस्थलक्षणम् ॥
—महाभारत/शांतिपर्व 16/11

सर्दी, गर्मी और वायु (कफ, पित्त और वात)—ये तीनों शारीरिक गुण हैं। इन तीनों
को साम्यावस्था में रहना ही स्वास्थ्य का लक्षण बताया गया है।

✦ गुणाश्च षण्मितभुक्तं भजन्ते आरोग्यमायुश्च बलं सुखं च।
अनाविलं चास्य भवत्यपत्यं न चैनमाद्यून इति क्षिपन्ति ॥
—विदुरनीति 5/34

थोड़ा भोजन करने वाले को निम्नलिखित छह गुण प्राप्त होते हैं—आरोग्य, आयु,
बल और सुख तो मिलते ही हैं, उसकी संतान सुंदर होती है तथा 'यह बहुत खानेवाला
है' ऐसा कहकर लोग उस पर आक्षेप नहीं करते।

✦ पूजिनं ह्यशनं नित्यं बलमूर्जं च यच्छति।
अपूजितं तु तद् भुक्तमुभयं नाशयोदिदम् ॥
—मनुस्मृति 2/55

नित्य पूजित हुआ अन्न बल और ऊर्जा को प्रदान करता है। जो पूजित नहीं होता
है, वह यदि खा लिया जाए तो उक्त दोनों का नाश कर देता है।

✦ जीर्णभोजिनं व्याधिर्नोपसर्पति।
—चाणक्यसूत्र 239

पहले किया हुआ भोजन ठीक पच जाने पर दूसरा भोजन करने वाले के पास व्याधि
फटकती नहीं है।

✦ कुर्वन्नेवेह कर्माणि जिजीविषेच्छत समाः।
—ईशावास्योपनिषद् 2

इस संसार में कर्म करता हुआ ही व्यक्ति सौ वर्ष तक जीने की इच्छा करे।

✦ आर्द्रपादस्तु भुञ्जीत नार्द्रपादस्तु संविशेत्।
—महाभारत/अनुशासनपर्व 104/61

पैरों को धोने के बाद ही भोजन करें किंतु पैरों को धोकर (गीले पैर) शयन न करें।

✦ जुषस्य सप्रथस्तमं वचो देवप्सरस्तमम्। हव्या जुह्वान आसनि॥

—ऋग्वेद 1/75/1

शारीरिक और आत्मिक सुख प्राप्त करना चाहते हो तो अपने आहार, विहार और चेष्टाओं में सादगी रखो। ब्रह्मचारी बनो।

✦ पथ्यमौषधसेवा च क्रियते येन रोगिणा।
आरोग्यसिद्धिर्दृष्टस्य नान्यानुष्ठितकर्मणा॥

—विवेकचूड़ामणि 55

पच जाने वाला आहार और औषधि का सेवन करने वाला रोगी ही आरोग्य लाभ प्राप्त करते देखा गया है, न कि किसी और के द्वारा किए हुए (औषधि सेवन) कर्म से वह नीरोग होता है। इसी प्रकार आत्म-कल्याण के लिए स्वयं ही प्रयास करना होता है।

✦ शिवौ ते स्तां व्रीहियवावबलासावदोमधौ।
एतौ यक्ष्मं वि बाधेते एतौ मुञ्चतो अंहसः॥

—अथर्ववेद 8/2/18

जो लोग चावल तथा जौ आदि सात्विक अन्न का भोजन प्रसन्नचित्त होकर करते हैं, उनका शरीर पुष्ट होता है और कोई भी रोग पास नहीं आते।

✦ मा नो हेतिर्विवस्वत आदित्यः कृत्रिमा शुरुः।
पुरा नु जरसो वधीत्॥

—ऋग्वेद 8/67/20

हमारा जीवन इस प्रकार हो कि पूर्ण आयु प्राप्त करें। हमारी अकाल मृत्यु न हो, इसलिए हम संयमित जीवन बिताएं।

✦ वर्च आ धेहि मे तन्वां सह ओजो वयो बलम्।

—अथर्ववेद 19/37/2

शरीर में तेज, साहस, ओज, आयुष्य और बल की वृद्धि करो।

✦ प्राणिनामुपकाराय यथैवेह परत्र च।
कर्मणा मनसा वाचा तदेव मतिमान् भजेत्॥

—विष्णुपुराण 3/12/45

प्राणियों का उपकार करने के लिए जो कुछ इस लोक और परलोक में हो, उसे ही बुद्धिमान कर्म, मन और वाणी से करे।

✦ यावत्स्वस्थमिदं शरीरमरुजं यावज्जरा दूरतो ।
यावच्चेन्द्रियशक्तिर प्रतिहता यावत्क्षयो नायुषः ।
आत्मश्रेयसि तावदेव विदुषा कार्यः प्रयत्नो महान् ।
सन्दीप्ते भवने तु कूपखननं प्रत्युद्यमः कीदृशः ॥
—भर्तृहरि वैराग्यशतक 75

जब तक कि यह शरीर स्वस्थ है, वृद्धावस्था का आक्रमण नहीं हुआ है, इंद्रियों की
शक्ति क्षीण नहीं हुई है और आय भी ढली नहीं है, तभी तक विद्वान को आत्म-कल्याण
के लिए प्रयत्न कर लेना चाहिए, नहीं तो घर में आग लग जाने पर कुआं खोदने
का प्रयत्न करने से क्या लाभ होगा?

✦ लभन्ते ब्रह्मनिर्वाणमृषयः क्षीणकल्मषाः ।
छिन्नद्वैधा यतात्मानः सर्वभूतहिते रताः ॥
—श्रीमद्भगवद्गीता 5/25

जिनके सब पाप नष्ट हो गए हैं, जिनके सब संशय ज्ञान के द्वारा निवृत्त हो गए
हैं, जो संपूर्ण प्राणियों के हित में रत हैं और जिनका जीता हुआ मन निश्चल भाव
से परमात्मा में स्थित है, वे ब्रह्मवेत्ता पुरुष शांत ब्रह्म को प्राप्त होते हैं ।

✦ यावच्च कुर्यादन्योऽस्य कुर्याद् बहुगुणं ततः ।
—महाभारत/आदिपर्व 162/15

दूसरा मनुष्य जितना उपकार करे, उससे कई गुना अधिक उपकार स्वयं उसके प्रति
करना चाहिए ।

✦ परोपकरणं येषां जागर्ति हृदये सताम् ।
नश्यन्ति विपदस्तेषां सम्पदः स्यु पदे पदे ॥
तीर्थस्नानैर्न सा शुद्धिर्बहुदानैर्न तत् फलम् ।
तपोभिरुग्रैस्तन्नाप्यमुपकृत्या यदाप्यते ॥
—स्कंदपुराण/काशीखंड 6/4-5

जिन सज्जनों के हृदय में परोपकार की भावना जाग्रत रहती है, उनकी समस्त आपदाएं
नष्ट हो जाती हैं और उन्हें पद-पद पर संपदाएं प्राप्त होती रहती हैं । न तो अनेक
तीर्थों में स्नान करने से वैसी पवित्रता होती है । और न प्रचुर दानों तथा उग्र तपस्याओं
से ही वैसा फल प्राप्त होता है, जैसा कि दूसरों का उपकार करने से होता है ।

✦ केतुं कृण्वन्नकेतवे पेशो मर्या अपेशसे । समुषद्भिरजायथाः ॥

—यजुर्वेद 29/37

जो पुरुष अपने जैसा दूसरों को भी सुखी देखने की कामना रखते हैं, उनके पास रहने से विद्या प्राप्त होती है और अज्ञान का अंधकार दूर होता है। धन प्राप्त होता है और दरिद्रता का विनाश होता है। अतएव हम सदैव आत्मदर्शी महापुरुषों के समीप रहें।

✦ परहित बस जिन्हके मन माहीं । तिन्ह कहुं जग दुर्लभ कछु नाहीं ।

—श्रीरामचरितमानस/उत्तरकांड 40/1

जिनके हृदय में दूसरे का हित बसता है, उनको जगत् में कुछ भी दुर्लभ नहीं है।

✦ वाजश्च मे प्रसवश्च मे प्रयतिश्च मे प्रसितिश्च
मे धीतिश्च मे क्रतुश्च मे स्वरश्च मे श्लोकश्च मे
श्रवश्च मे श्रुतिश्च मे ज्योतिश्च मे स्वश्च मे यज्ञेन कल्पन्ताम् ॥

—यजुर्वेद 18/1

मेरा विज्ञान भी, मेरी संतानोत्पत्ति भी, मेरी जितेंद्रियता भी, मेरा शुभ श्रेष्ठ से बंधना भी, मेरा धैर्य भी, मेरा कर्तव्य भी, मेरे स्वर भी, मेरा श्लोक भी, मेरा यश भी, मेरी श्रुति भी, मेरी ज्योति भी और आनंद भी परोपकार अर्थात् यज्ञ में सार्थक हो।

✦ श्रोत्रं श्रुतेनैव न कुण्डलेन दानेन पाणिर्न तु कंकणेन।
विभाति कायः खलु सज्जनानां परोपकारेण न चन्दनेन ॥

—भर्तृहरि नीतिशतक 72

कान की शोभा ज्ञान की बातें श्रवण करने से है, कुंडल से नहीं। हाथ की शोभा दान से है, कंगन से नहीं। सज्जन पुरुषों का शरीर परोपकार से सुशोभित होता है, चंदन के लेप से नहीं।

✦ पिबन्ति नद्यः स्वयमेव नाम्भः स्वयं न खादन्ति फलानि वृक्षाः ।
नादन्ति नस्यं खलु वारिवाहाः परोपकाराय सतां विभूतयः ॥

—सुभाषित भंडागार 51/170

नदियां स्वयं अपना जल नहीं पीतीं, वृक्ष स्वयं अपना फल नहीं खाते, बादल फसलों का उपयोग स्वयं नहीं करते, सज्जनों की विभूतियां परोपकार के लिए ही होती हैं।

◆ अर्थिनः कार्यनिवृत्तिमकर्तुरपि यश्चरेत्।
तस्य स्यात्सफलं जन्म किं पुनः पूर्वकारिणः ॥

—वाल्मीकिरामायण/किष्किंधाकांड 43/7

जिसने कोई उपकार न किया हो, वह भी यदि किसी कार्य के लिए प्रार्थी होकर आया हो तो जो पुरुष उसके कार्य को सिद्ध कर देता है, उसका जन्म भी सफल हो जाता है। फिर जिसने पहले के उपकारी कार्य को सिद्ध किया हो, उसके जीवन की सफलता के विषय में तो कहना ही क्या है।

◆ शरीरमाद्यं खलु धर्मसाधनम्।

सर्वप्रथम शरीर की स्वस्थता पर विशेष ध्यान देना चाहिए; क्योंकि इसी दुर्लभ शरीर से ही सभी धर्म-कर्म कर पाना संभव है।

❑ ❑ ❑

पति-पत्नी

✦ चक्रवाकेव दम्पती।
   —अथर्ववेद 14/2/64

पति-पत्नी चकवा-चकवी की तरह प्रेम करें।

✦ अक्ष्यौ नौ मधुसंकाशे अनीकम्प नौ समज्जनम्।
   अन्तः कृणुष्व मां हृदि मन इन् नौ सहासति॥
   —अथर्ववेद 7/37/1

हम पति-पत्नी एक-दूसरे को प्यार भरी दृष्टि से देखें। मुख से सदैव मीठे वचन बोलें। एक-दूसरे के हृदय में रहें। हम दो शरीर और एक मन हों।

✦ मा भेर्मा संविक्थाऽऊर्जं धत्स्व धिषणे विड्वी सती
   वीडयेथामूर्जं दधाथाम्। पाप्मा हतो न सोमः॥
   —यजुर्वेद 6/35

पति-पत्नी आपस में ऐसा व्यवहार करें, जिससे उनका पारस्परिक भय और उद्वेग का भाव नष्ट हो जाए, आत्मा की एकता बढ़े, विश्वास, दृढ़ता और उत्साह बना रहे। इससे गृहस्थाश्रम में ही स्वर्गीय सुख की अनुभूति होती है। दोष-दर्शन की भावना दांपत्य जीवन का विष है।

✦ मितं ददाति हि पिता मितं भ्राता मितं सुतः।
   अमितस्य तु दातारं भर्तारं का न पूजयेत्॥
   —वाल्मीकिरामायण/अयोध्याकांड 39/30

पिता, भ्राता और पुत्र ये परिमित सुख प्रदान करते हैं, किंतु पति अपरिमित सुख का दाता है। अतः ऐसी कौन स्त्री है जो अपने पति का सत्कार नहीं करेगी?

✦ इह पुष्यतं रयिम्।
   —अथर्ववेद 14/2/37

पति-पत्नी दोनों मिलकर कमाई करें।

✦ नास्ति स्त्रीणां पृथग्यज्ञो न व्रतं नाप्युपोषितम्।
पतिश्रुश्रूषते येन तेन स्वर्गे महीयते॥

—मनुस्मृति 5/9

स्त्रियों के लिए पति सेवा के अतिरिक्त न तो कोई पृथक् यज्ञ ही होता है, न कोई व्रत तथा उपवास ही होता है। पति की सेवा ही एक ऐसी सेवा है जिससे वह उसी से स्वर्ग प्राप्त करके प्रतिष्ठित हो जाती है।

✦ ममदसस्त्व केवलो नान्यासां कीर्तयाश्चन।

—अथर्ववेद 7/32/4

अपनी पत्नी के अतिरिक्त अन्य नारी का स्मरण भी न करें। पतिव्रत के समान ही पुरुष के लिए भी पत्नीव्रत नितांत आवश्यक है।

✦ यास्ते राके सुमतयः सुपेशसो याभिर्ददासि दाशुषे वसूनि।
ताभिर्नो अद्य सुमना उपागहि सहस्र पोष सुभगे रराणा॥

—ऋग्वेद 2/32/5

सुलक्षणा साध्वी स्त्री और श्रेष्ठ विद्वान पुरुष के संयोग से घर स्वर्ग में बदल जाते हैं। उन्हें धन और सुख की कोई कमी नहीं रहती।

✦ न दानैः शुद्ध्यते नारी नोपवासशतैरपि।
न तीर्थसेवया तद्वद् भर्तुः पादोदकैर्यथा॥

—चाणक्यनीति 17/10

स्त्री न तो दान देने से, न सैकड़ों उपवास (व्रत) करने से और न तीर्थों के सेवन से शुद्ध होती है, बल्कि अपने पति के चरणोदक से शुद्ध हो जाती है।

✦ पतिर्हि देवता नार्याः पतिर्बन्धुः पतिर्गुरुः॥
प्राणैरपि प्रियं तस्माद्भर्तुः कार्यं विशेषतः।

—वाल्मीकिरामायण/उत्तरकांड 48/17-18

स्त्री के लिए तो पति ही देवता है, पति ही बंधु है, पति ही गुरु है, इसलिए उसे प्राणों की बाजी लगाकर भी विशेष रूप से पति को खुश करना है।

✦ दाराधीनाः क्रियाः सर्वा दाराः स्वर्गस्य साधनम्।

—कश्यपस्मृति 4

तीर्थ, दान, श्राद्ध आदि जितने सत्कर्म हैं, वे सबके सब पत्नी के अधीन हैं। अतः पत्नी स्वर्ग का साधन है।

♦ सन्तुष्टो भार्यया भर्ता भर्त्रा भार्या तथैव च ।
यस्मिन्नेव कुले नित्यं कल्याणं तत्र वै ध्रुवम् ॥
—मनुस्मृति 3/60

जिस घर या कुल में पति अपनी पत्नी से पूर्णतया संतुष्ट रहता है और पत्नी अपने पति से भली प्रकार से संतुष्ट रहती है, वहां का कुल निश्चय ही सुख पाता है यानी उनका पग-पग पर कल्याण होता है ।

♦ या तु नारी पतिप्राणा पतिपूजापरायणा ।
तस्यास्तुष्टो जगन्नाथो ददाति स्वपदं मुने ॥
—नारदपुराण/अ. 14

जो स्त्री अपने पति को प्राण समान समझती है और पति का आदर करती है, उस स्त्री को भगवान प्रसन्न होकर उच्च पद देते हैं ।

♦ दम्पत्योः समता नास्ति यत्र यत्र हि मन्दिरे ।
अलक्ष्मीस्तत्र तत्रैव विफलं जीवनं तयोः ॥
—ब्रह्मवैवर्तपुराण/श्रीकृष्णजन्मखंड 69/64

इस मिथ्या संसार में पति-पत्नी की परस्पर प्रीति, समता तथा प्रेम-सौभाग्य परम आवश्यक है । जिस-जिस घर में पति-पत्नी एक-दूसरे के प्रति समभाव नहीं रखते, वहीं दरिद्रता का निवास है तथा ऐसे पति-पत्नी का जीवन निष्फल है ।

♦ नास्ति भार्यासमं तीर्थः ।
—पद्मपुराण/भूमि 61/22

शास्त्र ने पत्नी को भी तीर्थ माना है, इस तीर्थ की तुलना कोई और तीर्थ नहीं कर सकता ।

♦ अस्माभिरु न प्रतिचक्ष्या भूदो ते यन्ति ये अपीरष पश्यान् ॥
—ऋग्वेद 1/113/11

जो स्त्री-पुरुष परमात्मा की साक्षी में मधुर संबंध बनाए रखते हैं, उन्हें भगवान सदैव सुखी रखते हैं ।

❑ ❑ ❑

पाप-पुण्य

✦ अपेहि मनसस्पतेऽपक्राम परश्चर।

—अथर्ववेद 20/96/24

मानसिक पापों का परित्याग करें, क्योंकि मन में जमी हुई वासना ही दुष्कर्म करने को प्रेरित करती है।

✦ यस्तिष्ठति चरति यश्च वञ्चति यो निलायं चरति यः प्रतंकम्।
द्वौ संनिषद्य यन्मंत्रयेते राजा तद वेद वरुणस्तृतीय॥

—अथर्ववेद 4/16/2

मनुष्य कितना ही छुपकर पाप क्यों न करे, परमात्मा उसे जान लेता है और उसका उचित दंड देता है। इसलिए पाप से सदैव बचें।

✦ अष्टादशपुराणेषु व्यासस्य वचनद्वयम्।
परोपकारः पुण्याय पापाय परपीडनम्॥

—स्कंदपुराण/केदारखंड 1

अठारह पुराणों में व्यासजी की दो ही बातें प्रधान हैं—परोपकार करना सबसे बड़ा पुण्य है और दूसरों को पीड़ा पहुंचाना सबसे बड़ा पाप है।

✦ अवश्यं लभते कर्ता फलं पापस्य कर्मणः।
घोरं पर्यागते काले द्रुमः पुष्पमिवार्तवम्॥

—वाल्मीकिरामायण/अरण्यकांड 29/8

जैसे समय आने पर वृक्ष में ऋतु के अनुसार फूल लगते ही हैं, उसी प्रकार पापकर्म करने वाले पुरुष को समयानुसार अपने उस पापकर्म का भयंकर फल अवश्य ही प्राप्त होता है।

✦ स्वयमशुद्धः पराऩाशंकते।

—चाणक्यसूत्र 347

पापी दूसरों को भी अपने समान पापी समझता है।

✦ नष्टप्रज्ञः पापमेव नित्यमारभते नरः।
पुण्यं प्रज्ञां वर्धयति क्रियमाणं पुनः पुनः॥

—महाभारत/उद्योगपर्व 35/62

जिसकी बुद्धि नष्ट हो जाती है, वह मनुष्य सदा पाप ही करता रहता है। इसी प्रकार बारंबार किया हुआ पुण्य बुद्धि को बढ़ाता है।

✦ पतितः स्खलितश्चार्तः क्षुत्त्वा वा विवशो ब्रूवन्।
हरये नम इत्युच्चैच्यते सर्वपातकात्॥

—श्रीमद्भागवत 12/12/46

जो मनुष्य गिरते-पड़ते, फिसलते, दुख भोगते अथवा छींकते समय विवशता से भी ऊंचे स्वर में बोल उठता है—'हरये नमः', वह सब पापों से मुक्त हो जाता है।

✦ विकर्मणा तप्यमानः पापाद् विपरिमुच्यते।
न तत् कुर्यां पुनरिति द्वितीयात् परिमुच्यते॥

—महाभारत/वनपर्व 207/51

जो मनुष्य पापकर्म बन जाने पर सच्चे हृदय से पश्चाताप करता है, वह उस पाप से छूट जाता है तथा 'फिर कभी ऐसा कर्म नहीं करूंगा' ऐसा दृढ़ निश्चय कर लेने पर वह भविष्य में होने वाले दूसरे पाप से भी बच जाता है।

✦ ऋद्धिं रूपं बलं पुत्रान् वित्तं शूरत्वमेव च।
प्राप्नुवन्ति नरा लोके निर्जितं पुण्यकर्मभिः॥

—वाल्मीकिरामायण/उत्तरकांड 15/26

संसार के पुरुषों को समृद्धि, सुंदर रूप, बल, वैभव, वीरता तथा पुत्र आदि की प्राप्ति पुण्यकर्मों के अनुष्ठान से ही होती है।

✦ अत्तना व कतं पापं अत्तजं अत्तसंभवं।
अभिमन्थति दुष्मेधं वजिरं व म्हमयं मणिं॥

—भगवान बुद्ध/धम्मपद

जैसे वज्र पत्थर से पैदा होकर पत्थर को ही काटता है, वैसे ही दुर्बुद्धि मनुष्य का पाप, जिसको मनुष्य ही जन्म देता है और वही धारण भी करता है, उसी को नाश करता है।

✦ वने रणे शत्रुजलाग्निमध्ये महार्णवे पर्वतमस्तके वा।
सुप्तं प्रमत्तं विषमस्थितं वा रक्षन्ति पुण्यानि पुरा कृतानि ॥

—भर्तृहरि नीतिशतक 98

वन में, रण में, शत्रु, जल और अग्नि के बीच, महासागर में, पर्वत की चोटी पर, सोये हुए होने पर, असावधानी में अथवा विषम स्थिति में मनुष्य के पूर्वकृत पुण्य (सत्कर्म) ही उसकी रक्षा करते हैं।

✦ अश्यमेव लभते फलं पापस्य कर्मणा।
भर्तः पर्यागते काले कर्ता नास्त्यत्र संशयः ॥
शुभकृच्छुभमाप्नोति पापकृत् पापमश्नुते ॥

—वाल्मीकिरामायण/युद्धकांड 111/25-26

इसमें कोई संदेह नहीं कि समय आने पर कर्ता को उसके पाप कर्म का फल अवश्य ही मिलता है। शुभ कर्म करने वाले को उत्तम फल की प्राप्ति होती है और पापी को पाप का फल, दुख भोगना पड़ता है।

✦ पश्चात्तापः पापकृतां पापानं निष्कृतिः परा।
सर्वेषां वर्णितं सद्भिः सर्वपापविशोधनम् ॥

—शिवपुराण 1/3/5

पश्चाताप ही पापों से उबरने का एक बेहतर उपाय है। विद्वानों ने पश्चाताप से सब प्रकार के पापों की शुद्धि होना बताया है। पश्चाताप करने से जिसके पापों का शोधन न हो, उसे प्रायश्चित करना चाहिए।

✦ अकुर्वन्तोऽपि पापानि शुचयः पापसंश्रयात्।
परपापैर्विनश्यन्ति मत्स्या नागह्रदे यथा ॥

—वाल्मीकिरामायण/अरण्यकांड 38/26

जैसे सांप वाले सरोवर में रहने वाली मछलियां सांपों के साथ मारी जाती हैं, वैसे ही शुद्ध पवित्रजन लोग पापियों के संपर्क में आने के कारण नष्ट हो जाते हैं।

❑ ❑ ❑

पुत्र

✦ मूर्खपुत्रादपुत्रत्वं वरं वेदविदो विदुः।

—देवीभागवत 3/10/31

मूर्ख पुत्र की अपेक्षा पुत्रहीन रहना ही उत्तम है।

✦ पुत्रेण लोकांजयति पौत्रेणानन्त्मश्नुते।
अथ पुत्रस्य पौत्रेण ब्रध्नस्याप्नोति विष्टपम् ॥

—वसिष्ठस्मृति 17/5

पिता, पुत्र होने से लोकों को जीत लेता है। पौत्र होने पर अखिल ब्रह्मांड को प्राप्त करता है और प्रपौत्र होने पर सूर्य लोक को प्राप्त कर लेता है।

✦ वरमेको गुणी पुत्रो न च मूर्खशतान्यपि।
एकश्चन्द्रस्तमो हन्ति न च तारागणोऽपि
च ॥

—चाणक्यनीति 4/6

एक गुणी पुत्र ही श्रेयस्कर है, न कि सैकड़ों मूर्ख पुत्र। चंद्रमा अकेला ही अंधकार को दूर कर देता है, जबकि हजारों तारे कुछ नहीं कर पाते।

✦ अंगप्रत्यंगजः पुत्रो हृदयाच्चाभिजायते।
तस्मात्प्रियतरो मातुः प्रिया एव तु बान्धवाः ॥

—वाल्मीकिरामायण/अयोध्याकांड 74/14

पुत्र माता के अंग-प्रत्यंग और हृदय से उत्पन्न होता है, इसलिए वह माता को अधिक प्रिय होता है। अन्य भाई-बंधु केवल प्रिय होते हैं।

✦ अपुत्रिण इत्यभिशापः।

—वसिष्ठस्मृति 17/3

पुत्रहीनता एक प्रकार का अभिशाप है।

✦ माता पित्रोर्वचनकृद्धितः पथ्यश्च यः सुतः।
स पुत्रः पुत्रवद् यश्च वर्तते पितृमातृषु ॥

—महाभारत/आदिपर्व 85/25

जो माता-पिता की आज्ञा मानता है, उनका हित चाहता है, उनके अनुकूल चलता है तथा माता-पिता के प्रति पुत्रोचित व्यवहार करता है, वास्तव में वही पुत्र है।

✦ एतत् तदग्ने अनृणो भवाम्यहतौ पितरौ मया।
सम्पृच स्थ सं मा भद्रेण पृङ्क्त विपृचस्थ वि मा पाप्मना पृङ्क्त ॥

—यजुर्वेद 19/11

एक सुपुत्र को मनसा, वाचा, कर्मणा द्वारा अपनी माता की ऐसी सेवा करनी चाहिए कि कभी उसका मन खिन्न और उसका चित्त अप्रसन्न न होने पाए। एक सच्चा सपूत सदा यह ध्यान रखता है कि मेरे द्वारा मेरे माता-पिता को कोई कष्ट न हो, मैं अपने माता-पिता की भावना को ठेस न पहुंचाऊं। हे आचार्यो! तुम मुझे उस योग्य बनाओ और मुझे पापों से विमुक्त करो।

✦ पितुर्हि समतिक्रान्तं पुत्रो यः साधु मन्यते।
तदपत्यं मतं लोके विपरीतमतोऽन्यथा ॥

—वाल्मीकिरामायण/अयोध्याकांड 106/15

जो पुत्र पिता की भूल को ठीक कर देता है, वही लोक में उत्तम संतान माना जाता है। जो इसके विपरीत बर्ताव करता है, वह तो उससे विपरीत माना जाता है।

✦ मूर्खाश्चिरायुर्जातोऽपि तस्माज्जातमृतोवरः।
मृतः सचाल्पदुःखाय यावज्जीवं जडो दहेत् ॥

—चाणक्यनीति 4/7

ज्यादा दिन जीवित रहने वाले मूर्ख पुत्र से, पैदा होते ही मर जाने वाला पुत्र अच्छा होता है, क्योंकि मरा हुआ थोड़े ही दुख का कारण होता है, किंतु मूर्ख पुत्र जब तक जीता है तब तक रुलाते रहता है।

✦ धिक् तं सुतं यः पितुरीप्सितार्थ क्षमोऽपि सन्न प्रति पादयेद् यः।
जातेन किं तेन सुतेन कामं पितुर्न चिन्तां हि समुद्धरेद् यः ॥

—देवीभागवत 2/5/44

उस पुत्र को धिक्कार है, जो समर्थ होते हुए भी पिता के मनोरथ को पूर्ण करने में आगे-आगे नहीं होता। जो पिता की चिंता को दूर नहीं कर सकता, ऐसे पुत्र के जन्म से क्या प्रयोजन है?

✦ सर्वसौख्यप्रदः पुत्रः पित्रौः प्रीतिविवर्द्धनः।
आत्मा वै जायते पुत्र इति वेदेषु निश्चितम् ॥

—गरुड़पुराण 2/15/21

पुत्र सब सुखों को देने वाला होता है, माता-पिता का आनंदवर्धक होता है। वेदों में ठीक ही कहा गया है कि आत्मा ही पुत्र के रूप में जन्म लेती है।

✦ एकेन शुष्कवृक्षेण दह्यमानेन वह्निना।
दह्यन्ते तद्वनं सर्वं कुपुत्रेण कुलं यथा ॥

—चाणक्यनीति 3/15

जिस प्रकार एक ही सूखा वृक्ष स्वयं आग से जलता हुआ समस्त वन को जला देता है, उसी प्रकार एक ही कुपुत्र अपने वंश के नाश का कारण बनता है।

✦ दुर्गतेः पितरौ रक्षति स पुत्रः।

—चाणक्यसूत्र 408

पुत्र तमाम संकटों से माता-पिता की रक्षा करता है।

✦ पुन्नाम्नो नरकाद्यस्मात्पिरं त्रायते सुतः।
तस्मात्पुत्र इति प्रोक्तः पितृन्यः पाति सर्वतः ॥

—वाल्मीकिरामायण/अयोध्याकांड 107/12

पुत्र 'पुत्' नामक नरक से पिता का उद्धार करता है, इसलिए वह पुत्र कहा गया है। वही पुत्र है जो पितरों की सब ओर से रक्षा करता है।

❑ ❑ ❑

पुनर्जन्म

✦ शुभैः प्रयोगैर्देवत्वं व्यामिश्रैर्मानुषो भवेत्।

—महाभारत/वनपर्व 209/32

प्राणी शुभ कर्मों से देव योनि को प्राप्त होता है और मिले-जुले (पाप-पुण्यमय) कर्मों से मनुष्य योनि को प्राप्त होता है।

✦ अव सृज पुनरग्ने पितृभ्यो यस्त आहुतश्चरति स्वधाभिः।
आयुर्वसान उप वेतु शेषः सं गच्छतां तन्वा जातवेदः॥

—ऋग्वेद 10/16/5

मृत्यु के उपरांत जब पंचतत्त्व अपने-अपने में मिल जाता है, तब मात्र आत्मा बचा रहता है और वह आत्मा ही दूसरी देह धारण करता है।

✦ क्लेशमूलः कर्मोशयो दृष्टादृष्ट जन्मवेदनीयः।
सतिमूले तद्विपाको जात्यायुर्भोगः॥

—पातंजलियोगसूत्र/साधनपाद 12-13

यदि पूर्वजन्म के संचित संस्कार या कर्म अच्छे हैं तो उत्तम जाति, आयु और योग प्राप्त होते हैं। जब मनुष्य शरीर का त्याग करता है, तब इस जन्म की विद्या, कर्म और पूर्व प्रज्ञा आत्मा के ही साथ चली जाती है। उसी ज्ञान और कर्म के अनुसार उस आत्मा का नए देह में प्रवेश होता है।

✦ यं यं वापि स्मरन्भावं त्यजत्यन्ते कलेवरम्।
तं तमेवैति कौन्तेव सदा तद् भावभावितः॥

—श्रीमद्भगवद्गीता 8/6

मनुष्य अंतकाल में जिस-जिस भी भाव को स्मरण करता हुआ शरीर का त्याग करता है, उस-उस को ही प्राप्त होता है, क्योंकि वह सदा उसी भाव से भावित रहा है।

✦ योनिमन्ये प्रपद्यन्ते शरीरत्वाय देहिनः।
स्थाणुमन्येऽनुसंयन्ति यथाकर्म यथाश्रुतम् ॥

—*कठोपनिषद् 2/2/7*

अपने सच्चे कर्म और ज्ञान के अनुसार कोई देहधारी शरीर देव योनि को प्राप्त होते हैं और अन्य कोई देहधारी मनुष्य पुनः उसी योनि भाव को प्राप्त होते हैं।

✦ ऐहिकं प्रोक्तनं वापि कर्म यदचितं स्फुरन्।
पौरुषोऽसौ परो यत्नो न कदाचन निष्फलः ॥

—*योगवासिष्ठ*

पुनर्जन्म और इस जन्म में किए हुए कर्म, फल के रूप में अवश्य प्रकट होते हैं, क्योंकि मनुष्य के द्वारा किए हुए कर्म अवश्य ही फल देते हैं।

✦ शुचिर्भूता ज्ञानवन्तो गुरुगीतां जपन्ति ये।
तेषां दर्शनसंस्पर्शात् पुनर्जन्म न विद्यते ॥

—*स्कंदपुराण/गुरुगीता/प्रस्तावना*

जो पवित्र ज्ञानवान पुरुष श्रीगुरुगीता का जप-पाठ करते हैं, उनके दर्शन और स्पर्श मात्र से पुनर्जन्म नहीं होता।

✦ आशापाशा शताबद्धा वासनाभाव धारिणः।
कायात्कायमुपायान्ति वृक्षाद् वृक्षमिवाण्डजा ॥

—*महर्षि वसिष्ठ*

मनुष्य का मन सैकड़ों आशाओं (महत्त्वाकांक्षाओं) और वासनाओं के बंधन में बंधा हुआ मृत्यु के उपरांत उन क्षुद्र वासनाओं की पूर्ति वाली योनियों और शरीर में उसी प्रकार चला जाता है, जिस प्रकार एक पक्षी एक वृक्ष को छोड़कर फल की आशा से दूसरे वृक्ष पर जा बैठता है।

✦ न साम्परायः प्रतिभाति बालं प्रमाद्यन्तं वित्तमोहेन् मूढम्।
अयं लोको नास्ति पर इति मानी पुनः पुनर्वशमापद्यते मे ॥

—*कठोपनिषद् 1/2/6*

जो धन के मोह से मोहित हो रहा है ऐसे प्रमादी, मूढ़, अविवेकी पुरुष को परलोक में श्रद्धा नहीं होती। यह लोक ही है, परलोक नहीं है। इस प्रकार मानने वाला वह मूढ़ मुझ मृत्यु के वश में बार-बार पड़ता है यानी पुनः-पुनः जन्म-मृत्यु को प्राप्त होता है।

✦ अहं हि सर्वयज्ञानां भोक्ता च प्रभुरेव च।
न तु मामभिजानन्ति तत्त्वेनातश्च्यवन्ति ते ॥

—श्रीमद्भगवद्गीता 9/24

क्योंकि संपूर्ण यज्ञों का भोक्ता और स्वामी मैं ही हूं, परंतु वे मनुष्य मुझ परमेश्वर को तत्त्व से नहीं जानते, इसी से गिरते हैं अर्थात् पुनर्जन्म को प्राप्त होते हैं।

✦ मामुपेत्य पुनर्जन्म दुःखालयमशाश्वतम्।
नाप्नुवन्ति महात्मानः संसिद्धिं परमां गताः ॥

—श्रीमद्भगवद्गीता 8/15

परम सिद्धि को प्राप्त महात्माजन मुझको प्राप्त होकर दुखों के घर एवं क्षणभंगुर किसी योनि में पुनर्जन्म को प्राप्त नहीं होते।

❑ ❑ ❑

ब्रह्मचर्य

◆ ब्रह्मचर्येण तपसा देवा मृत्युमपाघ्नत ।
इन्द्रो ह ब्रह्मचर्येण देवेभ्यः स्वरा भरत् ॥
—अथर्ववेद 11/7/19

ब्रह्मचर्य का पालन करें क्योंकि भोग से रोग पैदा होते हैं और परमात्मा में ध्यान नहीं लगता । ब्रह्मचर्य से ज्ञान प्राप्ति की अभिलाषा पैदा होती है और आध्यात्मिक विकास होता है । ब्रह्मचर्य और तप से देवताओं ने मृत्यु का नाश किया और इंद्र ने भी ब्रह्मचर्य से ही देवताओं में श्रेष्ठत्व प्राप्त किया ।

◆ एह्यश्मानमा तिष्ठाश्मा भवतु ते तनूः ।
कृण्वन्तु विश्वे देवा आयुष्टे शरदः शतम् ॥
—अथर्ववेद 2/13/4

ब्रह्मचर्य का पालन करते हुए नियमित आहार, व्यायाम और श्रम द्वारा अपना शरीर दृढ़ और मजबूत बनाएं और सदैव स्वस्थ रहें । उत्तम पदार्थों के सेवन और श्रेष्ठ पुरुषों का सान्निध्य प्राप्त कर पूर्ण आयुष्य भोग करें और संसार का उपकार करें ।

◆ जुषस्व सप्रथस्तमं वचो देवप्सरस्तमम् ।
हव्या   जुह्वान   आसनि ॥
—ऋग्वेद 1/75/1

शारीरिक और आत्मिक सुख प्राप्त करना चाहते हो तो अपने आहार, विहार और चेष्टाओं में सादगी रखते हुए ब्रह्मचारी बनो ।

◆ सत्येन लभ्यस्तपसा ह्येष आत्मा ।
सम्यग्ज्ञानेन ब्रह्मचर्येण नित्यम् ॥
—मुण्डकोपनिषद्/तृतीय मुण्डक 1

सत्य, तप, सम्यक् ज्ञान और ब्रह्मचर्य इनसे आत्मा की बलिष्ठता प्राप्त होती है ।

✦ मरणं बिन्दुपातेन जीवनं बिन्दुधारणात्।
यावद्बिन्दुः स्थिरो देहे तावत्कालभयं कुतः॥
–हठयोग प्रदीपिका

शुक्र (वीर्य) के निकलने (स्खलन) से मृत्यु और उसके धारण से जीवन होता है। अतः जब तक शरीर में वीर्य स्थिर है तब तक मृत्यु का डर कहां?

✦ ब्रह्मचर्यप्रतिष्ठायां वीर्यलाभः।
–पातंजलियोगसूत्र/साधनपाद 38

नियमित ब्रह्मचर्य के पालन करते रहने पर ब्रह्मचारी को वीर्य या पौष्टिकता का लाभ होता है।

✦ आयुस्तेजो बलं वीर्यः प्रज्ञा धीश्च महायशः।
पुण्यं च मत्प्रियत्वं च प्राप्यते ब्रह्मचर्यया॥
–वृद्ध गौतमस्मृति

ब्रह्मचर्य से दीर्घायुष्य, तेज, बल, वीर्य, प्रज्ञा, लक्ष्मी, महायश, पुण्य और मेरा प्रियत्व प्राप्त होता है।

✦ ब्रह्मचारी ब्रह्म भ्रजाद् बिभर्ति तस्मिन्देवा अधिविश्वे समोताः।
प्राणापानौ जनयन्नाद् व्यानं वाचं मनो हृदयं ब्रह्म मेधाम्॥
चक्षुः श्रोत्रं यशो अस्मासु धेहयन्नरेतो लोहिमुदरम्॥
–अथर्ववेद 11/7/24-25

ब्रह्मचर्य से प्राणशक्ति बढ़ती है। प्राण, अपान, व्यान आदि वायुओं पर नियंत्रण होने लगता है, जिससे वाणी, मन, हृदय, ज्ञान, बुद्धि सभी का विकास होता है। इंद्रियों की शक्ति बढ़ती है। पुरुष के शरीर में वीर्य और स्त्रियों के शरीर में रज बढ़ता है। इससे स्वस्थ आरोग्य और मानसिक प्रसन्नता स्थिर रहती है।

✦ पूर्वो जातो ब्रह्मणो ब्रह्मचारी धर्मन्वसानस्तपसोदतिष्ठत्।
तस्माज्जातं ब्राह्मणं ब्रह्म ज्येष्ठं देवाश्च सर्वे अमृतेन साकम्॥
–अथर्ववेद 11/7/5

विद्यार्थी जीवन में ब्रह्मचर्य संयम का होना बहुत आवश्यक है। इसमें श्रम और तप करने से आगे बढ़ने की प्रेरणा प्राप्त होती है। ब्रह्मचारी द्वारा परमात्मा का श्रेष्ठ ज्ञान प्रसिद्ध होता है। ब्रह्मचर्य-आश्रम मानव जीवन की पहली अवस्था है यानी जन्म से 25 वर्ष तक की आयु ब्रह्मचर्य अवस्था है।

✦ कर्मणा मनसा वाचा सर्वावस्थासु सर्वदा।
सर्वत्र मैथुनं त्यागं ब्रह्मचर्यः प्रचक्षते॥
—वसिष्ठसंहिता

शरीर, मन और वाणी—इन तीनों से सभी अवस्थाओं में सदा सर्वदा तथा सर्वत्र मैथुन त्याग को ब्रह्मचर्य कहते हैं।

✦ यदाबध्नन् दाक्षायणा हिरण्यं शतानीकाय सुमनस्यमानाः।
तत् ते बध्नाभ्यायुषे वर्चसे बलाय दीर्घायुत्वायशतशारदाय॥
—अथर्ववेद 1/35/1

हम ब्रह्मचर्य से रहकर अपने शरीर में वीर्य धारण करते हैं। यह वीर्य आयु, तेज, बल और पूर्ण आयुष्य प्रदान करने वाला है। इससे हमारा बल बढ़ता है और शुभ संकल्प जाग्रत होते हैं।

✦ तस्माद्यस्य महाबाहो निगृहीतानि सर्वशः।
इंद्रियाणीन्द्रियार्थेभ्यस्तस्य प्रज्ञा प्रतिष्ठिता॥
—श्रीमद्भगवद्गीता 2/68

जिस पुरुष की इंद्रियां इंद्रियों के विषयों से सब प्रकार निग्रह की हुई है, उसी की बुद्धि स्थिर है।

❑ ❑ ❑

ब्राह्मण

✦ न ब्राह्मणस्य गां जग्ध्वा राष्ट्रे जागार कश्चन।

—अथर्ववेद 5/19/10

जहां ब्राह्मण का तिरस्कार होता है, वहां से सदा के लिए सुख-शांति चली जाती है।

✦ चतुश्पदां गौः प्रवरा लोहानां काञ्चनं वरम्।
शब्दानां प्रवरो मंत्रो ब्राह्मणो द्विपदां वरः॥

—महाभारत/शांतिपर्व 11/11

चौपाये जीवों में गाय उत्तम है, धातुओं में सोना उत्तम है। शब्दों में वेदमंत्र उत्तम है और दो पैर वालों में ब्राह्मण उत्तम है।

✦ शमो दमस्तपः शौचं क्षान्तिरार्जवमेव च।
ज्ञानं विज्ञानमास्तिक्यं ब्रह्मकर्म स्वभावजम्॥

—श्रीमद्भगवद्गीता 18/42

अंतःकरण का निग्रह, इंद्रियों का दमन, धर्म पालन के लिए कष्ट सहना, बाहर-भीतर से शुद्ध रहना, दूसरों के अपराधों को क्षमा करना, मन, इंद्रिय और शरीर को सरल रखना, ईश्वर और परलोक आदि में श्रद्धा रखना, वेद शास्त्रों का अध्ययन-अध्यापन और परमात्मा के तत्त्व का अनुभव करना— ये ब्राह्मण के स्वाभाविक कर्म हैं।

✦ ये हृह्यन्ति द्विजान् मूढाः सन्ति ते मम शत्रवः॥
ये पूजयन्ति विप्राश्च मम भावेन पूजनाः।
ते भूञ्जन्ति सुखं चात्र ह्यन्ते यास्यन्ति मत्पदम्॥

—गर्गसंहिता/अश्वमेध 55/52-53

विष्णु भगवान कहते हैं— जो अविवेकीजन ब्राह्मणों से द्वेष रखते हैं, वे मेरे शत्रु हैं। जो मनुष्य मेरी भावना से ब्राह्मणों की पूजा करते हैं, उन्हें संसार में सुख की उपलब्धि होती है और अंत में मेरे धाम के अधिकारी होते हैं।

✦ षष्णां तु कर्मणामस्य त्रीणि कर्माणि जीविका।
याजनाध्यापने चैव विशुद्धाच्च प्रतिग्रहः॥

—मनुस्मृति 10/76

छह कर्मों में पढ़ाना, यज्ञ कराना और विशुद्ध द्विजातियों से दान ग्रहण करना– ये तीनों ब्राह्मण की जीविका के कर्म हैं।

✦ ब्राह्मणस्याश्रुतं मलम्।

—महाभारत/कर्णपर्व 45/23

वेद (कम से कम गायत्री मंत्र) से शून्य होना ब्राह्मण के लिए कलंक है।

✦ नवनीतं हृदयं ब्राह्मणस्य वाचि क्षुरो निहितस्तीक्ष्णधारः।

—महाभारत/आदिपर्व 3/123

ब्राह्मण का हृदय मक्खन जैसा मृदु (कोमल) होता है, पर उसकी वाणी में तीक्ष्ण-धार वाला क्षुरा (उस्तरा) रखा हुआ है।

✦ अध्यापनमध्ययनं यजनं याजनं तथा।
दानं प्रतिग्रहं चैव ब्राह्मणानामकल्पयत्॥

—मनुस्मृति 1/10

पढ़ना-पढ़ाना, यज्ञ करना-यज्ञ कराना, दान देना-दान लेना– ये छह कार्य ब्राह्मणों के लिए बनाए गए हैं।

✦ चतुर्वेदोऽपि दुर्वृत्तः स शूद्रादतिरिच्यते।
योऽग्निहोत्रपरो दान्तः स ब्राह्मण इति स्मृतः॥

—महाभारत/वनपर्व 313/111

चारों वेदों के ज्ञाता होने पर भी यदि कोई दुराचारी है, तो वह शूद्र से भी बढ़कर है और जो केवल अग्निहोत्र करता है (वेदादि के विधान से) पर जितेंद्रिय (इंद्रियों को वश में किए हुए) है, वही वस्तुतः ब्राह्मण है।

✦ सत्यं दानमथाद्रोह आनृशंस्य त्रपाघृणा।
तपश्च दृश्यते यत्र स ब्राह्मण इति स्मृतः॥

—महाभारत/शांतिपर्व 189/4

जिसके अंदर सच्चाई, दान देना, क्षमा करना, मधुर स्वभाव, क्रूरता से रहित, दुष्कर्मों से अलग रहना, दया भाव, तप, धर्म के मार्ग को न छोड़ना जैसे गुण हों, वह ब्राह्मण कहलाता है।

✦ अदान्तो ब्राह्मणोऽसाधुः।

—महाभारत/सौप्तिकपर्व 3/20

जो इंद्रियों को अपने वश में नहीं रख सकता है, वह सच्चा ब्राह्मण नहीं है।

✦ मन्त्रज्येष्ठा द्विजातयः।

—महाभारत/उद्योगपर्व 168/17

वेदों का अध्ययन-अध्यापन ब्राह्मणों के लिए श्रेष्ठ कर्म है।

✦ मन क्रम बचन कपट तजि जो कर भुसूर सेव।
मोहि समेत बिरंचि सिव बस ताकें सब देव॥

—श्रीरामचरितमानस/अरण्यकांड 33

मन, वचन और कर्म से कपट छोड़कर जो इस पृथ्वी के प्रत्यक्ष देव रूप ब्राह्मणों की सेवा करता है, सब देवता उसके वश में हो जाते हैं।

✦ देवाधीनं जगत्सर्वं मन्त्राधीनञ्च देवता।
ते मन्त्रा विप्रं जानन्ति तस्मात् ब्राह्मण देवता॥

अर्थात् यह संसार देवों के अधीन है और देवता मंत्रों के अधीन होते हैं। वे सभी मंत्र ब्राह्मण जानते हैं; अतः ब्राह्मण ही परम देवता माने गए हैं।

✦ पतिरेव गुरुः स्त्रीणां सर्वस्याभ्यागतो गुरुः।
गुरुरग्निद्विजातीनां वर्णानां ब्राह्मणो गुरुः॥

—चाणक्यनीति 5/1

स्त्रियों के लिए पति ही गुरु है। सबके लिए अतिथि ही गुरु होते हैं। द्विजों के लिए अग्नि ही गुरु है और चारों वर्णों के लिए ब्राह्मण ही श्रेष्ठ गुरु है।

❑ ❑ ❑

बुद्धि/बुद्धिमान

✦ यद्बलानां बलं श्रेष्ठं तत्प्रज्ञाबलमुच्यते ।
—महाभारत/उद्योगपर्व 37/55

जो बलों में श्रेष्ठ बल है, वह बुद्धि-बल है ।

✦ बुद्धिमूलं तु विजयं मनुरब्रवीत् ।
—महाभारत/शांतिपर्व 112/17

मनु का कथन है कि सफलता का मूलमंत्र बुद्धि ही है ।

✦ उपह्वरे गिरीणां संगमे च नदीनाम् । धिया विप्रो अजायत ॥
—यजुर्वेद 26/15

विद्वान लोग जो स्वाध्याय करते हैं, एकांत मन से उसी का मनन चिंतन करते रहते हैं। इससे योगियों के समान उनकी बुद्धि प्रखर होती है ।

✦ जहां सुमति तहं संपति नाना । जहां कुमति तहं विपति निदाना ॥
—गोस्वामी तुलसीदास

जहां पर सुमति होती है, वहां अनेक प्रकार के सुख साधन रहते हैं और जहां कुबुद्धि है वहां अनेक प्रकार की विपत्तियां रहती हैं ।

✦ यां मेधां देवगणाः पितरश्चोपासते ।
तया मामद्य मेधयाग्ने मेधाविनं कुरु ॥
—यजुर्वेद 32/34

हे मेधाविन् परमात्मा! जिस मेधा-बुद्धि की प्रार्थना, उपासना और याचना हमारे देवगण, ऋषिगण और पितृगण सर्वदा से करते चले आए हैं, उसी मेधा-बुद्धि का दान आप हम सबको प्रदान कीजिए, जिससे हमारे समस्त शुभकार्य यथाविधि संपन्न हों ।

✦ अर्थनाशं मनस्तापं गृहे दुश्चरितानि च ।

वञ्चनं चाऽपमानं च मतिमान्न प्रकाशयेत् ॥

—चाणक्यनीति 7/1

धन के नाश को, मन के संताप को, घर की बुराइयों को, किसी ठग द्वारा ठगे जाने को और नीचों द्वारा अपमान को बुद्धिमान कभी किसी से न कहे।

✦ यतो बुद्धिस्ततः शान्तिः।

—महाभारत/सभापर्व 73/5

जहां बुद्धि है, वहीं शांति है।

✦ वशे हि यस्येन्द्रियाणि तस्य प्रज्ञा प्रतिष्ठिता ॥

—श्रीमद्भगवद्गीता 2/61

जिस पुरुष की इंद्रियां वश में होती हैं, उसी की बुद्धि स्थिर हो जाती है।

✦ एकं हन्यान्न वा हन्यादिषुर्मुक्तो धनुष्मता।
   बुद्धिर्बुद्धिमतोत्सृष्टा हन्याद् राष्ट्रं सराजकम् ॥

—विदुरनीति 1/48

किसी धनुर्धर वीर के द्वारा छोड़ा हुआ बाण संभव है एक को भी मारे या न मारे, मगर बुद्धिमान द्वारा प्रयुक्त की हुई बुद्धि राजा के साथ-साथ संपूर्ण राष्ट्र का विनाश कर सकती है।

✦ नष्टप्रज्ञः पापमेव नित्यमारभते नरः।
   पुण्यं प्रज्ञां वर्धयति क्रियमाणं पुनः पुनः ॥

—महाभारत/उद्योगपर्व 35/62

जिसकी बुद्धि नष्ट हो जाती है, वह मनुष्य सदा पाप ही करता रहता है। पुनः पुनः किया हुआ पुण्य बुद्धि को बढ़ाता है।

✦ अशोच्यानन्वशोचस्त्वं प्रज्ञावादांश्च भाषसे।
   गतासूनगतासूंश्च नानुशोचन्ति पण्डिताः ॥

—श्रीमद्भगवद्गीता 2/11

श्रीकृष्ण भगवान ने कहा— हे अर्जुन! जिनके लिए शोक नहीं करना चाहिए, तू उनके लिए शोक कर रहा है, फिर भी तू समझ रहा है कि यह बुद्धिपूर्वक बात है तो सुन! बुद्धिमान आदमी किसी के प्राण चले गए हैं उनके लिए और जिनके प्राण नहीं गए हैं उनके लिए—कभी शोक नहीं करते।

◆ धर्माख्याने श्मशाने च रोगिणां या मतिर्भवेत् ।
  सा सर्वं देवं तिष्ठेच्चेत् को न मुच्येत बन्धनात् ॥
                                    —चाणक्यनीति 14/5

धार्मिक कथा सुनने पर, श्मशान पर, रोगियों और दुखियों को जो बुद्धि उत्पन्न
होती है, वह यदि सर्वदा बनी रहे तो कौन ऐसा है जो इस संसार के बंधन से
मुक्त न हो जाए ।

◆ नाप्राप्यमभिवांछन्ति नष्ट नेच्छन्ति शोचितुम् ।
  आपत्सु च न मुह्यन्ति नरः पंडितबुद्धयः ॥
                              —महाभारत/उद्योगपर्व 33/23

पंडित बुद्धि से युक्त मनुष्य अप्राप्य को प्राप्त करने की कामना नहीं करते, नष्ट
वस्तु के विषय में शोक नहीं करना चाहते और विपत्ति आ पड़ने पर विमूढ़ नहीं
होते ।

◆ यस्तु संचरते देशान्यस्तु सेवेत पण्डितान् ।
  तस्य विस्तारिता बुद्धिस्तैलबिन्दुरिवाम्भसि ॥
                                —सुभाषति भंडागार 102/2

जो देशाटन करता है, विद्वज्जनों के संपर्क में रहता है, उसकी बुद्धि उसी तरह
विकसित हो जाती है, जैसे पानी में पड़ा तेल का बूंद ।

◆ ये तु बुद्ध्या हि बलिनस्ते भवन्ति बलीयसः ॥
                              —महाभारत/शांतिपर्व 156/12

जो बुद्धि के बली हैं, वे ही वस्तुतः औरों से अधिक बल वाले होते हैं ।

◆ यस्य नास्ति स्वयं प्रज्ञा शास्त्रः तस्य करोति किम् ।
  लोचनाभ्यां विहीनस्य दर्पणः किं करिष्यति ॥
                                —चाणक्यनीति 10/9

जो बुद्धिहीन हैं, उनके लिए शास्त्र वेदादि भी कोई कल्याण नहीं कर सकते अर्थात्
उनके लिए वे व्यर्थ हैं, जैसे नेत्रहीन के लिए दर्पण क्या कर सकता है । यानी
दर्पण भी अंधे के सामने रख दिया जाए तो भी वह अपना चेहरा नहीं देख सकता ।

❑ ❑ ❑

भक्त/भक्ति

✦ न वासुदेवभक्तानामशुभं विद्यते क्वचित् ।
—महाभारत/अनुशासनपर्व 149/131

भगवान के भक्तों का कहीं, कभी भी अशुभ नहीं होता ।

✦ नास्ति तेषु जाति विद्यारूपं कुलधनं क्रियादिभेदाः ।
—नारदभक्तिसूत्र 72

भक्तों में जाति, विद्या, रूप, कुल, धन, क्रिया आदि का भेद नहीं होता है ।

✦ नारायणपराः सर्वे न कुतश्चन बिभ्यति ।
—श्रीमद्भागवत 6/17/28

भगवत्परायण लोग कभी कहीं किसी से नहीं डरते ।

✦ ये हिताः सर्वजन्तूनां गतासूया विमत्सराः ।
ज्ञानिनो निस्पृहाः शान्तास्ते वै भागवतोत्तमाः ॥
—स्कंदपुराण 2/1/21

सबके हितकारी, किसी के गुणों में दोष नहीं ढूंढ़ने वाले, ईर्ष्यारहित, ज्ञानी, कामनारहित और शांत चित्त (घबराहट से रहित) ऐसे पुरुष भगवद् भक्तों में उत्तम हैं ।

✦ समोऽहं सर्वभूतेषु न मे द्वेष्योऽस्ति न प्रियः ।
ये भजन्ति तु मां भक्त्या मयि ते तेषु चाप्यहम् ॥
—श्रीमद्भगवद्गीता 9/29

भगवान श्रीकृष्ण कहते हैं— मैं सब भूतों में सम हूं । न कोई मेरा द्वेष का पात्र है और न प्रिय है, परंतु जो भक्त मुझको प्रेम से भजते हैं, वे मुझमें हैं और मैं भी उनमें हूं ।

✦ न मे भक्तः प्रणश्यति ।

139

—*महाभारत/भीष्मपर्व 33/31*

परमात्मा की भक्ति कभी नष्ट नहीं होती है।

✦ श्रवणं कीर्तनं विष्णोः स्मरणं पादसेवनम्।
अर्चनं वन्दनं दास्यं सख्यमात्मनिवेदनम्॥
—*श्रीमद्भागवत 7/5/23*

विष्णु भगवान् के गुणों का श्रवण और कीर्तन, भगवान् का स्मरण, पाद-सेवन, पूजन, वंदन, दास्य, सख्य और (उन्हें) आत्मसमर्पण यही नवधा भक्ति है।

✦ बिनु बिस्वास भगति नहिं।
—*श्रीरामचरितमानस/उत्तरकांड 90*

बिना विश्वास के भक्ति नहीं होती।

✦ अद्वेष्टा सर्वभूतानां मैत्रः करुण एव च।
निर्ममो निरहंकारः समदुःखसुखः क्षमी॥
संतुष्टः सततं योगी यतात्मा दृढनिश्चयः।
मय्यर्पितमनोबुद्धिर्योमद्भक्तः स मे प्रियः॥
—*श्रीमद्भगवद्गीता 12/13-14*

हे अर्जुन! मैं उन भक्तों को प्यार करता हूं जो सब प्राणियों में द्वेषभाव से रहित, स्वार्थरहित, सबका प्रेमी और हेतुरहित दयालु है तथा ममता से रहित, अहंकार से रहित, सुख-दुखों की प्राप्ति में सम और क्षमावान् है अर्थात् अपराध करने वाले को भी अभय देने वाला है तथा योगी निरंतर संतुष्ट है, मन-इंद्रियों सहित शरीर को वश में किए हुए है और मुझमें दृढ़ निश्चयवाली भक्ति रखता है—वह मुझमें अर्पण किए हुए मन-बुद्धिवाला मेरा भक्त मुझको प्रिय है।

✦ यो न हृष्यति न द्वेष्टि न शोचति न कांक्षति।
शुभाशुभपरित्यागी भक्तिमान्यः स मे प्रियः॥
—*महाभारत/भीष्मपर्व 36/17*

जो न कभी हर्षित होता है, न द्वेष करता है, न शोक करता है, न कामना करता है तथा शुभ और अशुभ का जो त्यागी है, वह भक्त मुझे (परमात्मा को) बहुत प्रिय है।

✦ ये श्रृणवन्ति कथां विष्णो सदाभुवन पावनीम्।

ते मनुष्यलोकेस्मिन् विष्णुभक्ता भवति हि ॥

—स्कंदपुराण 2/1/77

लोकों को पवित्र करने वाली विष्णु भगवान की कथा को जो नित्य सुनते हैं, वे इस मनुष्य लोक में विष्णु भक्त हैं।

◆ पत्रं पुष्पं फलं तोयं यो मे भक्त्या प्रयच्छति।
तदहं भक्त्युपहृतमश्नामि प्रयतात्मनः ॥

—श्रीमद्भगवद्गीता 9/26

जो कोई भी भक्त मेरे लिए प्रेम से पत्र, पुष्प, फल, जल अर्पण करता है, उस शुद्धबुद्धि निष्काम प्रेमी भक्त का प्रेमपूर्वक अर्पण किया हुआ वह पत्र-पुष्पादि मैं स्वयं प्रीति सहित ग्रहण करता हूं।

◆ भक्तत्यागं प्राहुरत्यन्तपापम्।

—महाभारत/महाप्रस्थानक 3/11

भक्तों पर ध्यान न देना यानी भक्तों को त्याग देना सबसे बड़ा पाप कहा गया है।

◆ भक्ति सुतंत्र सकल सुख खानी।

—श्रीरामचरितमानस/उत्तरकांड 44/3

भक्ति स्वतंत्र है और सब सुखों का भंडार है।

❑ ❑ ❑

भजन/कीर्तन

✦ ओ३म् विश्वानि देव सवितर्दुरितानि परासुव यद् भद्रं तन्न आसुव ।

—ऋग्वेद 5/2/5

हे सकल जगत को उत्पन्न करने वाले ईश्वर! तू हम सबके पापों को दूर कर और जो कल्याणकारी विचार हैं, उन्हें हमें प्रदान कर। हे कृपानिधे! हमारे अंतःकरणों को पवित्र कर, शुद्ध, बुद्ध और पवित्र बना, यही प्रार्थना है।

✦ अपि चेत्सुदुराचारो भजते मामनन्यभाक् ।
  साधुरेव स मन्तव्यः सम्यग्व्यवसितो हि सः ॥

—श्रीमद्भगवद्गीता 9/30

यदि कोई अतिशय दुराचारी भी अनन्य भाव (शुद्ध मन) से मेरा भजन करता है तो उसको साधु ही मानना चाहिए, क्योंकि उसने बहुत अच्छी तरह निश्चय कर लिया है।

✦ असतो मा सद्गमय, तमसो मा ज्योतिर्गमय, मृत्योर्मा अमृतं गमय ।

—बृहदारण्यक उपनिषद् 1/3/27

प्रत्येक मानव के हृदय की प्रार्थना है कि हे ईश्वर! मुझे असत् से सत् की ओर ले चलो, अंधकार से प्रकाश की ओर ले चलो और मृत्यु से अमरत्व की ओर ले चलो।

✦ परिमाग्ने दुश्चरिताद्बाधस्वा मा सुचरिते भज ।
  उदायुषा   स्वायुषोदस्थाममृतांऽअनु ॥

—यजुर्वेद 4/28

हम परमात्मा से सच्चे हृदय से प्रार्थना करें—'प्रभो! हमें दुराचार से छुड़ाकर सदाचार की ओर बढ़ाओ, अधर्म से बचाकर धर्मशील बनाओ।' सच्चे मन की प्रार्थना भगवान् सुनेंगे और तुम्हें नेक पथ पर लगा देंगे।

142

✦ नाहं वसामि वैकुण्ठे योगिनां हृदये न च।
मद्भक्ता यत्र गायन्ति तत्र तिष्ठामि नारद॥
मद्भक्तसदृशो लोके पिता माता गुरुर्न हि।
न बन्धुर्नापरे चैव इति वेदविदो विदुः॥
ये मत्कीर्तौ जनं सक्तं पृथक् कुर्वन्ति मानवाः।
तथा मद्द्वेषिणो नित्यं पतन्ति नरकेऽशुचौ॥
शृणोमि स्वयशोगानं प्रेम्णा भक्तैरुदाहृतम्।
कृतं गोपैश्च गोपीभिर्गानं त्यक्त्वा च कौतुकम्॥

—आदिपुराण 19/35, 37, 39

मैं न तो वैकुंठ में वास करता हूं और न योगियों के हृदय में ही रहता हूं। हे नारद! मेरे भक्त जहां मेरा गुण-कीर्तन या स्मरण करते हैं, मैं वहीं रहता हूं। मेरे भक्त के समान संसार में माता, पिता, गुरु या बंधु कोई भी हितकर नहीं है—ऐसा वेदवादियों का कथन है। जो मनुष्य मेरे कीर्तन में लगे हुए व्यक्ति को कीर्तन से अलग कर देते हैं, वे मेरे द्वेषी हैं और अपवित्र नरक में गिरते हैं। मैं स्वयं अपने भक्त गोप-गोपियों द्वारा गाए गए गुणगान को बड़े चाव से सुनता हूं।

✦ अनित्यमसुखं लोकमिमं प्राप्य भजस्व माम॥

—श्रीमद्भगवद्गीता 9/33

हे अर्जुन! तू इस विनाशी और दुश्मय यानी सुखरहित और क्षणभंगुर मनुष्य शरीर को प्राप्त हुआ है। इसलिए निरंतर मेरा ही भजन कर, ताकि इसके बाहर निकल सके।

✦ मसकहि करइ बिरंचि प्रभु अजहि मसक ते हीन।

—श्रीरामचरितमानस/उत्तरकांड 122 ख

जो चेतन कहं जड़ करइ जड़हि करइ चैतन्य।

—श्रीरामचरितमानस/उत्तरकांड 119 ख

तन ते कुलिस कुलिस तृन करई।

—श्रीरामचरितमानस/लंकाकांड 35/4

ईश्वर असंभव को संभव और संभव को असंभव बनाने में सर्वथा समर्थ हैं। उनमें किसी तरह की असामर्थ्य नहीं है। वह सब तरह से पूर्ण हैं। उनमें किंचित्मात्र भी कमी नहीं है। जब हमारा संबंध उनसे प्रार्थना के माध्यम से जुड़ जाएगा तो उनकी सारी शक्ति हमारे में आ जाएगी।

◆ यदेव श्रद्धया जुहोति तदेव वीर्यवत्तरं भवति ।

—छांदोग्योपनिषद्

श्रद्धापूर्वक की गई प्रार्थना ही फलवती होती है । अतः भावना जितनी सच्ची, गहरी और पूर्ण होगी उतना ही उसका सत्परिणाम भी होगा ।

◆ सकृदेव प्रपन्नाय तवास्मीति च याचते ।
अभयं सर्वभूतेभ्यो ददाम्येतद् व्रतं मम ॥

—वाल्मीकिरामायण/युद्धकांड 18/33

मेरा यह व्रत है कि जो एक बार भी शरण में आकर 'मैं तुम्हारा हूं' यूं कहकर मुझसे रक्षा की प्रार्थना करता है और मेरे भजन-कीर्तन में लगा रहता है, उसे मैं समस्त प्राणियों से निर्भय कर देता हूं ।

◆ अज्ञानादथवा ज्ञानादुत्तमश्लोकनाम यत् ।
संकीर्तितमघं पुंसो दहेदेधो यथानलः ॥

—श्रीमद्भगवद्गीता 6/2/18

उत्तम कीर्ति वाले भगवान वासुदेव के नाम का कीर्तन—चाहे वह ज्ञानपूर्वक किया गया हो और चाहे अनजाने में किया गया हो—मनुष्य के पापों को उसी प्रकार नष्ट कर देता है जैसे अग्नि द्वारा ईंधन जलकर नष्ट हो जाता है ।

◆ ये यथा मां प्रपद्यन्ते तांस्तथैव भजाम्यहम् ।

—श्रीमद्भगवद्गीता 4/11

भगवान श्रीकृष्ण कहते हैं कि—जो मुझे जिस प्रकार भजते हैं, मैं भी उनको उसी प्रकार भजता हूं ।

❑ ❑ ❑

भय/डर

✦ ये पायवो मामतेयं ते अग्ने पश्यन्तो अन्धं दुरितादरक्षन्।
रक्ष तान्त्सुकृतो विश्ववेदा दिप्सन्त इदिपवोनाह देभुः॥

—ऋग्वेद 1/147/3

परोपकार और परमार्थ के कार्यों में निंदा, लांछन, उपहास आदि का भय नहीं करना चाहिए। ऐसे मनुष्यों की रक्षा स्वयं परमात्मा करता है। अतः निश्चिंत होकर कल्याण में लगे रहना चाहिए।

✦ यथा सत्यं चानृत च न बिभीतो न रिष्यतः।
एवा मे प्राण मा बिभेः॥

—अथर्ववेद 2/15/5

जिस प्रकार परमात्मा और अन्य देवी-देवताओं की शक्तियां भयभीत नहीं होतीं, उसी प्रकार हम किसी से डरें नहीं।

✦ न शत्रुर्वशमापन्नो भोक्तव्यो वध्यतां गतः।
न्यग् भूत्वा पर्युपासीत वध्यं हन्याद्बले सति।
अहताद्धि भयं तस्माज्जायते नचिरादिव॥

—विदुरनीति 6/29

निकट आए हुए वध करने योग्य शत्रु को कभी नहीं छोड़ना चाहिए। यदि अपना बल अधिक न हो तो नम्र होकर उसके पास समय बिताना चाहिए और अवसर मिलते ही बलपूर्वक उसे मार ही डालना चाहिए, क्योंकि यदि शत्रु मारा न गया तो उससे शीघ्र ही भय उपस्थित होता है।

✦ न विभेति कदाचनेति।

—तैत्तरीयसंहिता 2/4

धर्मात्मा कभी किसी से नहीं डरते, क्योंकि जिसका मार्ग सच्चा है, वह किसी से क्यों डरेगा?

♦ यथा फलानां पक्वानां नान्यत्र पतनाद् भयम् ।
एवं नरस्य जातस्य नान्यत्र मरणाद् भयम् ॥

—वाल्मीकिरामायण/अयोध्याकांड 105/17

जैसे पके फलों को गिरने के अतिरिक्त कोई भय नहीं है, उसी प्रकार जिसने जन्म लिया है, उस मनुष्य को मृत्यु के अतिरिक्त कोई भय नहीं है।

♦ यस्मान्नोद्विजते लोको लोकान्नोद्विजये च यः ।
हर्षामर्षभयोद्वेगैर्मुक्तो यः स च मे प्रियः ॥

—श्रीमद्भगवद्गीता 12/15

जिससे न लोगों को भय है और न जो लोगों से डरता है, जो हर्ष, क्रोध, भय आदि उद्वेगों से मुक्त हो गया है, वह मुझे प्रिय है।

♦ अभयं सर्वभूतेभ्यो दत्त्वा यश्चरते मुनिः ।
तस्यापि सर्वभूतेभ्यो न भयं विद्यते क्वचित् ॥

—विष्णुपुराण 3/9/31

जो मुनि सभी प्राणियों को अभयदान करके पर्यटन करता है, उसे सभी प्राणियों से कहीं भय नहीं रहता।

♦ तावद्भयेन भीतव्यं यावद् भयमनागतम् ।
आगतं तु भयं वीक्ष्य प्रहर्तव्यमशंकया ॥

—चाणक्यनीति 5/3

भय से मनुष्य को तब तक डरना चाहिए, जब तक वह नहीं आया है, परंतु जब आ ही जाए तब निडर होकर उस पर प्रहार करना चाहिए।

♦ ये मूर्धानः क्षितीनामदब्धासः स्वयशसः । व्रता रक्षन्ते अद्रुहः ॥

—ऋग्वेद 8/67/13

यश की कामना करने वाले कभी किसी से द्वेष न रखें और सत्य आदि सत्कर्मों का पालन करें, ताकि तुम्हारा भय समाप्त हो जाए और तुम मनुष्यों में श्रेष्ठ कहलाओ।

♦ कान्तारे वनदुर्गेषु कृच्छास्वापत्सु सम्भ्रमे ।
उद्यतेषु च शस्त्रेषु नास्ति सत्त्ववतां भयम् ॥

—विदुरनीति 7/67

घोर जंगल में, दुर्गम मार्ग में, कठिन आपत्ति के समय, घबराहट में और प्रहार के लिए शस्त्र उठे रहने पर भी सत्त्व (मनोबल) संपन्न पुरुषों को भय नहीं होता।

❑ ❑ ❑

भाग्य

✦ यदचिन्त्यं तु तद् दैवम्।
—वाल्मीकिरामायण/अयोध्याकांड 22/20

जिसके विषय में कभी कुछ सोचा न जा सकता हो, वही दैव (भाग्य) का विधान है।

✦ प्राक्स्वकर्मेतराकारं दैवं नाम न विद्यते।
—योगवासिष्ठ 2/6/4

पहले किए हुए सत्कर्मों (पुरुषार्थ) के अतिरिक्त भाग्य और कुछ नहीं है।

✦ कर्मसमायुक्तं दैवं साधु विवर्धते।
—महाभारत/अनुशासनपर्व 6/43

पुरुषार्थ का सहारा पाकर ही भाग्य भली भांति बढ़ता है।

✦ देवं पुरुषकारश्च कालश्च पुरुषोत्तमम्।
त्रयमेतन्मनुष्यस्य पिंडितं स्यात् फलावहम्॥
—मत्स्यपुराण 220/8

भाग्य, पुरुषार्थ और काल तीनों संयुक्त होकर मनुष्य को फल देते हैं।

✦ अनागतविधाता च प्रत्युत्पन्न मतिस्तथा।
द्वावेतौ सुखमेधेते यद्भविष्यो विनश्यति॥
—चाणक्यनीति 13/6

जो संकट आने से पूर्व अपना बचाव कर लेता है और जिसे ठीक समय पर आत्मरक्षा का उपाय सूझ जाता है—ये दोनों ही प्रकार के व्यक्ति सुख से अपनी वृद्धि करते हैं, परंतु जो भाग्य में लिखा होता है, वही होगा, ऐसा सोचने वाला नष्ट हो जाता है।

✦ विक्लवो वीर्यहीनो यः स दैवमनुवर्तते।
—वाल्मीकिरामायण/अयोध्याकांड 23/16

जो कायर हैं, जिसमें पराक्रम का नाम नहीं है, वही दैव (भाग्य) का भरोसा करता है।

✦ एको द्वै वसुमती समीची इन्द्र आ पप्रौ पृथिवी मुतद्याम्।

–ऋग्वेद 3/30/31

पृथ्वी और आकाश लोक धन देते हैं। जब वर्षा होती है तो पृथ्वी अन्न देती है किंतु मनुष्य को चाहिए कि वह अन्य साधनों से भी अन्न प्राप्त करे, केवल भाग्य के भरोसे न रहे।

✦ ये समुद्योगमुत्सृज्य स्थिता दैवपरायणाः।
ते धर्ममर्थ कामं च नाशयन्त्यात्मविद्विषः॥

–योगवासिष्ठ 2/7/3

जो उद्योग को छोड़कर भाग्य परायण होकर बैठते हैं, वे अपने ही शत्रु हैं और धर्म, अर्थ व काम का नाश करते हैं।

✦ उद्योगिनं पुरुषसिंहमुपैति लक्ष्मीः।
दैवेन देयमिति कापुरुषा वदन्ति॥

–सुभाषित भंडागार 86/20

परिश्रमशील पराक्रमी पुरुष ही लक्ष्मी (ऐश्वर्य) प्राप्त कर पाते हैं, दैव (भाग्य) से प्राप्त होगा– ऐसा कायर पुरुष ही कहते हैं।

✦ यथा बीजं विना क्षेत्रमुप्तं भवति निष्फलम्।
तथा पुरुषकारेण विना दैव न सिद्धयति॥

–महाभारत/अनुशासनपर्व 6/7

जैसे बीज खेत में बोए बिना निष्फल रहता है, उसी प्रकार पुरुषार्थ के बिना भाग्य भी सिद्ध नहीं होता।

✦ मूढेः प्रकल्पितं दैवं तत्परास्ते क्षयं गताः।
प्रज्ञास्तु पौरुषार्थेन प्रदमुत्तमतां गताः॥

–योगवासिष्ठ 2/8/16

भाग्य की कल्पना मूढ़ लोग ही करते हैं और भाग्य पर आश्रित होकर वे अपना नाश कर लेते हैं। बुद्धिमान लोग तो पुरुषार्थ द्वारा ही उत्कृष्ट पद को प्राप्त करते हैं।

✦ कृतः पुरुषकारस्तु दैवमेवानुवर्तते।
न दैवमकृते किंचित् कस्यचिद् दातुमर्हति॥

–महाभारत/अनुशासनपर्व 6/22

किया हुआ पुरुषार्थ ही भाग्य का अनुसरण करता है। दैव (भाग्य) किसी भी व्यक्ति को बिना पुरुषार्थ के कुछ नहीं दे सकता। ❑❑❑

मन्

✦ मनश्चिन्मनसस्पतिः।

—ऋग्वेद 9/11/8

मन को जानने वाला मन का स्वामी होता है।

✦ प्रजापति विश्वकर्मा मनो गन्धर्वः।

—यजुर्वेद 18/43

यह गंधर्व मन प्रजापति और विश्वकर्मा है।

✦ मनो वाव वाचो भूयः॥

—छांदोग्योपनिषद् 7/3/1

मन वाणी से उत्कृष्ट होता है।

✦ मनः शीघ्रतरं वातात्।

—महाभारत/वनपर्व 313/60

मन वायु से भी अधिक शीघ्रगामी है।

✦ विश्वदानीं सुमनसः स्याम पश्येम नु सूर्यमुच्चरन्तम्।
तथा करद् वसुपतिर्वसूनां देवां ओहानोऽवसागमिष्ठः॥

—ऋग्वेद 6/52/5

हम सदा समरसता से एक साथ रहें। हमारा मन सदा शुद्ध, पवित्र रहे। हम सदा सुप्रसन्न रहें। हम पुष्प के समान सदा सुरभित और सुमधुर रहें। हम सूर्य के समान उदीयमान रहें। सूर्य के समान तेजस्वी रहें, सूर्य के समान प्रकाश फैलाएं और सूर्य के समान अपने आवृत्त पर स्थिर रहकर प्रगति करें। हे प्राणों के प्राणपति प्रभु! आप ऐसी कृपा करें।

✦ अशान्तस्य कुतः सुखम्।

—महाभारत/वनपर्व 222/12

अशांत मन वाले को सुख कहां? अर्थात् अशांत मन वाले को कहीं भी सुख नहीं है।

✦ सुषारथिरश्वानिव यन्मनुष्यान्नेनीयतेभीशुभिर्वाजिनऽइव।
हृत्प्रतिष्ठं यदजिरं जविष्ठं तन्मे मनः शिवसंकल्पमस्तु॥

—यजुर्वेद 34/6

मन ही कर्म करता है। सारथी जिस प्रकार रथ को चलाता है, उसी प्रकार मानव जीवन का संचालक मन है। वह जरारहित है और तेज गति वाला है। वह मन शुभ विचारों वाला हो।

✦ चंचलं हि मनः कृष्ण प्रमाथिबलवद्दृढम्।
तस्याहं निग्रहं मन्ये वायोरिव सुदुष्करम्॥

—श्रीमद्भगवद्गीता 6/34

यह मन बड़ा चंचल, प्रमथन स्वभाववाला, बड़ा दृढ़ (हठीला) और बलवान् है। इसलिए उसको वश में करना वायु को रोकने की भांति अत्यंत कठिन (दुष्कर) मानता हूं।

✦ न तत्कुर्यादसिस्तीक्ष्णः सर्पो वा व्याहतः पदा।
अरिर्वा नित्यसंक्रुद्धो यथात्मा दुरनुष्ठितः॥

—वाल्मीकिरामायण/उत्तरकांड 2/25

अपना दुष्ट मन जो अनिष्ट या अनर्थ कर सकता है, वैसा तीखी तलवार, पैरों तले कुचला हुआ सर्प तथा नित्य क्रुद्ध शत्रु भी नहीं कर सकता।

✦ परोऽपेहि मनस्पाप किमशस्तानि शंससि।
परेहि न त्वा कामये वृक्षां वनानि सं चर गृहेषु गोषु मे मनः॥

—अथर्ववेद 6/45/1

बुरे विचार मुझसे सदैव दूर रहें ताकि मैं कोई बुरे कर्म न करूं। मेरा मन बुरी बातों की ओर न जाने पाए, इसलिए मैं उसे सदैव अच्छे कार्यों में लगाए रखूंगा। अपने घर और पशुओं की समृद्धि में लगा रहूंगा।

✦ वाग् वै मनसो ह्यसीयस्य परिमितिरमिव हि मनः परमिततरेव हि वाक्।

—शतपथ ब्राह्मण 1/4/4/7

वाणी मन से छोटी है। मन अपरिमित है, वाणी परिमित है।

✦ चक्षुः पश्यति रूपाणि मनसा न तु चक्षुषा।

—महाभारत/शांतिपर्व 240/16

आंख स्वयं नहीं देखती, किंतु मन के द्वारा ही सब कुछ देखती है।

✦ इन्द्रियाणां हि चरतां यन्मनोऽनुविधीयते।
तदस्य हरति प्रज्ञां वायुर्नावमिवाम्भसि॥

—महाभारत/भीष्मपर्व 26/67

विषयों में भटकने वाली इंद्रियों के पीछे जो मन दौड़ता है, वह इसकी बुद्धि को वैसे ही खींच लेता है, जैसे जल में नाव को वायु।

✦ असंयतात्मना योगो दुष्प्राप इति मे मति।
वश्यात्मना तु यतता शक्योऽवाप्तुमुपायतः॥

—श्रीमद्भगवद्गीता 6/36

जिसका मन वश में किया हुआ नहीं है, ऐसे पुरुष द्वारा योग को प्राप्त करना बड़ा कठिन है और वश में किए हुए मन वाले प्रयत्नशील पुरुष द्वारा साधन से उसका प्राप्त होना सहज है— यह मेरा मत है।

✦ मानसाज्जायते वापि शारीर इति निश्चितः।

—महाभारत/शांतिपर्व 16/9

मन के अस्वस्थ होने से शरीर अस्वस्थ हो जाता है।

✦ यथा भूमिर्मृतमना मृतान्मृतमनस्तरा।
यथोत मम्रुषो मन एवेर्ष्योर्मृतं मनः॥

—अथर्ववेद 6/18/2

ईर्ष्या-द्वेष और घृणा करने वालों का मन वैसे ही मर-सा जाता है, जिस प्रकार मृत मनुष्य का मन मर जाता है या जिस प्रकार भूमि जड़ होती है। यह विचार कर कभी किसी से घृणा न करें।

✦ यज्जाग्रतो दूरमुदैति दैवं तदु सुप्तस्य तथैवैति।

—यजुर्वेद 34/1

हमारे मन की शक्ति अनंत है वह जाग्रत और सुप्त अवस्था में भी सदैव क्रियाशील रहता है।

✦ अभ्यासेन तु कौन्तेय वैराग्येण च गृह्यते।

—श्रीमद्भगवद्गीता 6/35

मन को अभ्यास और वैराग्य से वश में किया जा सकता है।

❑ ❑ ❑

माता-पिता

✦ मातृदेवो भव। पितृदेवो भव।
—तैत्तिरीय उपनिषद् 1/11/8

माता-पिता की पूजा देवता के समान करनी चाहिए, क्योंकि ये दोनों प्रत्यक्ष देव हैं। जिनका आशीर्वाद पग-पग पर फलता-फूलता है।

✦ माता गुरुतरा भूमेः खात् पितोच्चतरस्तथा।
—महाभारत/वनपर्व 3/3/60

माता का गौरव पृथ्वी से भी अधिक है और पिता आकाश से भी ऊंचा है।

✦ यं मातापितरौ क्लेशं सहेते संभवे नृणाम्।
न तस्य निष्कृतिः शक्या कर्तुं वर्षशतैरपि॥
—मनुस्मृति 2/227

मनुष्य के पालन-पोषण के समय माता-पिता जो क्लेश सहते हैं, उसका बदला सौ वर्षों में भी नहीं चुकाया जा सकता।

✦ सर्वेषामेव शापानां प्रतिघातो हि विद्यते।
न तु मात्राभिशप्तानां मोक्षः क्वचन विद्यते॥
—महाभारत/आदिपर्व 36/4

सभी पापों का निवारण किया जा सकता है, पर माता से शप्त (शाप दिए) हुए पुत्रों को कहीं छुटकारा नहीं।

✦ स्वाक्तं मे द्यावापृथिवी स्वाक्तं मित्रो अकरयम्।
स्वाक्तं मे ब्रह्मणस्पतिः स्वाक्तं सविता करत्॥
—अथर्ववेद 7/31/1

मनुष्य ऐसे शुभ कर्म करे, जिससे माता-पिता तथा गुरुजनों का प्यार उसे मिलता रहे।

✦ इमं लोकं मातृभक्त्या पितृभक्त्या तु मध्यमम्।
गुरुशुश्रूषया त्वेवं ब्रह्मलोकं समश्नुते ॥

—मनुस्मृति 2/233

माता की भक्ति से मनुष्य इस लोक को, पिता की भक्ति से मध्यलोक को और गुरु की भक्ति से ब्रह्मलोक को प्राप्त कर लेता है।

✦ न च शोचति नाप्येनं स्थाविर्यमपकर्षति।

—महाभारत/शांतिपर्व 266/27

माता के रहते मनुष्य को कभी चिंता नहीं होती, बुढ़ापा उसे अपनी ओर नहीं खींचता।

✦ उपाध्यायान् दशाचार्य आचार्याणां शतं पिता।
सहस्रं तु पितृन् माता गौरवेणातिरिच्यते ॥

—मनुस्मृति 2/145

दस उपाध्यायों की अपेक्षा एक आचार्य (शिक्षक), सौ आचार्यों (शिक्षकों) की अपेक्षा पिता और पिता से हजार गुना बढ़कर एक माता पूज्य होती है।

✦ पित्रोश्च पूजनं कृत्वा प्रकान्तिं च करोति च।
तस्य वै पृथिवीजन्यफलं भवति निश्चितम् ॥
इदं संनिहितं तीर्थं सुलभं धर्मसाधनम्।
पुत्रस्य च स्त्रियाश्चैव तीर्थं गेहे सुशोभनम् ॥

—शिवपुराण/रुद्रसंहिता कुमारखंड 19/39, 42

जो पुत्र माता-पिता की पूजा करके उनकी प्रदक्षिणा करता है, उसे पृथ्वी परिक्रमाजनित फल सुलभ हो जाता है। पुत्र के लिए माता-पिता और स्त्री के लिए पति सुंदर तीर्थ घर में ही होते हैं।

✦ यस्तयोरात्मजः कल्प आत्मना च धनेन च।
वृत्तिं न दद्यात् तं प्रेत्य स्वमांसं खादयन्ति हि ॥
मातरं पितरं वृद्धं भार्यां साध्वीं सुतं शिशुम्।
गुरुं विप्रं प्रपन्नं च कल्पोऽविभ्रच्छ्वसन् मृतः ॥

—श्रीमद्भगवद्गीता 10/45/6-7

जो पुत्र सामर्थ्य रहते भी अपने मां-बाप की शरीर और धन से सेवा नहीं करता, उसके मरने पर यमदूत उसे उसके अपने शरीर का मांस खिलाते हैं। जो पुरुष समर्थ होकर भी बूढ़े माता-पिता, गुरु आदि का भरण-पोषण नहीं करता, वह जीता हुआ भी मुर्दे के समान ही है।

✦ पितरं मातरं विद्यामन्त्रदं गुरुमेव च।
यो न पुष्णाति पुरुषो यावज्जीवं च सोऽशुचिः॥
सर्वेषामपि पूज्यानां पिता वन्द्यो महान् गुरुः।
पितुः शतगुणा माता गर्भधारणपोषणात्॥
माता च पृथिवीरूपा सर्वेभ्यश्च हितैषिणी।
नास्ति मातुः परो बन्धु सर्वेषां जगतीतले॥
विद्यामन्त्रप्रद सत्यं मातुः परतसे गुरुः।
न हि तस्मात्परः कोऽपि वन्द्यः पूज्यश्च वेदतः॥

—ब्रह्मवैवर्तपुराण/श्रीकृष्णजन्म 72/109-112

जो पुरुष पिता और माता का तथा विद्यादाता एवं मंत्रदाता गुरु का पोषण नहीं करता, वह जीवन भर पाप से शुद्ध नहीं होता। समस्त पूजनीयों में पिता वंदनीय महान गुरु है परंतु माता गर्भ में धारण एवं पोषण करती है, इसलिए पिता से भी सौ गुनी श्रेष्ठ है। माता पृथ्वी के समान क्षमाशील और सबका समान रूप से हित चाहने वाली है। अतः भूतल पर सबके लिए माता से बढ़कर बंधु दूसरा कोई नहीं है। साथ ही यह भी सत्य है कि विद्यादाता और मंत्रदाता गुरु माता से भी बहुत बढ़-चढ़कर आदर के योग्य हैं। वेद के अनुसार गुरु से बढ़कर वंदनीय और पूजनीय दूसरा कोई नहीं है।

✦ समर्थं वा असमर्थं वा कृशं वाप्यकृशं तथा।
रक्षत्येव सतुं माता नान्यः पोष्टा विधानतः॥

—महाभारत/शांतिपर्व 266/29

पुत्र असमर्थ हो या समर्थ, दुर्बल हो या बलवान, माता उसकी रक्षा करती है। माता के सिवा दूसरा कोई विधिपूर्वक पुत्र का पालन-पोषण नहीं कर सकता।

✦ न ह्यतो धर्मचरणं किंचिदस्ति महत्तरम्।
यथा पितरि शुश्रूषा तस्य वा वचन क्रिया॥

—वाल्मीकिरामायण/अयोध्याकांड 19/22

पिता की सेवा अथवा उनकी आज्ञा का पालन करना जैसा महत्त्वपूर्ण धर्म है, उससे बढ़कर संसार में दूसरा कोई धर्माचरण नहीं।

❑ ❑ ❑

मृत्यु

◆ न हि प्राणात् प्रियतरं लोके किञ्चिद् विद्यते ।
—महाभारत/भीष्मपर्व 26/16

समस्त लोकों में प्राणों से प्रिय कोई वस्तु नहीं है ।

◆ मातुलो यस्य गोविन्दः पिता यस्य धनञ्जयः ।
सोऽपि कालवशं प्राप्तः कालो हि दुरतिक्रमः ॥
—सुभाषित भंडागार 390/189

जिसके भगवान् कृष्ण तो मामा और अर्जुन पिता हैं, वह अभिमन्यु भी मृत्यु को
प्राप्त हुआ । सच है, कोई भी काल को लांघ नहीं सकता ।

◆ पक्वानां हि वधे सूतं वज्रायन्ते तृणान्यपि ।
—महाभारत/द्रोणपर्व 11/48

जिसका काल आ गया है, उसको मारने के लिए छोटे तृण भी वज्र बन जाते हैं ।

◆ अहन्यहनि भूतानि गच्छन्तीह यमालयम् ।
शेषाः स्थावरमिच्छन्ति किमाश्चर्यमतः परम् ॥
—महाभारत/वनपर्व 313/116

इस संसार में प्रतिदिन जीव यमराज के घर जा रहे हैं, तो भी अन्य लोग यहां स्थिर
रहना चाहते हैं । इससे बढ़कर क्या आश्चर्य है और क्या होगा?

◆ मृत्युरीशे द्विपदां मृत्युरीशे चतुष्पदाम् ।
तस्मात् त्वां मृत्योर्गोपतेरुद्भरामि समा बिभेः ॥
—अथर्ववेद 8/2/23

यह मृत्यु मनुष्य, जीव-जंतु किसी को भी नहीं छोड़ती । वह सबसे ऊपर है । यदि
तू इससे बचना चाहता है तो अपनी आत्मा को जान और ज्ञानवान होकर मृत्यु
से डरता रह ।

✦ दुर्भरं पुनरप्राप्ते काले भवति केनचित्।

—महाभारत/स्त्रीपर्व 20/24

काल आने से पहले कोई नहीं मर सकता।

✦ न कृतार्थानां मरणभयम्।

—चाणक्यसूत्र 288

संसार का रहस्य जानते हुए कर्तव्य पालन करने वाले को मृत्यु का भय नहीं होता है। वह सदा मृत्यु का आलिंगन करने को प्रसन्नतापूर्वक तैयार रहता है।

✦ न कालस्यास्ति बन्धुत्वं न हेतुर्न पराक्रमः।
न मित्रज्ञातिसम्बन्ध कारणं नात्मनो वशः॥

—वाल्मीकिरामायण/किष्किंधाकांड 25/7

काल का किसी के साथ भाईचारे का, मित्रता का, बंधुता का संबंध नहीं है। उसको वश में करने का कोई उपाय नहीं है तथा उस पर किसी का पराक्रम नहीं चल सकता, क्योंकि काल किसी के वश में नहीं है।

✦ नौषधानि न मन्त्राश्च न होमा न पुनर्जपाः।
त्रायन्ते मृत्युनोपेतं जरया चापि मानवम्॥

—महाभारत/शांतिपर्व 28/35

वृद्धावस्था और मृत्यु के वश में पड़े हुए मनुष्य को औषध, मंत्र, होम और जप भी नहीं बचा पाते हैं।

✦ श्वः कार्यमद्य कुर्वीत पूर्वाह्ने चापराह्निकम्।
न हि प्रतीक्षते मृत्युः कृतमस्य न वा कृतम्॥

—महाभारत/शांतिपर्व 175/15

कल किए जाने वाला कार्य आज पूरा कर लेना चाहिए। जिसे सायंकाल करना है, उसे प्रातःकाल ही कर लेना चाहिए, क्योंकि मृत्यु यह नहीं देखती कि इसका काम अभी तक पूरा हुआ या नहीं।

✦ द्वयक्षरस्तु भवेन्मृत्युस्त्रयक्षरं ब्रह्म शाश्वतम्।
ममेति च भवेन्मृत्युर्न ममेति च शाश्वतम्॥

—महाभारत/शांतिपर्व 13/4

दो अक्षरों का 'मम' (मेरेपन का भाव) मृत्यु है और तीन अक्षरों का 'इदं न मम' (यह मेरा नहीं है), ऐसा भाव अमरता है।

✦ नात्र कश्चिद्यथाभावं प्राणी समतिवर्तते।
तेन तस्मिन्न सामर्थ्यं प्रेतस्यास्त्यनुशोचतः॥

—वाल्मीकिरामायण/अयोध्याकांड 105/28

यहां कोई भी प्राणी यथा समय प्राप्त होने वाले जन्म-मरण का उल्लंघन नहीं कर सकता। इसलिए जो किसी मरे हुए व्यक्ति के लिए बार-बार शोक करता है, उसमें भी यह सामर्थ्य नहीं है कि वह अपनी ही मृत्यु को टाल सके।

✦ देहिनोऽस्मिन्यथा देहे कौमारं यौवनं जरा।
तथा देहान्तरप्राप्तिर्धीरस्तत्र न मुह्यति॥

—श्रीमद्भगवद्गीता 2/13

जैसे जीवात्मा को इस देह में लड़कपन, जवानी और वृद्धावस्था प्राप्त होती है, वैसे ही उसको दूसरे शरीर की प्राप्ति मृत्यु के बाद भी होती है।

✦ यथा फलानां पक्वानां नान्यत्र पतनाद्भयम्।
एवं नरस्य जातस्य नान्यत्र मरणाद्भयम्॥

—वाल्मीकिरामायण/अयोध्याकांड 105/17

जैसे पके हुए फलों को पतन के सिवा और किसी से भय नहीं होता है, वैसे ही उत्पन्न हुए मनुष्य को मृत्यु के सिवा और किसी से भय नहीं है।

❑ ❑ ❑

मानव/मनुष्य

✦ येन देवाः पवित्रेणात्मानं पुनते सदा ।
तेन सहस्रधारेण पावमानीः पुनन्तु नः ॥
—सामवेद/उत्तरार्चिक 10/7/5

मनुष्य जीवन की सफलता इस बात में है कि वह आत्मिक और मानसिक दोषों को त्याग कर निर्मल और पवित्र बने। आत्मा पवित्र और कोमल बने।

✦ अहोनुजन्माखिलजन्मशोभनम् ।
—श्रीमद्भागवत 5/13/21

अहो! मनुष्य जन्म सभी जन्मों में श्रेष्ठ है।

✦ देहो देवालयः प्रोक्तः स जीवः केवलः शिवः ।
—स्कंदोपनिषद् 10

मानव शरीर को देवालय कहा गया है, क्योंकि जीव केवल शिव है।

✦ तस्माज्जता पराशक्तिः स्वयं ज्योतिरात्मिक ।
आत्मन आकाशः सम्भूतः । आकाशद्वायुः ।
वायोरग्निः । अग्नेरापः । अद्भय पृथिवी ।
तेषां मनुष्यादीनां पंचभूतसमवायो शरीरम् ।
—चूड़ामण्युपनिषद्

ब्रह्म से स्वयं प्रकाशरूप आत्मा की उत्पत्ति हुई। आत्मा से आकाश, आकाश से वायु, वायु से अग्नि, अग्नि से जल, जल से पृथ्वी की उत्पत्ति हुई। इन पांच तत्त्वों से मिलकर ही मनुष्य शरीर की रचना हुई है।

✦ दुर्लभं मानुषं देहम् ।
—विवेकचूड़ामणि 5

मनुष्य देह प्राप्त करना बहुत कठिन है।

✦ पुनर्वित्तं पुनर्मित्रं पुनर्भार्या पुनर्मही ।
एतत्सर्वं पुनर्लभ्यं न शरीरं पुनः पुनः ॥
—चाणक्यनीति 14/3

धन, मित्र, स्त्री, भूसंपत्ति, देश, राज्य— ये सब बार-बार मिल सकते हैं, परंतु मनुष्य
शरीर बार-बार नहीं मिलता ।

✦ बड़े भाग मानुष तनु पावा । सुर दुर्लभ सब ग्रंथन्हि गावा ॥
साधन धाम मोच्छ कर द्वारा । पाइ न जेहिं परलोक संवारा ॥
—श्रीरामचरितमानस/उत्तरकांड 42/7-8

बड़े भाग्य से यह मनुष्य शरीर मिला है । सब ग्रंथों ने यही कहा है कि यह शरीर
देवताओं को भी दुर्लभ है । यह मोक्ष का दरवाजा है । अर्थात् हे मनुष्य! इस देह
को पाकर अपने परलोक को संवार लो ।

✦ अष्टाचक्रा नवद्वारा देवानां पूरयोध्या ।
तस्यां हिरण्ययः कोशः स्वर्गो ज्योतिषावृतः ॥
—अथर्ववेद 10/2/31

यह शरीर आठ चक्रों और नौ द्वारों वाली देवपुरी अयोध्या है, जिसमें सोने का एक
ज्योतिस्वरूप एवं स्वर्ग-सा प्रकाश से परिपूर्ण रमणीय प्रकोष्ठ मस्तिष्क है ।

✦ अज्येष्ठासो अकनिष्ठास एते संभ्रातरो ।
—ऋग्वेद 5/60/5

मनुष्यों में कोई बड़ा-छोटा नहीं, सब भाई-भाई हैं ।

✦ आत्मप्रशंसिनं दुष्टं धृष्टं विपरिधावकम् ।
सर्वत्रोत्सृष्टदण्डं च लोकः सत्कुरुते नरम् ॥
—वाल्मीकिरामायण/युद्धकांड 21/15

जो अपनी प्रशंसा करने वाला, दुष्ट, धृष्ट, सर्वत्र धावा करने वाला और अच्छे-बुरे
सभी लोगों पर कठोर दंड का प्रयोग करने वाला होता है, उस मनुष्य का सब लोग
आदर करते हैं ।

✦ षडेव तु गुणाः पुंसा न हातव्याः कदाचन ।
सत्यं दानमनालस्यमनसूया क्षमा धृतिः ॥
—विदुरनीति 1/86

मनुष्य को कभी भी सत्य, दान, कर्मण्यता, ईर्ष्या न करना, क्षमा तथा धैर्य— इन
छह गुणों का त्याग नहीं करना चाहिए ।

✦ इमं जीवेभ्यः परिधिं दधामि मैषां नु गादपरो अर्थमेतम्।
शतं जीवन्तु शरदः पुरूचीरन्तर्मृत्युं दधतां पर्वतेन ॥

—ऋग्वेद 10/18/4

मनुष्य का जीवन बहुत महत्त्वपूर्ण है, इसे नीचतापूर्ण कर्मों में गंवाना अच्छी बात नहीं। इसलिए पुरुषार्थी बनकर सौ वर्ष तक जिएं अर्थात् दुराचार त्यागकर सदाचारी हों। इससे मनुष्य पूर्ण आयु प्राप्त करता है।

✦ येषां न विद्या न तपो न दानं ज्ञानं न शीलं न गुणो न धर्मः।
ते मृत्युलोके भुविभारभूता मनुष्यरूपेण मृगाश्चरन्ति ॥

—चाणक्यनीति 10/7

जिसके पास न विद्या है, न तप है, न दान है, न शील है, न गुण है, वे इस लोक में पृथ्वी पर भार होकर मनुष्य रूप में पशु ही हैं।

✦ एहि तन कर फल विषय न भाई।

—रामचरितमानस 7/44/1

विषय भोग, इंद्रियों के भोग, मानव शरीर के (मनुष्य योनि के) उद्देश्य नहीं हैं।

✦ आत्मानं रथिनं विद्धि शरीरं रथमेव तु।
बुद्धिं तु सारथिं विद्धि मनः प्रग्रहमेव च ॥

—कठोपनिषद् 1/3/3

मनुष्य का शरीर रथ के समान है और आत्मा उस रथ का रथवान। मनुष्य की बुद्धि सारथी और मन ही लगाम है अर्थात् जो बुद्धि द्वारा मन को नियंत्रण में रखकर चलते हैं, उन्हीं का जीवन सफल होता है।

✦ नृदेहमाद्य सुलभं सुदुर्लभं प्लवं सुकल्पं गुरुकर्णधारम्।
मयानुकूलेन नभस्वतेरितं पुमान् भवाब्धिं न तरेत् स आत्महा ॥

—श्रीमद्भागवत 11/20/17

मनुष्य जन्म, मनुष्य का शरीर बड़ा दुर्लभ है। यह भगवत्कृपा से प्राप्त हुआ है। यह बड़ी सुंदर, सुदृढ़, भवसागर से पार उतार देने वाली नौका है। संत-महात्मा, गुरु-आचार्य तथा स्वयं भगवान इसके कर्णधार हैं अर्थात् नाव को ठीक-ठाक पार पहुंचा देने वाले केवट हैं।

❑ ❑ ❑

मित्र/मित्रता

✦ दुःखितः सुखितो वापि सख्युर्नित्यं सखा गतिः।

—वाल्मीकिरामायण/किष्किन्धाकांड 8/40

मित्र दुःख में हो या सुख में, वह अपने मित्र की सदा ही सहायता करता है।

✦ न स सखा यो न ददाति सख्ये।

—ऋग्वेद 10/117/4

वह मित्र ही क्या, जो अपने मित्र की सहायता नहीं करता।

✦ मित्रस्याऽहं चक्षुषा सर्वापि भूतानि समीक्षे।

—यजुर्वेद 36/18

सभी प्राणियों को मित्रता की दृष्टि से देखना चाहिए।

✦ सखायाविव सचावहै।

—अथर्ववेद 6/42/1

परस्पर मित्रों की तरह रहो।

✦ सतां साप्तपदं मैत्रमाहुः सन्तः कुलोचिताः॥

—महाभारत/वनपर्व 260/35

कुलीन सत्पुरुषों का कथन है कि सज्जनों की मैत्री सात कदम एक साथ लेने मात्र से ही हो जाती है।

✦ न विश्वसेत् कुमित्रे च मित्रे चापि न विश्वसेत्।
कदाचित्कुपितं मित्रं सर्वं गुह्यं प्रकाशयेत्॥

—चाणक्यनीति 2/6

कुमित्र पर विश्वास नहीं करना चाहिए। मित्र पर भी अत्यधिक विश्वास नहीं करना चाहिए। कभी कुपित होकर मित्र सभी गोपनीय बातों को प्रकट कर सकता है।

✦ आढ्यो वापि दरिद्रो वा दुःखितः सुखितोऽपि वा।
निर्दोषो वा सदोषो वा वयस्यः परमा गतिः॥

—*वाल्मीकिरामायण/किष्किंधाकांड 8/8*

धनी हो या दरिद्र, दुःखी हो या सुखी, निर्दोष हो या दोषयुक्त (जैसा भी हो) मित्र परमगति है।

✦ यस्तित्याज सचिविदं सखायं न तस्य वाच्यपि भागो अस्ति।
यदीं शृणोत्यलकं शृणोति नहि प्रवेद सुकृतस्य पन्थाम्॥

—*ऋग्वेद 10/71/6*

कई लोग अपने स्वार्थवश किसी से मित्रता कर लेते हैं, फिर जब स्वार्थ पूरा हो जाता है तो उसे त्याग देते हैं। ऐसे लोगों पर कोई विश्वास नहीं करता। उन्हें निन्दा और अपयश का भागी बनना पड़ता है।

✦ मितं भुंक्ते संविभज्याश्रितेभ्यो मितं स्वापित्यमितं कर्म कृत्वा।
दादात्यामित्रेष्वपि याचितः सं स्तमात्मवन्तं प्रजहत्यनर्थाः॥

—*विदुरनीति 1/118*

मित्रता सज्जनों की ही श्रेष्ठ मानी गई है, दुर्जनों की नहीं। मित्रता की पहचान आपत्ति के समय ही होती है।

✦ आकेशग्रहणान्मिकार्यात् संनिवर्तयन्।
अवाच्यः कस्यचिद् भवति कृतयत्नो यथाबलम्॥

—*महाभारत/उद्योगपर्व 93/11*

जो अपने मित्र को उसकी चोटी पकड़कर भी बुरे कार्य से हटाने के लिए यथाशक्ति प्रयत्न करता है, वह किसी की निंदा का पात्र नहीं होता है।

✦ सर्वथा सुकरं मित्र दुष्करं प्रतिपालनम्।
अनित्यत्वात्तु चित्तान प्रीतिरल्पेऽपि भिद्यते॥

—*वाल्मीकिरामायण/किष्किन्धाकांड 32/7*

मित्र बना लेना सर्वथा आसान है। परंतु मित्रभाव का बने रहना कठिन है, क्योंकि मन का भाव सदा एक-सा नहीं रहता। किसी के द्वारा थोड़ी-सी भी चुगली कर दिए जाने पर प्रेम में अंतर आ जाता है।

✦ मित्र ग्रहणे बलं संपद्यते।

—*चाणक्यसूत्र 36*

सच्चे मित्रों का साथ मिलने से मनुष्य को बल प्राप्त होता है।

◆ विद्या मित्रं प्रवासेषु भार्या मित्रं गृहेषु च ।
व्याधितस्यौषधं मित्रं धर्मो मित्रं मृतस्य च ॥

—चाणक्यनीति 5/15

प्रवास काल के दौरान परदेश में मित्र विद्या होती है, घर में मित्र स्त्री होती है, रोगियों का मित्र औषिध और मरणोपरांत धर्म ही मित्र होता है।

◆ उद्धरेदात्मनात्मानं नात्मानमवसादयेत् ।
आत्मैव ह्यत्मनो बन्धुरात्मैव रिपुरात्मनः ॥

—श्रीमद्भगवद्गीता 6/5

मनुष्य अपने द्वारा ही अपने आपको ऊपर उठाए और अपने को अधोगति में न डाले क्योंकि यह (जीवात्मा) आप ही अपना मित्र है तथा आप ही अपना शत्रु है।

◆ विद्या शौर्यं च दाक्ष्यं च बलं धैर्यं च पंचमम् ।
मित्राणि सहजान्याहुर्वर्तयन्तीह तैर्बुधाः ॥

—महाभारत/शांतिपर्व 139/85

विद्या, शूरवीरता, दक्षता (चतुराई), बल और धैर्य— ये पांच मनुष्य के स्वाभाविक मित्र बताए गए हैं। विद्वान पुरुष इनके द्वारा ही जगत के कार्य करते हैं।

◆ धर्मलोपो महांस्तावत्कृते ह्यप्रतिकुर्वतः ।
अर्थलोपश्च मित्रस्य नाशे गुणवतो महान् ॥

—वाल्मीकिरामायण/किष्किंधाकांड 33/47

मित्र के किए हुए उपकार का यदि अवसर आने पर भी बदला न चुकाया जाए तो धर्म की हानि होती है। गुणवान मित्र के साथ मित्रता का नाता टूट जाने पर अपने अर्थ की भी बहुत बड़ी हानि उठानी पड़ती है।

◆ ययोश्चित्तेन वा चित्तं निभृत्तं निभृतेन वा ।
समेति प्रज्ञया प्रज्ञा तयोमैत्री न जीर्यति ॥

—विदुरनीति 7/47

जिन दो मित्रों का चित्त से चित्त, गुप्त रहस्य से गुप्त रहस्य और बुद्धि से बुद्धि मिल जाती है, उनकी मित्रता कभी नष्ट नहीं होती।

❑ ❑ ❑

मूर्ख/मूर्खता

✦ शास्त्रज्ञोप्यलोकं सो मूर्खतुल्यः।

—चाणक्यसूत्र 543

शास्त्र को जानने वाला भी जो पुरुष लोक-व्यवहार में पटु नहीं होता, वह मूर्ख के समान है।

✦ अबुद्धसेवनाच्चापि बुद्धोप्यबुद्धतां व्रजेत्॥

—महाभारत/शांतिपर्व 304/10

मूर्ख की संगति करने से बुद्धिमान् भी मूर्ख हो जाता है।

✦ मूर्खेषु मूर्खवत् कथयेत्।

—चाणक्यसूत्र 248

मूर्खों से सज्जनता का व्यवहार न करके उनके साथ उनकी समझ में आने वाली दंड की भाषा में व्यवहार करना चाहिए।

✦ अश्रुतश्च समुन्नद्धो दरिद्रश्च महामनाः।
अर्थांश्चाकर्मणा प्रेप्सुर्मूढ इत्युच्यते बुधैः॥

—महाभारत/उद्योगपर्व 33/30

बिना पढ़े ही गर्व करने वाले, दरिद्र होकर भी बड़े-बड़े मनोरथ रखने वाले और बिना कर्म किए ही धन पाने की इच्छा रखने वाले मनुष्य को पंडित लोग मूर्ख कहते हैं।

✦ स्वमर्थे यः परित्यज्य परार्थमनुतिष्ठति।
मिथ्या चरति मित्रार्थे यश्च मूढः स उच्यते॥

—विदुरनीति 1/36

जो अपना कर्तव्य छोड़कर दूसरे के कर्तव्य का पालन करता है तथा मित्र के साथ असत् आचरण करता है, वह मूर्ख कहलाता है।

✦ मूर्खाश्चिरायुर्जातोऽपि तस्माज्जातमृतोवरः ।
मृतः सचाल्पदुःखाय यावज्जीवं जडो दहेत् ॥
—चाणक्यनीति 4/7

ज्यादा दिन जीवित रहने वाले मूर्ख पुत्र से पैदा होते ही मर जाने वाला पुत्र अच्छा
होता है, क्योंकि मरा हुआ थोड़े ही दुःख का कारण होता है किंतु मूर्ख जब तक
जीता है तब तक दुःख देता है ।

✦ बाल्ये क्रीडनकासक्ता यौवने विषयोन्मुखाः ।
अज्ञा नयन्त्यशक्त्या च वार्धकं समुपस्थितम् ॥
—विष्णुपुराण 1/17/75

मूर्ख लोग बाल्यावस्था में खेल में आसक्त रहते हैं, युवावस्था में विषयभोग में प्रवृत्त
होते हैं और वृद्धावस्था के उपस्थित होने पर उसे असमर्थ होकर बिताते हैं ।

✦ परं क्षिपति दोषेण वर्तमानः स्वयं तथा ।
यश्च क्रुध्यत्यनीशानः स च मूढतमो नरः ॥
—विदुरनीति 1/42

स्वयं दोषयुक्त बर्ताव करते हुए भी जो दूसरों पर उसके दोष बताकर आक्षेप करता
है तथा जो असमर्थ होते हुए भी व्यर्थ का क्रोध करता है, निश्चय ही वह मनुष्य
महामूर्ख है ।

✦ अज्ञः सुखमाराध्यः सुखतरमाराध्यते विशेषज्ञः ।
ज्ञानलवदुर्विदग्ध ब्रह्माऽपि तं नरं न रंजयति ॥
—भर्तृहरि नीतिशतक 3

अनजान मनुष्य को सरलता से सुधार सकते हैं, ज्ञानियों को और अधिक सरलता
से वश में किया जा सकता है किंतु अल्पज्ञ मूर्ख को ब्रह्मा भी प्रसन्न नहीं कर
सकता है ।

✦ आक्रोशपरिवादाभ्यां विहिंसन्त्यबुधा बुधान् ।
वक्ता पापमुपादत्ते क्षममाणो विमुच्यते ॥
—विदुरनीति 2/74

मूर्ख मनुष्य विद्वानों को गाली और निंदा से कष्ट पहुंचाते हैं । गाली देने वाला पाप
का भागी होता है और क्षमा करने वाला पाप से मुक्त हो जाता है ।

✦ भूतं हित्वा च भाव्यर्थे योऽवलम्बेत् स मन्दधीः ।

—महाभारत/आदिपर्व 233/15

जो वर्तमान में प्राप्त होने वाले धन को छोड़कर भविष्य में अधिक धन का लालच करता है, वह महामूर्ख है।

✦ बालिशस्तु नरो नित्यं वैक्लव्यं योऽनुवर्तते।
स मज्जत्यवशः शोके भाराक्रान्तेव नौर्जले॥

—वाल्मीकिरामायण/किष्किन्धाकांड 7/10

जो मूढ़ (मूर्ख) मानव सदा घबराहट (संशय) में ही पड़ा रहता है, वह पानी में भार से दबी हुई नौका के समान शोक में विवश होकर डूब जाता है।

❑ ❑ ❑

मोक्ष/निर्वाण

✦ काशी कांची च मायाख्या त्वयोध्या द्वारवत्यपि ।
मथुरावन्तिका चैताः सप्त पुर्योऽत्र मोक्षदाः ॥

—स्कंदपुराण/काशीखंड/पूर्वभाग 6/68

काशी, कांची, माया (लक्ष्मण झूला से कनखल तक), अयोध्या, द्वारका, मथुरा और अवंती (उज्जैन) ये सात पुरियां मोक्ष देने वाली हैं।

✦ आयधौ व्याध्यश्चैव द्वय दुःखस्य कारणम् ।
तन्निवृत्तिः सुखं विद्यात् तत्क्षयो मोक्ष उच्यते ॥

—योगवाशिष्ठ सार पृ. 26

आधि-व्याधि या मानसिक और शारीरिक ये दो प्रकार के दुख संसार में हैं। इनकी निवृत्ति विद्या अर्थात् ज्ञान द्वारा ही होती है। इस दुख की निवृत्ति का नाम ही 'मोक्ष' है।

✦ न तद्भासयते सूर्यो न शशांको न पावकः ।
तद्गत्वा न निवर्तन्ते तद्धाम परमं मम ॥

—श्रीमद्भगवद्गीता 15/6

जिस परमपद को प्राप्त होकर मनुष्य लौटकर संसार में वापस नहीं आते यानी जिन्हें मोक्ष प्राप्त हो गया है, उसे न सूर्य प्रकाशित कर सकता है, न चंद्रमा और न अग्नि ही। वह सांसारिक सुख-दुख व जन्म-मरण से मुक्त हो जाता है। वही मेरा परमधाम है।

✦ गायत्री मात्र निष्णातौ द्विजो द्विजो मोक्षमवाप्नुयात् ।

—देवीभागवत

गायत्री मंत्र की उपासना करने वाला द्विज (ब्राह्मण) निश्चय ही मोक्ष को प्राप्त होता है।

✦ परं ब्रह्म परं धाम योऽसौ ब्रह्म तथापरम्।
तमाराध्य हरिं याति मुक्तिमप्यतिदुर्लभाम्॥

—विष्णुपुराण 1/11/46

जो पर-निर्गुण ब्रह्म और अपर-सगुण ब्रह्म है, वही परमधाम है; ऐसे उस हरि की आराधना करके मनुष्य अति दुर्लभ मोक्ष पद को भी प्राप्त कर लेता है।

✦ आर्जवेनाप्रमादेन प्रसादेनात्मवत्तया।
वृद्ध शुश्रूषया शक्र पुरुषो लभते महत्॥

—महाभारत/शांतिपर्व 222/4

सरलता से, धर्म कार्य में सावधानी से, आत्मा के निर्मल होने से, जितेंद्रिय रहने से और वृद्ध पुरुषों की सेवा से मोक्ष प्राप्त होता है।

✦ इन्द्रियाणां निरोधेन रागद्वेष क्षयेण च।
अहिंसया च भूतानाममृतत्वाय कल्पते॥

—मनुस्मृति 2/99

इंद्रियों के जीतने से, राग, द्वेष के छूटने से, जीवों को पीड़ा देने से मनुष्य मोक्ष के योग्य होता है।

✦ यं हि न व्यथयन्त्येते पुरुषं पुरुषर्षभ।
समदुःखसुखं धीरं सोऽमृतत्वाय कल्पते॥

—श्रीमद्‌भगवद्‌गीता 2/15

दुख-सुख को समान समझने वाले जिस धीर पुरुष को ये इंद्रिय और विषयों के संयोग व्याकुल नहीं करते, वह मोक्ष के योग्य होता है।

✦ मोक्षद्वारे द्वारपालश्चत्वारः परिकीर्तितः।
शमोविचारः संतोषश्चतुर्थः साधुसंगमः॥

—योगवासिष्ठ/मुमुक्षु प्रकरण 11

शम, विचार, संतोष और संग ये मोक्ष के दरवाजे के चार द्वारपाल हैं, इनसे मित्रता करने से मोक्ष के दरवाजे पर पहुंचा जाता है।

✦ अग्ने शकेम तेवयं यमं देवस्य वाणिनः। अति द्वेषांसि तरेम॥

—ऋग्वेद 3/27/3

जिन्हें मोक्ष प्राप्ति की कामना हो, उन्हें चाहिए कि वे द्वेष और दुर्गुणों से बचकर जीवन पथ पर चलें। विद्वानों का सत्संग और उत्तम रीतियों को धारण करें।

✦ उद्घाटयेत्कपाटं तु यथा कुंचिकया हठात्।
कुण्डलिन्या तथा योगी मोक्ष द्वारं विभेदयत्॥

–हठयोग प्रदीपिका 105 पृष्ठ

जिस प्रकार कोई मनुष्य अपने बल से द्वार पर लगे हुए ताले को चाबी से खोलता है, उसी प्रकार योगी कुंडलिनी के अभ्यास द्वारा सुषुम्ना मार्ग का भेदन करता है और ब्रह्मलोक में पहुंचकर मोक्ष को प्राप्त होता है।

✦ श्रुत्वा धर्म विजानाति श्रुत्वा त्यजति दुर्मतिम्।
श्रुत्वा ज्ञानमवाप्नोति श्रुत्वा मोक्षमवाप्नुयात्॥

–चाणक्यनीति 8/1

मनुष्य शास्त्र को पढ़कर अथवा सुनकर धर्म को जानता है और शास्त्र के सुनने से ही दुर्बुद्धि का त्याग करता है। शास्त्र को सुनकर ज्ञान प्राप्त करता है एवं शास्त्र ही सुनकर मोक्ष को प्राप्त करता है।

✦ सदाचाररतः प्राज्ञो विद्या विनय शिक्षितः।
पापेऽप्यपापः पुरुषेह्यभिधत्ते प्रियाणि यः।
मैत्री द्रवान्तः करणस्तन्य मुक्तिः करे स्थिता॥

–विष्णुपुराण 3/12

जो विद्या विनय से संपन्न, सदाचारी, प्राज्ञ, पापी के भी प्रति पापमय व्यवहार नहीं करता, कठोरभाषियों के प्रति प्रिय वचन बोलता है, जिसका हृदय मैत्री से द्रवीभूत हो रहा है, ऐसे पुरुष के हाथ में मुक्ति है।

✦ द्वाविमौ पुरुषव्याघ्र सूर्यमंडलभेदिनौ।
परिब्राड् योगयुक्तश्चरणे चाभिमुखौहतः॥

–विदुरनीति 1/36

योगशास्त्र और योग की क्रियाओं में निपुण संन्यासी और रणस्थल में सामने जाकर युद्ध करके वीरगति को प्राप्त करने वाला योद्धा– ये दोनों प्रकार के पुरुष सूर्य के मंडल का भेदन करने वाले हैं अर्थात् मोक्ष के अधिकारी हैं।

✦ ईशा वास्यमिदं सर्वं यत्किंच जगत्यां जगत्।
तेन त्यक्तेन भुंजीथा मा गृधः कस्य स्विद्धनम्॥

–यजुर्वेद 40/1

इस संसार में सर्वत्र परमात्मा की सत्ता समायी हुई है। यह जानकर जो दूसरों के धन का अपहरण नहीं करता, वह धर्मात्मा पुरुष इस लोक में सुख और परलोक में मोक्ष प्राप्त करता है। ❑❑❑

मौन/शांत

✦ अव्याहृतं व्याहृताच्छ्रेय आहुः।

—महाभारत/शांतिपर्व 299/38

अनावश्यक बोलने की अपेक्षा मौन रहना अच्छा है, ऐसा विद्वान् लोग कहते हैं।

✦ वदन् ब्रह्मावदतो वनीयान्।

—ऋग्वेद 10/117/7

मौन रहने वाले से धर्मोपदेश देने वाला प्रशंसनीय है।

✦ मनः प्रसादः सौम्यत्वं मौनमात्मविनिग्रहः।
भावसंशुद्धिरित्येतत्तपो मानसमुच्यते॥

—श्रीमद्भगवद्गीता 17/16

मन की प्रसन्नता, सौम्य स्वभाव (शांत भाव), भगवच्चिंतन करने का स्वभाव, मौन, मन का निग्रह और अंतःकरण के भावों की भलीभांति पवित्रता यानी शुद्ध विचार—ये मन संबंधी तप हैं। इनमें मौन का स्थान मध्य में है। मौन धारण से मन का परिष्कार होकर चंचलता और व्यर्थ चिंतन से मुक्ति मिलती है।

✦ ये तु संवत्सरं पूर्णं नित्यं मौनेन भुंजते।
युगकोटिसहस्रैस्तु स्वर्गलोके महीयते॥

—चाणक्यनीति 11/9

जो मनुष्य प्रतिदिन पूरे संवत् भर मौन रहकर भोजन करता है, वह दस हजार करोड़ वर्ष तक स्वर्ग में पूजा जाता है।

✦ पञ्चार्द्रो भोजनं भुञ्ज्यात्प्राङ्मुखो मौनमास्थितः।

—महाभारत/शांतिपर्व 193/6

पांचों अंगों (दो हाथ, दो पैर और मुंह को गीला कर, पूर्व दिशा की ओर मुंह करके और मौन होकर भोजन ग्रहण करना चाहिए।

✦ आत्मनो मुखदोषेण बन्धयन्ते शुकसारिकाः ।
बकास्तत्र न बध्यन्ते मौनं सर्वार्थसाधनम् ॥

—सुभाषित भंडागार 90/1

अपनी मुखरता (वाणी) के दोष से तोता-मैना सदैव बंधन में यानी पिंजड़े में डाल दिए जाते हैं किंतु सर्वदा मौन धारण किए रहने वाले बगुले को कोई बंधन में नहीं डालता। इस प्रकार मौन ही सभी प्रयोजनों की पूर्ति करने वाला है।

✦ स्वायत्तमेकान्तगुणं विधात्रा विनिर्मितं छादनमज्ञतायाः ।
विशेषतः सर्वविदां समाजे विभूषणं मौनपण्डितानाम् ॥

—भर्तृहरि नीतिशतक 7

विद्वानों ने मौन की महिमा गाई और उसे अपनाया। मौन धारण से उनकी चिंतन शक्ति में असाधारण वृद्धि भी हुई। मौन ने उन्हें मिथ्या भाषण से भी बचाया। मूर्ख के लिए तो मौन ही उसका आभूषण बन जाता है।

✦ मौनिनः कलहो नास्ति ।

—सुभाषित भंडागार 158/5

मौन धारण करने वालों में कलह (लड़ाई-झगड़ा) नहीं होता।

✦ मौनान्न स मुनिः ।

—महाभारत/उद्योगपर्व 43/60

केवल मौन हो जाने मात्र से मुनि नहीं हो जाते।

❑ ❑ ❑

यज्ञ

◆ प्राचं यज्ञं प्रणतया स्वसायः।
—ऋग्वेद 10/101/2

प्रत्येक शुभ कार्य यज्ञ के साथ प्रारंभ करो।

◆ ईजानाः स्वर्गं यान्ति लोकम्।
—अथर्ववेद 18/4/2

यज्ञ करने वालों को स्वर्ग का सुख प्राप्त होता है।

◆ यज्ञ नो अग्नि राहुतः
—यजुर्वेद 15/32

यज्ञ में दी हुई आहुतियां कल्याणकारक होती हैं।

◆ मृतो यज्ञस्त्वदक्षिणः।
—महाभारत/वनपर्व 313/84

बिना दक्षिणा दिए यज्ञ करना व्यर्थ है अर्थात् फलदायी नहीं होता।

◆ यज्ञो हि सर्वाणि भूतानि मुनक्ति।
—शतपथ ब्राह्मण 9/4/1/11

यज्ञ ही समस्त प्राणियों का पालन-पोषण करता है।

◆ सर्वेषां देवानां आत्मा यद् यज्ञः।
—शतपथ ब्राह्मण 13/3/2/1

सब देवताओं की आत्मा यज्ञ है।

◆ यज्ञैश्चदेवानाप्नोति।
—अग्निपुराण 380/1

यज्ञ से देवताओं का अनुदान प्राप्त होता है।

✦ अहरहर प्रयावं भरन्तोऽश्वायेव तिष्ठते घासमस्मै ।
रायस्पोषेण समिषा मदन्तोग्नेमा ते प्रतिवेशा रिषाम ॥
—यजुर्वेद 11/75

घोड़े तभी पुष्ट रहते हैं, जब उन्हें प्रतिदिन घास और चना खिलाई जाती है। इसी प्रकार शारीरिक और आध्यात्मिक शक्ति के लिए प्रतिदिन यज्ञ करना चाहिए।

✦ अग्निर्होत्रेण प्र णुदे सपत्नान्।
—अथर्ववेद 9/2/6

यज्ञ करने से शत्रु नष्ट हो जाते हैं यानी शत्रुता को मित्रता में बदल देने का सर्वोत्तम उपाय यज्ञ है।

✦ आ वंसते मघवा वीरवद् यशः समिद्धो द्युम्न्याहुतः ।
कुविन्नो अस्य सुमतिर्भवीयस्यच्छा वाजेभिरागमत् ॥
—सामवेद/उत्तरार्चिक 4/6/2

जो मनुष्य अग्नि में भली प्रकार होम (यज्ञ) करते हैं, उन्हें उत्तम संतान, सद्बुद्धि, धन और धान्य की प्राप्ति होती है।

✦ यज्ञेषु देवास्तुष्यन्ति यज्ञे सर्वं प्रतिष्ठितम् ।
यज्ञेन ध्रियते पृथ्वी यज्ञस्तारयति प्रजाः ॥
अन्नेन भूता जीवन्ति यज्ञे सर्वं प्रतिष्ठितम् ।
पर्जन्यो जायते यज्ञात् सर्वं यज्ञमयन्ततः ॥
—कालिकापुराण 23/7-8

यज्ञों से देवता संतुष्ट होते हैं, यज्ञ ही समस्त चराचर जगत का प्रतिष्ठापक है। यज्ञ पृथ्वी को धारण किए हुए है, यज्ञ ही प्रजा को पापों से बचाता है। अन्न से प्राणी जीवित रहते हैं, वह अन्न बादलों द्वारा उत्पन्न होता है और बादल की उत्पत्ति यज्ञ से होती है। अतः यह संपूर्ण जगत यज्ञमय है।

✦ अग्नौ प्रास्ताहुतिः सम्यगादित्यमुपतिष्ठते ।
आदित्याज्जायते वृष्टिर्वृष्टेरन्नं ततः प्रजाः ॥
—मनुस्मृति 3/76

अग्नि में विधि-विधानपूर्वक दी हुई आहुति सूर्यदेव को प्राप्त होती है। इसके पश्चात् उससे वृष्टि होती है। वृष्टि (वर्षा) से अन्न होता है और अन्न से प्रजा की उत्पत्ति होती है।

✦ इष्टान् भोगान् हि वो देवा दास्यन्ते यज्ञभाविताः ।

—महाभारत/भीष्मपर्व 27/13

यज्ञ से संतुष्ट हुए देव तुम्हें इच्छित भोग देंगे ।

✦ असंस्थितो वा एष यज्ञः ।

—तैत्तिरीय उपनिषद् 1/4/9

यज्ञ का पुण्यफल कभी नष्ट नहीं होता । बुद्धिमान लोग यज्ञ का पुण्य संचय करते रहें ।

✦ यज्ञशिष्टाशिनः सन्तो मुच्यन्ते सर्वकिल्बिषैः ।

—श्रीमद्भगवद्गीता 3/11

तुम लोग इस यज्ञ के द्वारा देवताओं को उन्नत करो यानी पोषण करो ताकि वे देवता तुम लोगों को पोषण देंगे । इस प्रकार निःस्वार्थ भाव से एक-दूसरे को उन्नत करते हुए तुम लोग इष्ट फल प्राप्त करोगे ।

✦ यज्ञो वै श्रेष्ठतमं कर्म अयज्ञियो हत वर्चः ।

—गौतम 5/7/12

यज्ञ ही संसार का सर्वश्रेष्ठ शुभ कार्य है । जो यज्ञ नहीं करते उनका तेज नष्ट हो जाता है ।

✦ द्रव्य शुद्धिः क्रिया शुद्धिः भूमि शुद्धिश्च सर्वतः ।
भवेद्यदि तथा पूर्णफलं भवति नान्यथा ॥

—देवीभागवत/अंबायज्ञ 7

यज्ञ में द्रव्य शुद्धि, क्रिया शुद्धि और भूमि शुद्धि से ही पूर्ण फल की प्राप्ति होती है ।

✦ यज्ञेन हि देवाः दिवंगताः यज्ञेनासुरानपानुदन्तः ।

—महानारायणीयोपनिषद्

यज्ञ से देवताओं ने स्वर्ग को प्राप्त किया और असुरों को परास्त किया ।

❑ ❑ ❑

रामनाम/प्रभुनाम

✦ राम रामेति रामेति रामेति च पुनर्जपन्।
स चाण्डालोऽपि पूतात्मा जायते नात्र संशयः॥
कुरुक्षेत्र तथा काशी गया वै द्वारका तथा।
सर्वं तीर्थ कृतं तेन नामोच्चारणमात्रतः॥

—पद्मपुराण/उत्तरखंड 71/20-21

राम, राम, राम, राम—इस प्रकार बार-बार जप करने वाला चांडाल हो तो भी वह पवित्रात्मा हो जाता है—इसमें कोई संदेह नहीं है। उसने केवल नाम का उच्चारण करते ही कुरुक्षेत्र, काशी, गया और द्वारका आदि संपूर्ण तीर्थों का सेवन कर लिया।

✦ रामेति नाम यच्छ्रोत्रे विश्रम्भादागतं यदि।
करोति पापसंदाहं तूलं वह्निकणो यथा॥

—पद्मपुराण/पातालखंड 20/80

जिसके कानों में 'राम' नाम अकस्मात् भी पड़ जाता है, उसके पापों को वह वैसे ही भलीभांति जला देता है, जैसे अग्नि की चिनगारी रुई को जला देती है।

✦ रामेति द्वयक्षरजपः सर्वपापापनोदकः।
गच्छंस्तिष्ठन् शयानो वा मनुजो रामकीर्तनात्॥
इह निर्वर्तितो याति चान्ते हरिगणो भवेत्।

—स्कंदपुराण/नागरखंड

'राम' यह दो अक्षर का मंत्र जपे जाने पर समस्त पापों का नाश करता है। चलते, बैठते, सोते समय जब कभी भी जो मनुष्य राम-नाम का कीर्तन करता है, वह सीधा बैकुंठधाम को जाता है और अंत में भगवान हरि का पार्षद बनता है।

✦ स्वाध्याया दिष्टदेवतासम्प्रयोगः।

—योगदर्शन 2/44

नामोच्चारण से इष्ट देव परमेश्वर के साक्षात् दर्शन होते हैं।

✦ तन्मुखं तु महातीर्थं तन्मुखं क्षेत्रमेव च।
यन्मुखे राम रामेति तन्मुखं सार्वकामिकम्॥

—पद्मपुराण/उत्तरखंड 71/33

जिस मुख में 'राम-राम' का जप होता रहता है, वह मुख ही महान तीर्थ है, वही प्रधान क्षेत्र है तथा वही समस्त कामनाओं को पूर्ण करने वाला है।

✦ राशब्दो विश्ववचनो मश्चपीश्वरवाचकः।
विश्वानामीश्वरो यो हि तेन रामः प्रकीर्तितः॥

—ब्रह्मवैवर्तपुराण 111/18

'रा' शब्द परिपूर्णता का द्योतक यानी बोधक है और 'म' शब्द परमेश्वर वाचक है। अतः 'राम' पूर्ण परमेश्वर है, यही इसका तात्पर्य है। इसलिए 'राम' शब्द का अर्थ पूर्ण परमात्मा ही लिया जाता है।

✦ नहिं कलि करम न भगति बिबेकू। राम नाम अवलंबन एकू॥

—श्रीरामचरितमानस/बालकांड 26/7

कलियुग में न तो कर्म का भरोसा है, न भक्ति का और न ज्ञान का ही बल्कि केवल राम नाम का ही सहारा है।

✦ श्रीरामेति पदं चोक्त्वा जय राम ततः परम्।
जय द्वयं वदेत् प्राज्ञो रामेति मन्त्रराजक॥

—राम रहस्योपनिषद् 1/56

'श्रीराम' कहने के बाद 'जय राम' कहना चाहिए। तत्पश्चात् दो बार 'जय-जय' बोलकर 'राम' बोलना चाहिए। यही त्रयोदशाक्षर मंत्र विजय मंत्र-मंत्रराज कहा जाता है।

✦ सकृदेव प्रपन्नाय तवास्मीति च याचते।
अभयं सर्वभूतेभ्यो ददाम्येतद् व्रतं मम॥

—वाल्मीकिरामायण/युद्धकांड 18/33

श्रीराम रामायण में प्रतिज्ञा करते हुए कहते हैं कि मेरा तो यह व्रत ही रहा है कि जो एक बार भी शरण में आकर 'मैं तुम्हारा हूं' ऐसा कहकर मुझसे अभय चाहता है, तो उसे मैं सभी प्राणियों से अभय कर देता हूं।

✦ हरेर्नाम हरेर्नाम हरेर्नामैव केवलम्।
कलौ नास्त्येव नास्त्येव नास्त्येव गतिरन्यथा॥

—बृहन्नारदीयपुराण 38/127

इस नानाविध आदि-व्याधि से ग्रस्त कलियुग में हरिनाम जप संसार सागर से पार होने का एकमात्र उत्तम सहारा है।

✦ नामु अजामिल से खल तारन तारन बारन बारबधूको।
नाम हरे प्रहलाद-विषाद पिता-भय-सांसति-सागरु सूको ॥
नामसों प्रीति-प्रतीति-बिहीन गिल्यो कलिकाल कराल न
चूको ।
राखिहुं रामु सो जासु हिएं तुलसी हुलसै बलु आखर दूको ॥

—तुलसीदास/कवितावली/उत्तरकांड

राम नाम अजामिल जैसे दुष्टों को तारने वाला है, गज और वेश्या का निस्तार करने वाला है। नाम ने प्रहलाद के विषाद को हर लिया और उनके पिता से होने वाले भय रूपी समुद्र को सुखा दिया। राम नाम में जिसका प्रेम और विश्वास नहीं है, उसको कराल कलिकाल निगल जाने में कभी नहीं चूका। तुलसीदास कहते हैं कि जिसके हृदय में 'रा', 'म' इन दो अक्षरों का बल उमड़ रहा है, उसकी रक्षा श्रीरामजी करेंगे।

✦ राम नाम कहि जे जमुहाहीं । तिन्हहिं न पाप-पुंज समुहाहीं ॥
उलटा नाम जपत जगु जाना । वाल्मीकि भए ब्रह्म समाना ॥

—गोस्वामी तुलसीदास

जो लोग जम्हाई लेते समय राम का नाम लेते हैं, उनके सामने कोई पाप नहीं आते। संसार जानता है कि 'राम' के उलटा 'मरा' का जप करके वाल्मीकि ब्रह्म के समान हो गए।

✦ अन्तकाले च मामेव स्मरन्मुक्त्वा कलेवरम्।
यः प्रयासि स मद्भावं याति नास्त्यत्र संशयः ॥

—श्रीमद्भगवद्गीता 8/5

जो पुरुष अंतकाल में भी मुझको ही स्मरण करता हुआ शरीर त्याग कर जाता है, वह मेरे साक्षात् स्वरूप को प्राप्त होता है—इसमें संदेह नहीं है।

✦ सांकेत्यं परिहास्यं वा स्तोत्रं हेलनमेव वा।
वैकुण्ठनाम ग्रहणमशेषाधहरं विदुः ॥
पतितः स्खलितो भग्नः संदष्टस्तप्त आहतः।
त्वामनुबध्नामि हरिरित्यवशेनाह पुमान्नर्हति
यातनाम् ॥

—श्रीमद्भागवत 6/2/14-15

भगवान का नाम चाहे जैसे लिया जाए यानी किसी बात का संकेत करने के लिए, हंसी करने के लिए अथवा तिरस्कारपूर्वक ही क्यों न हो, वह संपूर्ण पापों का नाश करने वाला होता है। पतन होने पर, गिरने पर, कुछ टूट जाने पर, डसे जाने पर,

बाह्य या अंतस् ताप होने पर और घायल होने पर जो पुरुष विवशता से भी 'हरि' नाम का उच्चारण करता है, वह यम यातना के योग्य नहीं।

✦ नामु राम को कलपतरु कलि कल्यान निवासु।
   जो सुमिरत भयो भांग तें तुलसी तुलसीदासु॥

—श्रीरामचरितमानस/बालकांड 26

कलियुग में राम का नाम कल्पतरु और कल्याण का निवास (मुक्ति का घर) है, जिसका स्मरण करने से भांग-से निकृष्ट तुलसीदास तुलसी के समान पवित्र हो गए।

✦ रामो राजमणि सदा विजयते रामं रमेशं भजे।
   रामेणाभिहिता निशाचरचमू रामाय तस्मै नमः।
   रामान्नास्ति परायणं परतरं रामस्य दासोस्म्यहम्।
   रामे चित्तलयः सदा भवतु मे हे राम! मामुद्धरः॥

भगवान् श्रीराम की सदा ही जय हो। सदैव विष्णु स्वरूप राम की स्तुति हो। कोटि निशाचरों का पलभर में नाश करने वाले श्रीराम को नमस्कार है। श्रीराम से बढ़कर दूसरा देव कोई नहीं है, अतः मैं राम का ही दास हूं। आप सदा ही मेरे हृदय में विराजमान रहते हैं, अतः हे राम! आप मेरा उद्धार करो।

❑ ❑ ❑

लक्ष्मी

✦ धृतिः शमो दमः शौचं कारुण्यं वागनिष्ठुरा ।
  मित्राणां चानभिद्रोहः सप्तैताः समिधः श्रियः ॥

—महाभारत ⁄ उद्योगपर्व 38 ⁄ 38

धैर्य, मनोनिग्रह, इंद्रियों को वश में करना, दया, मधुर वाक्य और मित्रों से वैर न करना ये सात लक्ष्मी (ऐश्वर्य) को बढ़ाने वाले हैं ।

✦ कुचैलिनं दन्तमलोपधारिणं बह्वाशिनं निष्ठुरभाषणं च ।
  सूर्योदय चास्तिमिते शयानं विमुञ्चति श्रीर्यदि चक्रपाणिः ॥

—चाणक्यनीति 15 ⁄ 4

जो मैला वस्त्र धारण करने वाला, दांतों का मैल न साफ करने वाला, अधिक भोजन करने वाला, कटुवादी, सूर्य उदय और अस्त तक सोने वाला है, उसको लक्ष्मी छोड़ देती है, चाहे वह साक्षात चक्रपाणि (विष्णु) ही क्यों न हों ।

✦ अत्यार्यमतिदातारमतिशूरमति व्रतम् ।
  प्रज्ञाभिमानिनं चैव श्रीर्भयान्नोपसर्पति ॥

—विदुरनीति 7 ⁄ 63

अत्यंत श्रेष्ठ, अतिशय दानी, अति ही शूरवीर, अधिक व्रत नियमों का पालन करने वाले और बुद्धि के घमंड में चूर रहने वाले मनुष्य के पास लक्ष्मी भय के मारे नहीं जाती ।

✦ सुशीलो भव धर्मात्मा मैत्रः प्राणिहिते रतः ।
  निम्न यथापः प्रवणाः पात्रमायान्ति सम्पदः ॥

—विष्णुपुराण 1 ⁄ 11 ⁄ 24

सुशील, धर्मात्मा, सबके मित्र और प्राणियों का हित करने में तत्पर बनो । जैसे पानी नीचे की ओर बहता है, वैसे ही संपत्तियां ऐसे पात्र को आश्रय बना लेती हैं ।

✦ साहसे लक्ष्मी (खलु श्री) र्वसति।

—चाणक्यसूत्र 155

लक्ष्मी साहस में बसती है। वह सदा साहसियों के पास रहती है।

✦ देवः वार्यं बनते।

—ऋग्वेद 166/112

धन उन्हीं के पास ठहरता है जो सद्गुणी हैं।

✦ मूर्खा यत्र न पूज्यन्ते धान्यं यत्र सुसंचितम्।
दाम्पत्ये कलहो नास्ति तत्र श्रीः स्वयमागता॥

—चाणक्यनीति 3/21

जिस घर में मूर्खों की पूजा नहीं होती, जहां अन्न का संचित भंडार रहता है तथा जिस घर में स्त्री-पुरुष में कलह नहीं होता है, उस घर में लक्ष्मी अपने आप सर्वदा विद्यमान रहती हैं।

✦ वसामिनित्यं सुभगप्रगल्मेदक्षेनरेकर्माणिवर्तमाने।

अक्रोधनेदेवपरेकृतज्ञेजितेन्द्रियेनित्यमुदीर्णसत्वे॥

—महाभारत/अनुशासनपर्व 11/6

जो पुरुष बोलने में चतुर, कर्तव्य कर्म में लगे हुए, क्रोध रहित, श्रेष्ठों के उपासक, उपकार के मानने वाले, जितेन्द्रिय और पराक्रमी हैं, उनके यहां लक्ष्मी का निवास होता है।

✦ उत्साहसम्पन्न दीर्घसूत्रं क्रियाविधिज्ञ व्यसनेष्वसक्तम्।
शूरं कृतज्ञं दृढ़सौहृदञ्च लक्ष्मीः स्वयं याति निवास हेतोः॥

—हितोपदेश 1/174

उत्साही, आलस्यहीन, काम करने का ढंग जानने वाले, बुराइयों से दूर रहने वाले, बहादुर, उपकार मानने वाले तथा दृढ़ मित्रता वाले पुरुष के पास लक्ष्मी निवास करने के लिए स्वयं चली आती हैं।

✦ वश्येन्द्रियं जितात्मानं धृतदण्डं विकारिषु।
परीक्ष्य कारिणं धीरमत्यन्तं श्रीर्निषेवते॥

—विदुरनीति 2/58

इंद्रियों तथा मन को जीतने वाले, अपराधियों को दंड देने वाले और जांच परखकर

काम करने वाले धीर पुरुष की लक्ष्मी अत्यंत सेवा करती हैं।

✦ दुःखार्तेषु प्रमत्तेषु नास्तिकेष्वलसेषु च।
   न श्रीर्वसत्यदान्तेषु ये चोत्साहविवर्जिताः ॥
                                    —विदुनीति 7/61

जो दुख से पीड़ित, प्रमादी, नास्तिक, आलसी, अजितेंद्रिय और उत्साहरहित हैं, उनके
यहां लक्ष्मी का वास नहीं होता।

✦ या श्रीः स्वयं सुकृतिनां भवनेष्वलक्ष्मीः।
                                    —श्रीदुर्गासप्तशती 4/5

हे देवि! तुम्हें नमस्कार है कि तुम पुण्यात्माओं के घर में दुःख दारिद्र्य को हटाने
के लिए लक्ष्मी के रूप में निवास करती हो।

❑ ❑ ❑

लोभ

◆ लोभं हित्वा सुखी भवेत् ।

—महाभारत/वनपर्व 313/78

लोभ को छोड़कर मनुष्य सुखी होता है ।

◆ मा गृधः कस्य स्विद् धनम् ।

—ईशावास्योपनिषद् 1

किसी के धन का लालच मत करो ।

◆ परविभवेष्वादरो न कर्तव्यः ।

—चाणक्यसूत्र 290

दूसरे के धन पर लोभ नहीं करना चाहिए । यह महाघातक है ।

◆ लोभात्क्रोधः प्रभवति लोभात्कामः प्रजायते ।
  लोभान्मोहश्च नाशश्च लोभः पापस्य कारणम् ॥

—महाभारत/शांतिपर्व 158/4

लोभ से क्रोध उत्पन्न होता है, लोभ से कामनाएं उत्पन्न होती हैं, लोभ से मोह और नाश उत्पन्न होता है । वस्तुतः लोभ पाप का कारण है ।

◆ अतिलोभो न कर्तव्यः ।

—पंचतंत्र/अपरिक्षितकारकम्

कभी भी अधिक लोभ (लालच) नहीं करना चाहिए ।

◆ ज्ञानी तापस सूर कवि कोविद गुन आगार ।
  केहि की लोभ विडम्बना कीन्ह न एहि संसार ॥

—गोस्वामी तुलसीदास

इस संसार में ज्ञानी, तपस्वी, शूरवीर, कवि, विद्वान और गुणवान सब मनुष्य लोभ के कारण उपहास के पात्र हुए हैं ।

✦ न लुब्धो बुध्यते दोषाल्लोभान्मोहात् प्रवर्तते ।
—महाभारत/द्रोणपर्व 51/11

लोभी मनुष्य किसी कार्य के दोषों को नहीं समझता, क्योंकि वह लोभ और मोह से ग्रस्त हो जाता है ।

✦ लोभोऽतीव च पापिष्ठस्तेन को न वशीकृतः ।
किं न कुर्यात् तदाविष्टः पापं पर्थिवसत्तमः ।
पितरं मातरं भ्रातृन् गुरुन् स्वजनबान्धवान् ॥
—देवीभागवतपुराण 3/15/31-32

लोभ में असीम पाप भरा हुआ है । इस नीच लोभ ने किसको अपने वश में नहीं किया है? उससे घिर जाने पर श्रेष्ठ राजा भी कौन-सा बुरा कर्म नहीं कर सकता? लोभी प्राणी, पिता, भाई, गुरु एवं अपने बंधु-बांधवों को भी मार डालता है ।

✦ कुले जातस्य वृद्धस्य परवित्तेषु गृद्ध्यतः ।
लोभः प्रज्ञानमाहन्ति प्रज्ञा हन्ति हता ह्रियम् ॥
—महाभारत/उद्योगपर्व 72/18

मनुष्य उत्तम कुल में जन्म लेकर और वृद्ध होने पर भी यदि दूसरों के धन को लेना चाहता है तो लोभ उसकी विचार-शक्ति को नष्ट कर देता है । विचार-शक्ति नष्ट होने पर उसकी लज्जा को भी नष्ट कर देती है ।

✦ लोभात्क्रोधः प्रभवतिपरदोषैरुदीर्यते ।
क्षमयातिष्ठतेराजन् क्षमयाविनिवर्तते ॥
—महाभारत/शांतिपर्व 163/7

लोभ से क्रोध उत्पन्न होता है और पराए दोष देखने से वह बढ़ता है । इसे जीतने का अस्त्र है क्षमा । क्षमा से क्रोध शांत हो जाता है ।

✦ तृष्णया मतिश्छाद्यते ।
—चाणक्यसूत्र 243

लोभ मनुष्य की बुद्धि को ढक देता है, यानी उसकी बुद्धि भ्रष्ट कर देता है ।

✦ त्रिविधं नरकस्येदं द्वारं नाशनमात्मनः ।
कामः क्रोधस्तथा लोभस्तस्मादेतत्त्रयं त्यजेत् ॥
—श्रीमद्भगवद्गीता 16/21

काम, क्रोध और लोभ— ये तीनों नरक के द्वार हैं यानी आत्मा का नाश करने वाले, अधोगति में ले जाने वाले हैं । इसलिए इनका त्याग करना चाहिए ।

❏ ❏ ❏

वाणी

◆ घृतात् स्वदीयो मधुनश्च वोचत।
—अथर्ववेद 20/65/2

घृत-सी लाभदायक और शहद-सी मीठी वाणी सदैव बोलो।

◆ अस्य सूनृता विरप्शी गोमती मही।

ऐसी वाणी बोलो जिससे सबका कल्याण हो।

◆ जिह्वा मे मधुमत्तमा।
—तैत्तरीय संहिता

मेरी जीभ मीठी वाणी बोले।

◆ सर्वेषां वेदानां वागेकायनम्।
—बृहदारण्यक उपनिषद् 2/4/11

सब वेदों का वाणी ही एकमात्र मार्ग है।

◆ वाग्वै ब्रह्म।
—शतपथ ब्राह्मण 2/1/4/10

वाणी ही ब्रह्म है।

◆ अहो ब्रह्मविदां वाचो नासत्याः सन्ति कर्हिचित्।
—श्रीमद्भागवत 1/11/57

वास्तव में ब्रह्मवेत्ताओं की वाणी कहीं असत्य नहीं होती है।

◆ जिह्वायत्तौ वृद्धिविनाशौ।
—चाणक्यसूत्र 44

अपनी उन्नति और अवनति अपनी वाणी के अधीन है।

✦ इयं या परमेष्ठिनी वाग् देवी ब्रह्मसंशिता।
यथैव ससृजे घोरं तयैव शान्तिरस्तु नः॥

—*अथर्ववेद 19/9/3*

वाणी की कठोरता से उत्पात खड़े हो जाते हैं, इसलिए भले आदमी सदैव शिष्ट वाणी ही बोलते हैं। संयमित वाणी से किसी अनहोनी की कोई आशंका शेष नहीं रहती।

✦ सुकृतस्य हि सान्त्वस्य श्लक्षणस्य मधुरस्य च।
सम्यगासेव्यमानस्य तुल्यं जातु न विद्यते॥

—*महाभारत/शांतिपर्व 84/10*

यदि अच्छी तरह से सांत्वना पूर्ण, मधुर एवं स्नेहयुक्त वचन बोले जाएं और सदा सब प्रकार से उसी का सेवन किया जाए तो उसके समतुल्य इस जगत में निस्संदेह कुछ नहीं है।

✦ रोहते सायकैर्विद्धं वनं परशुना हतम्।
वाचा दुरुक्तं बीभत्सं न संरोहति वाक्क्षतम्॥

—*विदुरनीति 2/78*

बाणों से बींधा हुआ तथा फरसे से काटा हुआ वन भी पनप जाता है, किंतु कटु वचन कहकर वाणी से किया हुआ भयानक घाव कभी नहीं भरता।

✦ वाण्येका समलंकरोति पुरुषं या संस्कृता धार्यते।
क्षीयन्ते खलु भूषणानि सततं वाग्भूषणं भूषणम्॥

—*भर्तृहरि नीतिशतक 19*

केवल सुसंस्कृत वाणी पुरुष को भली प्रकार अलंकृत करती है। अन्य आभूषण तो कालांतर में नष्ट-भ्रष्ट हो जाते हैं, परंतु वाणी रूपी आभूषण सदैव आभूषण की तरह सुशोभित ही करता है।

✦ अव्याहृतं व्याहृताच्छ्रेय आहुः सत्यं वदेद् व्याहृतं तद् द्वितीयम्।
वदेद् व्याहृतं तत् तृतीयं प्रियं धर्मं वदेद् व्याहृतं तच्चतुर्थम्॥

—*महाभारत/शांतिपर्व 299/38*

व्यर्थ बोलने की अपेक्षा मौन रहना अच्छा बताया गया है। यह वाणी की पहली विशेषता है। सत्य बोलना वाणी की दूसरी विशेषता है। प्रिय बोलना वाणी की तीसरी विशेषता है। धर्मसम्मत बोलना वाणी की चौथी विशेषता है।

✦ प्रियवाक्यप्रदानेन सर्वे तुष्यन्ति जन्तवः ।
  तस्मात्तदेव वक्तव्यं वचने का दरिद्रता ॥

–चाणक्यनीति 16/17

मधुर वचन से सभी जीव संतुष्ट रहते हैं, इसलिए सर्वदा प्रिय वचन बोलना चाहिए।
मीठे बोल में दरिद्रता क्यों करें?

✦ प्रियमुक्तं हितं नैतदिति मत्वा न तद्वदेत् ।
  श्रेयस्तत्र हितं वाच्यं यद्यप्यत्यन्तमप्रियम् ॥

–विष्णुपुराण 3/12/44

प्रिय होने पर भी जो हितकर न हो, उसे न कहें। हितकर कहना ही अच्छा है,
चाहे वह अत्यंत अप्रिय ही क्यों न हो। मतलब कि हितकारी वाणी ही बोलो।

✦ कर्णिनालीकनाराचान्निर्हरन्ति   शरीरतः ।
  वाक्शल्यस्तु न निर्हर्तुं शक्यो हृदिशयो हि सः ॥

–विदुरनीति 2/79

कर्णि, नालीक और नाराच नामक विनाशकारी बाणों को शरीर से निकाल सकते
हैं, परंतु कटु वचन रूपी कांटा नहीं निकाला जा सकता, क्योंकि वह हृदय के भीतर
धंस जाता है।

❏ ❏ ❏

विवाह

✦ यावज्जायां न विन्दते असर्वो हि तावद् भवति।

—शतपथ ब्राह्मण 5/2/1/10

मनुष्य जब तक पत्नी नहीं पाता, तब तक अपूर्ण रहता है।

✦ तमस्मेरा युवतयो युवानं मर्मृत्यमानाः परि यन्त्यापः।
स शुक्रेभिः शिक्वभी रेवदस्मे दीदापानिध्मो घृनिर्णिगप्सु॥

—ऋग्वेद 2/35/4

जिनके हृदय शुद्ध, निर्मल व पवित्र हों, उन युवा और युवतियों को पाणिग्रहण करना चाहिए। शारीरिक शक्तिधारी पुरुष विवाह करके परिवार को शक्तिशाली बनाए रखें।

✦ अव्यगांगी सौम्य नाम्नीं हंसवारणगामिनीम्।
तनुलोमकेशदशनां मृदूंगीमुद्वहेत् स्त्रियम्॥

—मनुस्मृति 3/10

अव्यंग अंग वाली, सौम्य नाम वाली, हंस वारण के समान गमन करने वाली, तनु लोम केश और दांतों वाली और कोमल शरीर वाली स्त्री के साथ विवाह करना चाहिए।

✦ नोद्वहेत् कपिलां कन्यां नाधिकांगी न रोगिणीम्।
नालोमिकां तातिलोमां न वाचालां न पिंगलाम्॥
नक्षत्रवृक्षनदीकाम्नीं नांत्यपर्वतनामिकाम्।
न पक्ष्य हि प्रेष्यनाम्नीं न च भीषणनामिकाम्॥

—मनुस्मृति 3/8-9

कपिला, अधिक रंग वाली, रोगिणी और रोम रहित, अत्यधिक रोमों वाली, बहुत अधिक बोलने वाली, पिंगल वर्ण वाली, नक्षत्र, नदी और वृक्ष के नाम वाली, पर्वत के नाम वाली, पक्षी, सर्प और भीषण नाम वाली कन्या के साथ कभी विवाह नहीं करना चाहिए।

✦ असपिण्डा च या मातुरसगोत्रा च या पितुः।
द्विजातीनां सांप्रशस्ता दारकर्मण्य मैथुनी॥

—मनुस्मृति 3/5

माता के सपिंड और पिता के सगोत्र वधू द्विजों के विवाह और उनके साथ मैथुन कर्म तो कभी सोचना भी नहीं होती है।

✦ कियती योषा मर्यतो बधूयोः परिप्रीता पन्यसा वार्येण।
भद्रा वधूर्भवति यत् सुपेशाः स्वयं सा मित्रं वनुते जने चित्॥

—ऋग्वेद 10/27/12

सुंदर बुद्धिमान पुत्रियां युवावस्था में स्वेच्छा से शुभ गुण-संपन्न पति चुनें।

✦ नानुरूपाय पात्राय पिता कन्यां ददाति चेत्।
कामाल्लोभाद् भयान्मोहाच्छताब्द नरकं व्रजेत्॥

—ब्रह्मवैवर्तपुराण/श्रीकृष्णखंड 41/49

यदि पिता कामना, लोभ, भय अथवा मोह के वशीभूत हो सुयोग्य पात्र के हाथ में अपनी कन्या नहीं देता है तो वह सौ वर्षों तक नरक में पड़ा रहता है।

✦ अलंकृत्य तु य कन्यां वराय सदृशाय वै।
ब्राह्मेण विवाहेन दद्यात्तान्तु सुपूजिताम्॥
स कन्यायाः प्रदानेन श्रेयोविन्दति पुष्कलम्।
साधुवादं लभेत् सद्‌भिः कीर्तिं प्राप्नोति
प ु ष क ल ा म ् ॥
ज्योतिष्टोमादिसत्राणां शतं शतगुणीकृतम्।
प्राप्नोति पुरुषो दत्वा होतमन्त्रैस्तु संस्कृताम्॥
अलंकृत्य पिता कन्यां भूषणाच्छादनासनैः।
दत्वा स्वर्गभवाप्नोति पूजियस्तु सुरादिषु॥

—स्मवर्त्तस्मृति 61-64

जो कन्या को अलंकृत करके तथा सुपूजित करके सदृश वर के लिए ब्रह्म विवाह की विधि से दान करता है, वह कन्या के दान से बहुत-सा श्रेय प्राप्त करता है तथा साधुवाद भी प्राप्त करता है। सत्पुरुषों के द्वारा उसकी कीर्ति कही जाती है। हजारों अग्निष्टोमादि पुण्यों का फल मनुष्य अपनी कन्या को भूषण तथा वस्त्रों से समलंकृत करके होम के मंत्रों द्वारा सुसंस्कृत करके दान करता है, वह देवों में पूजित होता हुआ स्वर्ग प्राप्त करता है।

✦ वरयेत्कुलजां प्राज्ञो विरूपामपि कन्यकाम्।
रूपशीलां न नीचस्य विवाहः सदृशे कुले ॥

—चाणक्यनीति 1/14

बुद्धिमान व्यक्तियों को चाहिए कि अच्छे कुल की चाहे कुरूप कन्या ही क्यों न हो, उससे विवाह कर लें किंतु स्वरूपवती नीच कुल की कन्या का वरण न करें, क्योंकि विवाह समान कुल में ही उत्तम होता है।

✦ दश पूर्वान् परान् वंश्यान् आत्मनं चैक विशकम्।
ब्रह्मीपुत्रः सुकृतकृत मोचते देवसः पितृन् ॥

—मनुस्मृति 3/37

ब्रह्म विवाह से उत्पन्न पुत्र बहुत ही पुण्यवान होता है और अपने कुल की 21 पुश्तों को पाप से मुक्त कर देता है। मतलब यह कि दस अपने आगे की, दस अपने से पीछे की और एक स्वयं अपनी भी।

✦ अक्ष्यौ नौ मधुसंकाशे अनीकं नौ समज्जनम्।
अन्तः कृणुष्व मां हृदि मन इन् नौ सहासति ॥

—ऋग्वेद 7/36/1

हम पति-पत्नी एक-दूसरे को विवाह बंधन में बंधने के बाद ईश्वर से प्रार्थना करें कि एक-दूसरे को प्यार भरी दृष्टि से देखेंगे। मुख से सदैव मीठे वचन बोलेंगे। एक-दूसरे के हृदय में रहते हुए हम दो शरीर होते हुए भी एक मन हों।

✦ उभे धुरौ वह्निरापिब्दमानोऽन्तर्योनेव चरित द्विजानिः।
वनस्पति वन आस्थापयध्वं नि षू दधिध्वमखनन्त उत्सम् ॥

—ऋग्वेद 101/11

एक साथ दो विवाह करने वाले की ऐसी ही दुर्दशा होती है, जैसे दो धुरों का भार ढोने वाले घोड़े की होती है। अतः दो विवाह कभी न करें।

❑ ❑ ❑

विद्या

✦ पावका नः सरस्वती।

—ऋग्वेद 1/3/10

विद्या से मनुष्य निश्चय ही पवित्र बनते हैं।

✦ नास्ति विद्यासमं चक्षुः।

—महाभारत/शांतिपर्व 175/35

विद्या के समान दूसरा कोई नेत्र नहीं है।

✦ विद्या योगेन रक्ष्यते।

—महाभारत/उद्योगपर्व 34/39

विद्या निरंतर अभ्यास से सुरक्षित रहती है।

✦ आचार्याद्ध्येव विद्या विदिता साधिष्ठं प्रापति।

—छांदोग्योपनिषद् 4/9/3

आचार्य से जानी गई विद्या ही अति साधुता को प्राप्त होती है।

✦ यथा वृक्षं लिबुजा समन्तं परिषस्वजे।
एषा परिष्वजस्व मां यथा मां कामिन्यसो यथा मन्नापगा असः॥

—अथर्ववेद 6/8/1

जिस प्रकार वृक्ष से लताएं लिपट जाती हैं, उसी प्रकार हम विद्या से ओत-प्रोत रहें। अविद्या का अंधियारा हमसे सदैव दूर रहे।

✦ रूपयौवनसम्पना विशालकुलसम्भवाः।
विद्याहीना न शोभन्ते निगन्धा इव किंशुकाः॥

—चाणक्यनीति 3/8

सुंदर स्वरूप, तरुण अवस्था, ऊंचे कुल में जन्म होना, इन सबके रहते भी अगर विद्यारूपी भंडार नहीं है, तो वे मनुष्य सुगंध रहित पलाश आदि के पुष्प की तरह शोभा नहीं पाते।

◆ धर्मार्थौ यत्र न स्यातां शुश्रूषा वापि तद्विधा ।
   तत्र विद्या न वक्तव्या शुभ बीजमिवोषरे ॥
                                                —मनुस्मृति 2/112

धर्म तथा अर्थ जहां न हो और न उस प्रकार की कोई शुश्रूषा ही हो, वहां अपनी
विद्या का दान नहीं करना चाहिए, क्योंकि वहां ज्ञान का दान ऊसर भूमि में बीज
बोने की भांति निष्फल होता है ।

◆ श्रद्दधानः शुभां विद्यां हीनादपि समाप्नुयात् ।
   सुवर्णमपि   चामेध्यादाददीताविचारयन् ॥
                                                —महाभारत/शांतिपर्व 165/31

नीच वर्ण के पुरुष के पास भी उत्तम विद्या हो तो उसे श्रद्धापूर्वक ग्रहण करना
चाहिए और सोना अपवित्र स्थान में भी पड़ा हो तो उसे बिना विचार के उठा लेना
चाहिए ।

◆ न चौरहार्यं न च राजहार्यं न भ्रातृभाज्यं न च भारकारिः ।
   व्यये कृते वर्धत एव नित्यं विद्याधनं सर्वधनप्रधानम् ॥
                                                —सुभाषित भंडागार 31/13

न चोर चुरा सकते हैं, न राजा छीन सकते हैं, न भाई बांट सकते हैं, न भार स्वरूप
होती है—यह खर्च करने पर नित्य प्रति बढ़ती है । इस प्रकार विद्या का 'धन' सभी
धनों में श्रेष्ठ है ।

◆ कामधेनुगुणा विद्या ह्यकाले फलदायिनी ।
   प्रवासे मातृसदृशी विद्या गुप्तं धनं स्मृतम् ॥
                                                —चाणक्यनीति 4/5

विद्या कामधेनु के समान गुणवती है जो हर समय इच्छित फल देती है । विद्या
परदेस में माता की तरह रक्षा करती है । विद्या को विद्वान लोगों ने गुप्त धन भी
कहा है । इसलिए विद्या का संचय अति आवश्यक है ।

◆ येषां न विद्या न तपो न दानं ज्ञानं न शीलं न गुणो न धर्मः ।
   ते मर्त्यलोके भुवि भारभूता मनुष्यरूपेण मृगाश्चरन्ति ॥
                                                —चाणक्यनीति 10/7

जिनके पास न विद्या, न तप, न दान, न ज्ञान, न गुण, न धर्म और न शील है,
वे इस मृत्युलोक में धरती पर भार बनकर मनुष्य रूप में पशु की तरह विचरण
करते हैं ।

✦ विद्वान् प्रशस्यते लोके विद्वान्सर्वत्र गौरवम् ।
  विद्यया लभते सर्वं विद्या सर्वत्र पूज्यते ॥
  —चाणक्यनीति 8/200

संसार में विद्वान की ही प्रशंसा होती है, विद्वान ही सब स्थानों पर ऊंचा आसन प्राप्त करता है। विद्या से सब कुछ प्राप्त होता है और विद्या ही सब जगह पर पूजी जाती है।

✦ विद्या नाम नरस्य रूपमधिकं प्रच्छन्नगुप्तं धनं
  विद्या भोगकरी यशः सुखकरी विद्या गुरुणां गुरुः ।
  विद्या बन्धुजनो विदेशगमने विद्या परं दैवतं
  विद्या राजसु पूज्यते न हि धनं विद्याविहीनः पशुः ॥
  —भर्तृहरि नीतिशतक 20

विद्या के बल पर मनुष्य संसार के समस्त ऐश्वर्यों का भोग कर सकता है। देश-विदेश में यशस्वी बन सकता है। अनजाने देशों में प्रवास के समय या संकट के समय भी विद्या बहुत सहायक बनती है। विद्या ही वरदान देने वाली दिव्यशक्ति है। विद्याविहीन व्यक्ति को मनुष्य कहलाने का अधिकार नहीं, उसे पशु कहना ही ठीक होगा।

❑ ❑ ❑

विषयपरक/काम-वासना

✦ अपेहि मनसस्पतेऽपक्राम परश्चर।

—अथर्ववेद 20/96/24

मानसिक पापों का सर्वदा परित्याग करो, क्योंकि मन में जमी हुई वासना ही दुष्कर्म कराती है।

✦ न जातु कामः कामानामुपभोगेन शाम्यति।
हविषा कृष्णवर्त्मेव भूय एवाभिवर्धते ॥

—महाभारत/आदिपर्व 75/50

कामनाओं की पूर्ति से कामनाएं शांत नहीं होतीं, जैसे अग्नि में हविष्य (घी आदि) डालने से अग्नि और अधिक बढ़ती है।

✦ वि मे कर्णा पतयतो वि चक्षुर्वीदं ज्योतिर्हृदय आहितं यत्।
वि मे मनश्चरति दूर आधीः किं स्विद्वक्ष्यामि किमु नू
म ि न ष्य ॆ ॥

—ऋग्वेद 6/9/6

मनुष्य की इंद्रियां कभी एक ही दिशा में स्थिर नहीं रहतीं। अवसर मिलते ही विषयों की ओर दौड़ती हैं, इसलिए मनुष्यों को चाहिए कि वे इंद्रियों की विषय लोलुपता के प्रति सदैव सावधान रहें।

✦ निगृहीतेन्द्रियग्रामो यत्रैव च।
तत्र तस्य कुरुक्षेत्रं नैमिषं पुष्काराणि च ॥

—व्यासस्मृति 4/31

यदि इंद्रियों को बुरे विषयों से रोककर गांव या नगर कहीं भी रहें तो वहीं उसका कुरुक्षेत्र, नैमिषारण्य और पुष्कर आदि तीर्थ हैं। यानी इंद्रियों पर नियंत्रण कर लेने के बाद कहीं भी निवास किया जाए तो समझ लो कि वहीं सभी तीर्थ विराजते

हैं।

✦ ये हि संस्पर्शजा भोगा दुःखयोनय एव ते।
आद्यन्तवन्तः कौन्तेय न तेषु रमते बुधः॥

—श्रीमद्भगवद्गीता 5/22

इंद्रिय तथा विषयों के संयोग से उत्पन्न होने वाले क्षणिक सुख रूप जो भोग हैं, वे विषयी पुरुषों के लिए साक्षात् दुख के ही हेतु हैं, अतः जो इस रहस्य को जानने वाले बुद्धिमान पुरुष हैं, वे कभी इन विषयों में नहीं रमते, क्योंकि विषय-वासना निश्चय ही दुखरूप है।

✦ पुलुकामो हि मर्त्यः।

—ऋग्वेद 1/179/5

मनुष्य विभिन्न कामनाओं से घिरा रहता है तो समझो मरे हुए के समान है।

✦ हित्वा धर्म तथार्थं च कामं यस्तु निषेवते।
स वृक्षाग्रे यथा सुप्तः पतितः प्रतिबुध्यते॥

—वाल्मीकिरामायण/किष्किन्धाकांड 38/21

जो धर्म और अर्थ का त्याग करके केवल काम का ही सेवन करता है, वह वृक्ष की शाखा के अग्रभाग में सोए हुए मनुष्य के समान है, गिरने पर ही उसकी आंखें खुलती हैं।

✦ इंद्रियाणां हि चरतां यन्मनोऽनु विधीयते।
तदस्य हरति प्रज्ञां वायुर्नावमिवाम्भसि॥

—श्रीमद्भगवद्गीता 2/68

जैसे जल में चलने वाली नाव को वायु हर लेती है, वैसे ही विषयों में विचरती हुई इंद्रियों में से मन जिस इंद्रिय के साथ हरता है, वह एक ही इंद्रिय इस अयुक्त पुरुष की बुद्धि को हर लेती है।

✦ कुरंगमातंगपतंग भृंग मीना हताः पंचभिरेव पंच।
एकः प्रमादी स कथं न हन्यते यः सेवते पंचभिरेव पंच॥

—गरुड़पुराण

हिरण, हाथी, पतंग, मछली और भ्रमर ये पांच जीव शब्द, स्पर्श, रूप, गंध और रस रूपी विषयों के द्वारा एक-एक से मारे जाते हैं। फिर जो प्रमादी मनुष्य अकेले ही अपनी पांचों इंद्रियों से पांचों विषयों का सेवन करता है, वह क्यों न मारा जाएगा?

◆ इन्द्रियोत्तमरोगाणां   भोगाशावर्जनाददते ।
नौषधानि च तीर्थानि न च मन्त्राश्च शांतये ॥
—योगवासिष्ठ

इंद्रियों से उत्पन्न हुए भोग-लालसादि रोगों के लिए प्रायश्चित् को छोड़कर और
कोई औषधि, तीर्थ मंत्र नहीं होता, जो इनको शांत कर सके ।

◆ विषयेन्द्रियसंयोगाद्यत्तदग्रेऽमृतोपमम् ।
परिणामे विषमिव तत्सुखं राजसं स्मृतम् ॥
—श्रीमद्भगवद्गीता 18/38

जो सुख विषय और इंद्रियों के संयोग से होता है, वह पतले-भोगकाल में अमृततुल्य
प्रतीत होने पर भी परिणाम में विष के समान होता है ।

◆ भोगा भवमहारोगाः तृष्णाश्चमृगतृष्णिकाः ।
—योगवासिष्ठ 1/26/10

विषय भोग संसार के महारोग हैं और तृष्णाएं मृगतृष्णा हैं ।

◆ पर्ववर्जं व्रजेच्चनां तद्व्रतो रतिकाम्यया ॥
—मनुस्मृति 3/45

रति की कामना से पर्वों के दिनों को छोड़कर गमन करें, यही गृहस्थ धर्म का व्रत
है ।

◆ यत्पृथिम्यां ब्रीहियवं हिरण्यं पशवः स्त्रियः ।
न दुह्यन्ति मनः प्रीतिं पुंस कामहतस्य च ॥
—श्रीमद्भागवत

चावल, जौ, सुवर्ण, पशु, स्त्रियां पृथ्वी के ऊपर के द्रव्य इत्यादि काम-वासना से
ग्रस्त मनुष्य के मन को संतोष देने के लिए पर्याप्त नहीं होते हैं ।

◆ एतत्कामफलं लोके यद् द्वायोरेकचित्तता ।
अन्यचित्तकृते कामे शवयोरेव संगम ॥
—शृंगारशतक

दो पूर्णतया विभिन्न और दूरस्त स्त्री-पुरुष में विवाह के पश्चात एक चित्तता होना,
यह इहलोक में काम का ही परिणाम है । एकचित्त न होकर किया हुआ काम सेवन
दो प्राणियों का मिलन नहीं बल्कि दो शवों का संगम मात्र है ।

✦ ध्यायतो विषयान् पुंसः संगस्तेषूपजायते ।
संगात् संजायते कामः कामात् क्रोधोऽभिजायते ॥

—श्रीमद्भगवद्गीता 2/62

विषयों का चिंतन करने वाले पुरुष की उन विषयों में आसक्ति हो जाती है, आसक्ति से उन विषयों की कामना उत्पन्न होती है और कामना में विघ्न पड़ने से क्रोध उत्पन्न होता है ।

✦ नर तनु पाइ विषय मन देहीं । पलटि सुधा ते सठ विष लेहीं ॥

—श्रीरामचरितमानस/उत्तरकांड 43/1

जो लोग मनुष्य शरीर पाकर विषयों में लगा लेते हैं, वे मूर्ख अमृत को बदलकर विष ले लेते हैं ।

❑ ❑ ❑

विपत्ति/संकट/आपत्ति

✦ मत्स्यार्थीव जलमुपयुज्यार्थं गृह्णीयात्।

—चाणक्यसूत्र 197

जिस प्रकार मछुआरा जल में प्रवेश करके अनेक संकटों का सामना कर मछली पकड़ता है, उसी प्रकार पुरुषार्थी मनुष्य भी संकट में कूदकर सफलता रूपी अपने देव को विघ्नों से बचाकर सुरक्षित रखता रहता है और अपना काम बना लेता है। ठीक उसी प्रकार विघ्नों को हटाकर अपना काम बनाना चाहिए।

✦ आपदर्थे धनं रक्षेद् दारं रक्षद्धनैरपि।
आत्मानं सततं रक्षेद् दारैरषि धनैरपि॥

—चाणक्यनीति 1/6

आपत्ति काल के लिए अभी से धन की रक्षा करें, धन से बढ़कर स्त्री की रक्षा करें तथा धन और स्त्री दोनों से बढ़कर अपनी रक्षा करनी चाहिए।

✦ स्त्रक्तयोऽसि प्रतिसरोऽसि प्रत्यभिचरणोऽसि।
आप्नुहि श्रेयांसमिति समं क्राम॥

पुरुषार्थवान् व्यक्ति अपने सरल और निष्कपट स्वभाव के कारण सदैव अग्रगामी होकर अपने संकट मिटा डालते हैं और सफलता प्राप्त करते हैं।

✦ अनार्यवृत्तमप्राज्ञमसूयकं धार्मिकम्।
अनर्थाः क्षिप्रमायान्ति वाग्दुष्टं क्रोधेन तथा॥

—विदुरनीति 6/35

जिसका चरित्र निंदनीय है, जो मूर्ख, गुणों में दोष देखने वाला, अधार्मिक बुरे वचनों को बोलने वाला और क्रोधी है, उसके ऊपर शीघ्र ही घोर संकट (अनर्थ) टूट पड़ते हैं।

✦ अव मा पाप्मन्त्सृज वशीसन् मृडयासि नः।
आ मा भद्रस्य लोके पाप्मन् धेह्यविह्नुतम् ॥
—*अथर्ववेद 6/26/1*

जीवन में अनेक विघ्न-बाधाएं आती हैं, जो इन्हें प्रयत्नपूर्वक हटाते हैं पर विचलित नहीं होते, वही पुरुषार्थी आनंद पाते हैं।

✦ अनागतविधानं तु कर्तव्यं शुभमिच्छता।
आपदं शंकमानेन पुरुषेण विपश्चिता ॥
—*वाल्मीकिरामायण/अरण्यकांड 24/11*

अपना कल्याण चाहने वाले विद्वान् पुरुष को उचित है कि विपत्ति की शंका होने पर पहले से ही उससे बचने का उपाय कर ले।

✦ महाविपत्तौ संसारे यः स्मरेन्मधुसूदनम्।
विपत्तौ तस्य सम्पत्तिर्भवेदित्याह शंकरः ॥
—*देवीभागवतपुराण 9/40/41*

जो पुरुष महाविपत्ति के अवसर पर भगवान् का स्मरण करता है, उसके लिए वह विपत्ति संपत्ति हो जाती है, ऐसा भगवान् शंकरजी का वचन है।

✦ व्यसनं प्राप्य यो मोहात्केवलं परिदेवयेत्।
क्रन्दनं वर्धयत्येव तस्यान्तं नाधिगच्छति ॥
—*सुभाषित भंडागार 171/538*

जो विपत्ति में पड़कर मोहवश केवल रोता ही रहता है, उससे केवल रोने में ही वृद्धि होती है, उसका (रोने का) अंत नहीं होता है।

✦ विपदि धैर्यः।
—*भर्तृहरि नीतिशतक 63*

विपत्ति में धीरज जैसा सद्गुण महात्माओं में स्वाभाविक होता है।

✦ निरुत्साहस्य दीनस्य शोकपर्याकुलात्मनः।
सर्वार्था व्यवसीदन्ति व्यसनं चाधिगच्छति ॥
—*वाल्मीकिरामायण/युद्धकांड 2/6*

जो पुरुष निरुत्साही, दीन, शोक से व्यथित रहता है, उसके सारे काम बिगड़ जाते हैं और वह विपत्ति में पड़ जाता है।

◆ छिन्नोऽपि रोहति तरुः क्षीणोऽपि उपचीयते पुनश्चन्द्रः ।
इति विमृशन्तः सन्तः सन्तप्यन्ते न विप्लुता लोके ॥

—भर्तृहरि नीतिशतक 88

कटा हुआ वृक्ष भी बढ़ता है। क्षीण हुआ चंद्रमा भी पुनः बढ़कर पूरा हो जाता है। इस बात को समझकर संत पुरुष अपनी विपत्ति में नहीं घबराते।

◆ प्राप्यापदं न व्यथते कदाचित् उद्योगमन्विच्छति चाप्रमत्तः ।
दुःखं च काले सहते महात्मा धुरन्धरस्तस्य जिताः सपत्नाः ॥

—महाभारत/उद्योगपर्व 33/107

जो धुरंधर महापुरुष आपत्ति पड़ने पर कभी दुखी नहीं होता बल्कि सावधानी के साथ उद्योग का आश्रय लेता है तथा समय पर दुःख सहता है, उसके शत्रु पराजित ही हैं।

❑ ❑ ❑

वेद

◆ सर्वे वेदा यत्पदमामनन्ति।
—कठोपनिषद् 1/2/15

सभी वेद उस परमेश्वर का प्रतिपादन करते हैं।

◆ कृतमिष्टं ब्रह्मणो वीर्येण।
—अथर्ववेद 19/72/1

वेद से ही हमारा भला होता है।

◆ नास्ति वेदात् परं शास्त्रम्।
—महाभारत/अनुशासनपर्व 109/62

वेद से बढ़कर कोई शास्त्र नहीं।

◆ एहि स्तोमां अभि स्वराभि गृणीह्या रुव।
ब्रह्मच नो वसो सचेन्द्र यज्ञं च वर्धय॥
—ऋग्वेद 1/10/4

हमें विद्वान गुरु मिलें। हमें वेद स्तोम का ज्ञान दें। साक्षात् उपदेश दें। एक-एक पद की व्याख्या करें।

◆ अग्निहोत्रफला वेदाः।
—विदुरनीति 7/65

वेदों का फल है— अग्निहोत्र करना।

◆ सर्वथा वेद एवासौ धर्ममार्गप्रमाणकः।
—देवीभागवत 11/1/26

सर्वथा वेद ही धर्म के मार्ग का प्रमाणकर्ता है।

◆ पठन्ति चतुरो वेदान् धर्मशास्त्राण्यनेकशः।
  आत्मानं नैव जानन्ति दर्वी पाकरसं यथा॥
  —चाणक्यनीति 15/12

जो व्यक्ति चारों वेदों को और धर्मशास्त्रों को पढ़ने के बाद भी यदि आत्म-ज्ञान
से वंचित है तो वह कलछी के समान है, जो सब व्यंजनों पर चलती है पर उसका
स्वाद नहीं जानती।

◆ वेदप्रणिहितो धर्मो वेदो नारायणः परः।
  तत्र श्रद्धापरा ये तु तेषां दूरतरो हरिः॥
  —नारदपुराण/पूर्वभाग 4/17

धर्म वेद में प्रतिपादित है। वेद साक्षात् परम नारायण है। वेद में जो अश्रद्धा रखते
हैं, उनसे भगवान बहुत दूर है।

◆ यो हि वेदे च शास्त्रे च ग्रन्थधारणतत्परः।
  न च ग्रन्थार्थतत्त्वज्ञस्तस्य तद्धारणं वृथा॥
  —महाभारत/शांतिपर्व 305/13

जो वेद और शास्त्र के ग्रंथों को याद रखने में तत्पर है किंतु उनके यथार्थ तत्त्व
को नहीं समझता, उसका वह याद रखना व्यर्थ है।

◆ यस्तित्याज्य सचिविदं सखायं न तस्य वाच्यपि भागोऽस्ति।
  यदीं शृणोत्यलकं शृणोति न हि प्रवेद सुकृतस्य पन्थाम्॥
  —ऋग्वेद 10/71/6

साथ रहने वाले मित्र की भांति वेद को जो छोड़ देता है, उसकी वाणी में सफलता
नहीं होती है। वह जो सुनता है, व्यर्थ सुनता है। वह पुण्य पथ को नहीं जानता।

◆ वेदोऽखिलो धर्ममूलं स्मृतिशीले च तद्विदाम्।
  आचारश्चैव साधूनामात्मनस्तुष्टिरेव च॥
  —मनुस्मृति 2/6

समस्त वेद ही धर्म का मूल होता है और उसके ज्ञाता साधुओं को स्मृतियों के
परिशीलन से आचार द्वारा ही आत्मा की परम तुष्टि होती है।

◆ छन्दोविदस्ते य उत नाधीतवेदा न वेदवेद्यस्य विदुहि तत्त्वम्।
  —महाभारत/उद्योगपर्व 43/50

संपूर्ण वेद पढ़ लेने पर भी जो वेदों के द्वारा जानने योग्य परमात्मा के तत्त्व को
नहीं जानते, वे वास्तव में वेद के विद्वान् नहीं हैं।

✦ स सर्वोऽभिहितौ वेदे सर्वज्ञानमयो हि सः ॥

—मनुस्मृति 2/7

वेद समस्त ज्ञान से परिपूर्ण हैं।

✦ वेदोदितं स्वकं कर्म नित्यं कुर्यादत् ।
तद्धि कुर्वन् यथाशक्ति प्राप्नोति परमां गतिम् ॥

—मनुस्मृति 4/14

वेद में कहे हुए अपने धर्म को आलस्य रहित होकर नित्य ही करना चाहिए। उस अपने कर्म को करते हुए जो कि अपनी शक्ति के भी अनुकूल हो, द्विज परम गति को प्राप्त करते हैं।

❑ ❑ ❑

शांति

✦ ॐ द्यौः शान्तिरन्तरिक्षं शान्तिः पृथिवी शान्तिरापः शान्तिरोषधयः शान्तिः ।
वनस्पतयः शान्तिर्विश्वे देवाः शान्तिर्ब्रह्म शान्तिः सर्वं शान्तिः शान्तिरेव शान्तिः
सा मा शान्तिरेधि ॥

—यजुर्वेद 36/17

समस्त लोक में जो शांति है, अंतरिक्ष में जो शांति है, पृथ्वी में जो शांति है, जल
में जो शांति है, औषधियों में जो शांति है, वनस्पतियों में जो शांति है, सब देवों
में जो शांति है, ब्रह्म में जो शांति है, सब में जो शांति, शांति ही शांति है, वह
शांति मुझे प्राप्त हो ।

✦ विहाय कामान्यः सर्वान्पुमांश्चरति निःस्पृहः ।
निर्ममो निरहंकारः स शान्तिमधिगच्छति ॥

—श्रीमद्भगवद्गीता 2/17

जो पुरुष संपूर्ण कामनाओं को त्यागकर ममता रहित, अहंकार रहित और स्पृहा
रहित होकर विचरता है, वही शांति को प्राप्त होता है अर्थात् वह शांति को प्राप्त
है ।

✦ मधुनक्त मुतोषसो मधुमत्पार्थिवं रजः ।
मधु द्यौरस्तु नः पिता ॥

—ऋग्वेद 1/90/7

संसार में ऐसे कार्य करने चाहिए, जिससे सभी को सुख-शांति और प्रसन्नता मिले ।

✦ शान्तितुल्यं तपो नास्ति न संतोषात्परं सुखम् ।
न तृष्णया परो व्याधिर्न च धर्मो दया समः ॥

—चाणक्यनीति 18/13

शांति के बराबर कोई तप नहीं, संतोष से बढ़कर कोई सुख नहीं, तृष्णा से बढ़कर
कोई रोग नहीं और दया से बढ़कर कोई धर्म नहीं है ।

203

✦ न संरम्भेण सिद्ध्यन्ति सर्वेऽर्थाः सान्त्वया यथा ।
—श्रीमद्भागवत 8/6/24

क्रोध से सब काम वैसे नहीं बनते, जैसे शांति से ।

✦ अंतः शीतलतायां तु लब्धायां शीतलं जगत् ।
—योगवासिष्ठ 5/56/33

अपने भीतर शांति प्राप्त हो जाने पर सारा संसार भी शांत दिखाई देने लगता है यानी चित्त ।

✦ नान्यत्र विद्यातपसोर्नान्यत्रेन्द्रियनिग्रहात् ।
नान्यत्र लोभसंत्यागाच्छान्ति पश्यामि तेऽनघ ॥
—विदुरनीति 4/51

विद्या, तप, इंद्रिय निग्रह और लोभत्याग के सिवा और कोई शांति प्राप्ति का उपाय नहीं है ।

✦ भोक्तारं यज्ञतपसां सर्वलोकमहेश्वरम् ।
सुहृदं सर्वभूतानां ज्ञात्वां मां शान्तिमृच्छति ॥
—श्रीमद्भगवद्गीता 5/29

भगवान श्रीकृष्ण कहते हैं कि मैं सब यज्ञ-तपों का भोक्ता हूं, संपूर्ण लोकों का महान ईश्वर हूं और वही मैं समस्त भूत-प्राणियों का स्वार्थरहित दयालु और प्रेमी हूं । ऐसा मुझको जान लेने पर मनुष्य शांति को प्राप्त होता है ।

✦ यतते चापवादाय यत्नमारभते क्षये ।
अल्पेऽप्यपकृते मोहान्न शान्तिमधिगच्छति ॥
—विदुरनीति 7/15

नीच पुरुष निंदा करने के लिए यत्न करता है, थोड़ा भी अपराध हो जाने पर मोहवश विनाश के लिए उद्योग आरंभ कर देता है । उसे तनिक भी शांति नहीं मिलती ।

❑ ❑ ❑

श्रद्धा/आस्था

✦ ये श्रद्धा धनकाम्या क्रव्यादा समासते।
—अथर्ववेद 12/2/51

जो श्रद्धा को छोड़कर तृष्णा में फंसे हैं, वे नाश की तैयारी कर रहे हैं।

✦ श्रद्धां देवा यजमाना वायुगोपा उपासते।
श्रद्धां हृदय्ययाकूत्या श्रद्धया विन्दते वसु॥
—ऋग्वेद 10/151/4

श्रद्धा हृदय की उच्च भावना का प्रतीक है। इससे मनुष्य का आध्यात्मिक जीवन सफल होता है और धन प्राप्त कर सुखी होता है।

✦ श्रद्धावाल्लभते धर्मान् श्रद्धावानर्थमाप्नुयात्।
श्रद्धया साध्यते कामः श्रद्धावान् मोक्षमाप्नुयात॥
—नारदपुराण/पूर्वभाग 4/6

श्रद्धालु पुरुष को धर्म का लाभ होता है। श्रद्धालु ही धन पाता है, श्रद्धा से ही कामनाओं की सिद्धि होती है तथा श्रद्धालु ही मोक्ष पाता है।

✦ श्रद्धां प्रातर्हवामहे श्रद्धां मध्यन्दिनं परि।
श्रद्धां सूर्यस्य निम्रुचि श्रद्धे श्रद्धापयेह नः॥
—ऋग्वेद 10/151/5

श्रद्धा के द्वारा लोग शुभ व पवित्र कर्म करते हैं, इसलिए आत्म-चिंतन, ईश्वर आराधना आदि के कार्य श्रद्धापूर्वक करने चाहिए। श्रद्धा सांसारिक और पारमार्थिक व्यवहार में सफलता का आधार है, इसलिए अपना जीवन श्रद्धा से ओत-प्रोत हो।

✦ सत्त्वानुरूपा सर्वस्य श्रद्धा भवति भारत।
—महाभारत/भीष्मपर्व 41/3

सभी मनुष्यों की श्रद्धा उनके अंतःकरण के अनुरूप होती है।

✦ अश्रद्धया हुतं दत्तं तपस्तप्तं कृतं च यत् ।
असदित्युच्यते पार्थ न च तत्प्रेत्य नो इह ॥
—श्रीमद्भगवद्गीता 17/28

बिना श्रद्धा के किया हुआ हवन, दिया हुआ दान तथा किया हुआ तप और जो
कुछ भी किया हुआ शुभ कर्म होता है, वह सब 'असत्' कहा जाता है, इसलिए
वह न तो इस लोक में लाभदायक है और न मरने के बाद ही ।

✦ श्रद्धा हृदय्य याकूत्या श्रद्धया विन्दते वसु ।
—ऋग्वेद 10/151/4

सब लोग हृदय के दृढ़ संकल्प से श्रद्धा की उपासना करते हैं, क्योंकि श्रद्धा से
ही ऐश्वर्य की प्राप्ति होती है ।

✦ श्रद्धा बिना धर्म नहिं होई । बिनु महि गंध कि पावइ कोई ॥
कवनिउ सिद्धि कि बिनु बिस्वासा । बिनु हरि भजन न भव भय नासा ॥
—श्रीरामचरितमानस/उत्तरकांड 89/4, 8

श्रद्धा के बिना धर्म का आचरण नहीं होता । क्या पृथ्वी तत्त्व के बिना कोई गंध
पा सकता है? क्या विश्वास के बिना कोई भी सिद्धि हो सकती है? इसी प्रकार
श्रीहरि के भजन बिना जन्म-मृत्यु के भय का नाश नहीं होता ।

✦ धनेन धार्यते धर्मः श्रद्धायुक्तेन चेतसा ।
श्रद्धाविहीनो धर्मस्तु नेहामुत्र च वृद्धिभाक् ॥
धर्मात् संजायते ह्यर्थो धर्मात् कामोऽभिजायते ।
धर्म एवापवर्गाय तस्माद् धर्म समाचरेत् ॥
—गरुड़पुराण/उत्तरखंड 2/29-30

अत्यंत श्रद्धायुक्त चित्त से उपयोग करने पर ही धन द्वारा धर्म की प्राप्ति होती
है । बिना श्रद्धा से किया गया धर्म इस लोक या परलोक में कहीं भी फलीभूत
नहीं होता । धर्म से ही अर्थ एवं सुख-भोग प्राप्त होता है तथा धर्म ही मोक्ष का
कारण है, अतः धर्म का आचरण करना चाहिए ।

✦ श्रद्धामयोऽयं पुरुषो यो यच्छ्रद्धः स एव सः ।
—महाभारत/शांतिपर्व 264/17

पुरुष की पहचान श्रद्धा से होती है । जिसकी जैसी श्रद्धा है, वैसा ही वह हो जाता है ।

✦ यथा देवा असुरेषु श्रद्धामुग्रेषु चक्रिरे।
एवं भोजेषु यज्वस्वस्माकं मुदितं कृधि ॥

—ऋग्वेद 10/151/3

देश, जाति, धर्म और संस्कृति के प्रति समर्पण की अच्छी भावना तब पैदा होती है, जब हृदय में इनके प्रति श्रद्धा हो। श्रद्धा में ही वह बल है जो किसी कर्तव्य के प्रति गहन निष्ठा उत्पन्न करती है।

✦ अश्रद्धा परमं पापं श्रद्धा पापम्प्रमोचिनी।

—महाभारत/शांतिपर्व 264/15

अश्रद्धा सबसे बड़ा पाप है और श्रद्धा पाप से छुटकारा दिलाने वाली है।

✦ श्रद्धापूर्वाः सर्वधर्मा मनोरथफलप्रदाः।
श्रद्धया साध्यते सर्वं श्रद्धया तुष्यते हरिः ॥

—नारदपुराण/प्रथमपाद 4/1

श्रद्धापूर्वक आचरण में लाए हुए सब धर्म मनोवांछित फल देने वाले होते हैं। श्रद्धा से सब सिद्ध होता है और श्रद्धा से ही भगवान् संतुष्ट होते हैं।

✦ न देवो विद्यते काष्ठे न पाषाणे न मृण्मये।
भावेषु विद्यते देवस्तस्माद् भावो हि कारणम् ॥

—चाणक्यनीति 8/11

देवता न तो काष्ठ में विद्यमान रहता है, न पाषाण में और न मिट्टी की मूर्ति में। देवता भाव (श्रद्धा) में रहता है, अतः भाव ही कारण है।

❑ ❑ ❑

श्राद्ध

✦ यद्दत्तं यत्परादानं यत्पूर्वं याश्च दक्षिणाः ।
  तदग्निर्वैश्वकर्मणः स्वर्देवेषु नो दधत् ॥
  —यजुर्वेद 18/64

श्राद्ध में पितरों के निमित्त जो कुछ भी दान दिया जाता है, वह चाहे वापी, कूप, तड़ाग आदि जल से भरे हों और दान दिए जाएं, चाहे नकद दक्षिणा हो, समस्त विश्व का नियंता तेज स्वरूप परमात्मा उससे पितरों को स्वर्ग आदि लोकों में और देव आदि योनियों में यथावत् पोषण कराता है ।

✦ यद्यद् ददाति विधिवत् सम्यक् श्रद्धासमन्वितः ।
  तत्तत् पितृणां भवति परत्रानन्तमक्षयम् ॥
  —मनुस्मृति 3/275

मनुष्य श्रद्धावान होकर जो-जो पदार्थ अच्छी तरह विधिपूर्वक पितरों को देता है, वह-वह परलोक में पितरों को अनंत और अक्षय रूप में प्राप्त होता है ।

✦ त्वमग्ने ईडितो जातवेदो वाड् हव्यानिसुरभीणि कृत्वा प्रादाः पितृभ्यः ।
  —अथर्ववेद 19/3/48

हे स्तुत्य अग्निदेव! हमारे पितर जिस योनि में जहां रहते हैं तू उनको जानने वाला है । हमारा प्रदान किया हुआ स्वधाकृत हव्य सुगंधित बनाकर पितरों को प्रदान कर ।

✦ यावतो ग्रसते ग्रासन् हव्यकव्येषु मन्त्रवित् ।
  तावतो ग्रसते पिण्डान् शरीरे ब्रह्मणः पिता ॥
  —यमस्मृति 40

मंत्रवेत्ता ब्राह्मण श्राद्ध के अन्न के जितने कौर अपने मुंह के माध्यम से पेट में पहुंचाता है, उनको श्राद्धकर्ता का पिता ब्राह्मण के शरीर में स्थित होकर पा लेता है ।

208

✦ संकरो नरकायैव कुलघ्नानां कुलस्य च।
पतन्ति पितरो ह्येषां लुप्तपिण्डोदकक्रिया ॥

–श्रीमद्भगवद्गीता 1/42

वर्णसंकर कुलघातियों को और कुल को नरक में ले जाने के लिए ही होता है। लुप्त हुई पिंड और जल की क्रिया वाले अर्थात् श्राद्ध और तर्पण से वंचित इनके पितर लोग भी अधोगति को प्राप्त होते हैं।

✦ आयुः पुत्राण यशः स्वर्गं कीर्तिं पुष्टिं बलं श्रियम्।
पशून् सौख्यं धनं धान्यं प्राप्नुयात् पितृपूजनात् ॥

–गरुड़पुराण

श्राद्ध कर्म करने से संतुष्ट होकर पितरों के लिए आयु, पुत्र, यश, मोक्ष, स्वर्ग, कीर्ति, पुष्टि, बल वैभव, पशुधन, सुख, धन और धान्य वृद्धि का आशीष प्रदान करते हैं।

✦ पितृलोकगतश्च नं श्राद्धे भुंक्ते स्वधामयम्।

–विष्णुस्मृति 20/64

पितृलोक में गया हुआ प्राणी श्राद्ध में दिए हुए अन्न को स्वधारूप में परिणत हुए को खाता है।

✦ आयुः प्रजां धनं विद्यां स्वर्ग मोक्ष सुखानि च।
प्रयच्छन्ति तथा राज्यं पितरः श्राद्धतर्पिताः ॥

–मार्कण्डेयपुराण

श्राद्ध से तृप्त होकर पितृगण श्राद्धकर्ता को दीर्घायु, संतति, धन, विद्या, सुख, राज्य, स्वर्ग और मोक्ष प्रदान करते हैं।

✦ पुष्टिरायुस्तथा वीर्यः श्रीश्चैव पितृभक्तितः।

–महाभारत/अनुशासनपर्व

पितरों की भक्ति करने से पुष्टि, आयु, वीर्य तथा लक्ष्मी की प्राप्ति होती है।

✦ श्राद्धात्पितरं नान्यच्छ्रेयस्करमुदाहृतम्।
तस्मात्सर्वप्रयत्नेन श्राद्धं कुर्याद्विचक्षणः ॥

–महर्षि सुमन्तु

संसार में श्राद्ध से बढ़कर और कोई दूसरा कल्याणप्रद मार्ग नहीं है। अतः बुद्धिमान् मनुष्य को प्रयत्नपूर्वक श्राद्ध करना चाहिए।

✦ अरोगः प्रकृतिस्थश्च चिरायुः पितृपुत्रवान्।
अर्थवानर्थयोगी च श्राद्धकामो भवेदिह॥
परत्र च परां तुष्टिं लोकाश्च विविधान् शुभान्।
श्राद्धकृत् समवाप्नोति श्रियं च विपुलां नरः॥

—देवलस्मृति

श्राद्ध की इच्छा करने वाला प्राणी निरोग, स्वस्थ, दीर्घायु, योग्य संततिवाला, धनी तथा धनोपार्जक होता है। श्राद्ध करने वाला मनुष्य विविध शुभ लोकों को प्राप्त करता है, परलोक में संतोष प्राप्त करता है और पूर्ण लक्ष्मी की प्राप्ति करता है।

✦ तस्माच्छ्राद्धं नरो भक्तया शाकैरपि यथाविधि।
कुर्वीत श्रद्धया तस्य कुले कश्चिन्न सदिति॥

—मार्कंडेयपुराण 31/18

जो मनुष्य शाक के द्वारा भी श्रद्धा-भक्ति से श्राद्ध करता है, उसके कुल में कोई भी दुखी नहीं होता।

✦ यो येन विधिना श्राद्धं कुर्यादेकाग्रमानसः।
व्यपेतकल्मषो नित्यं याति नावर्तते पुनः॥

—कूर्मपुराण

जो प्राणी जिस किसी भी विधि से एकाग्रचित होकर श्राद्ध करता है, वह समस्त पापों से रहित होकर मुक्त हो जाता है और पुनः संसारचक्र में नहीं आता।

✦ कुरुतेऽहरहः श्राद्धमृषिर्विप्रः स उच्यते॥

—चाणक्यनीति 11/11

प्रतिदिन श्राद्ध करने वाला ब्राह्मण ऋषि कहा जाता है।

❑ ❑ ❑

स्नान

✦ अस्नातस्व क्रियाः सर्वा भवन्ति विफला यतः।
तस्मात्प्रातश्चरेत्स्नानं नित्यमेव दिने दिने॥
—देवीभागवत/रुद्राक्षमाहात्म्य 7

प्रातः स्नान न करने से दिन भर के सभी कर्म फलहीन हो जाते हैं। इसलिए प्रातः स्नान प्रतिदिन अवश्य करना चाहिए।

✦ नैर्मल्यं भावशुद्धिश्च विना स्नानं न युज्यते।
तस्मात् कायविशुद्ध्यर्थं स्नानमादौ विधीयते॥
—भविष्यपुराण 123/1

स्नान के बिना चित्त की निर्मलता और भाव शुद्धि नहीं होती। अतएव शरीर की शुद्धि के लिए सर्वप्रथम स्नान का ही विधान है।

✦ गुणा दश स्नानशीलं भञ्जते बलं रूपं स्वरवर्णप्रशुद्धिः।
स्पर्शश्च गन्धश्च विशुद्धता च श्रीः सौकुमार्यं प्रवराश्च नार्यः॥
—विदुरनीति 5/33

नित्य स्नान करने वाले मनुष्य को बल, रूप, मधुर स्वर, उज्ज्वल वर्ण, कोमलता, सुगंध, पवित्रता, शोभा, सुकुमारता और सुंदर स्त्रियां—ये दस लाभ प्राप्त होते हैं।

✦ न जलाप्लुतदेहस्य स्नानमित्यभिधीयते।
स स्नातो यो दमस्नातः शुचिः शुद्धनोमलः॥
—स्कंदपुराण/काशीखंड/अध्याय 6

जल में शरीर को डुबो लेना ही स्नान नहीं कहलाता। जिसने दमरूपी तीर्थ में स्नान किया है— मन, इंद्रियों को वश में कर रखा है, उसी ने वास्तव में स्नान किया है। जिसने मन का मैल धो डाला है, वही शुद्ध है।

✦ तैलाभ्यंगे चिताधूमे मैथुने क्षौरकर्मणि।
तावद् भवति चाण्डालो यावत्स्नानं न आचरेत् ॥

—चाणक्यनीति 8/6

तेल लगाने पर, चिता का धुआं लगने पर, स्त्री प्रसंग करने पर अथवा बाल कटवाने पर मनुष्य तब तक चांडाल बना रहता है, जब तक कि वह स्नान न करे।

✦ न स्नानमाचरेद्भुंक्त्वा नातुरो न महानिशि।
न वासोभिः सहाजस्त्रं नाविज्ञाते जलाशये ॥

—मनुस्मृति 4/129

भोजन करने के बाद, रोग पीड़ित होने पर, मध्य रात्रि में, बहुत वस्त्र पहन कर तथा अज्ञात जलाशय में स्नान न करें।

✦ न च स्नानं विना पुंसां पावनं कर्म सुस्मृतम्।
होमे जप्ये विशेषेन तस्मात् स्नानं समाचरेत् ॥
अशक्तावशिरस्कं वा स्नानमस्य विधीयते।

—कूर्मपुराण 18/9-10

बिना स्नान के मनुष्यों को पवित्र करने वाला कोई कर्म नहीं बतलाया गया है। अतः होम तथा जप के समय विशेष रूप से स्नान करना चाहिए। असमर्थता की स्थिति में सिर को छोड़कर स्नान करने का विधान किया गया है।

✦ अन्तर्गतमलो दुष्टः तीर्थस्नानशतैरपि।
न शुद्धयति यथा भाण्डं सुरया दाहितं च यत् ॥

—चाणक्यनीति 11/7

जिसका अंतःकरण मलिन है, ऐसा पापात्मा सैकड़ों तीर्थों में स्नान करने पर भी शुद्ध नहीं हो सकता। जैसे मदिरा का बर्तन आग में ही क्यों न जलाया जाए पर शुद्ध नहीं होता है।

✦ गुणा दश स्नानकृतो हि पुंसो रूपो च तेजश्व बलं च शौचम्।
आयुष्यमारोग्यमलोलुपत्वं दुःखप्ननाशं च तपश्च मेधा ॥

—विश्वामित्रस्मृति 1/86

विधि पूर्वक नित्य प्रातःकाल स्नान करने वाले को रूप, तेज, बल, पवित्रता, आयु, आरोग्य, निर्लोभता, तप और मेधा प्राप्त होते हैं तथा उसके दुःस्वप्नों का नाश होता है।

✦ नग्नः स्नानमाचरेत्।

—मनुस्मृति 4/45

बिल्कुल नग्न होकर स्नान नहीं करें।

✦ प्रातःस्नानं प्रशंसन्ति दृष्टादृष्टकरं शुभम्।
ऋषीणां मृषिता नित्यं प्रातःस्नानान्न संशयः॥
मुखे सुप्तस्य सततं लाला याः श्रवन्ति हि।
ततो नैवाचरेत् कर्म अकृत्वा स्नानमादितः॥
अलक्ष्मीः कालकर्णी च दुःस्वप्नं दुर्विचिन्तितम्।
प्रातः स्नानेन पापानि पूयन्ते नात्र संशयः॥

—कूर्मपुराण/18/6-8

दृष्ट और अदृष्ट फल देने वाले प्रातःकालीन शुभ स्नान की सभी प्रशंसा करते हैं। नित्य प्रातःकाल स्नान करने से ही ऋषियों का ऋषित्व है, इसमें संशय नहीं, क्योंकि सोये व्यक्ति के मुख से निरंतर लार बहती रहती है। अतः सर्वप्रथम स्नान किए बिना कोई कर्म नहीं करना चाहिए। प्रातः स्नान से अलक्ष्मी, कालकर्णी, दुःस्वप्न, बुरे विचार और अन्य पाप दूर हो जाते हैं, इसमें संशय नहीं।

❑ ❑ ❑

स्वर्ग

✦ स्वयतो धिया दिवम्।
—यजुर्वेद

सद्बुद्धि से ही स्वर्ग की प्राप्ति होती है।

✦ पिपेश नाकं स्तृभिर्दनूनाः।
—ऋग्वेद 1/68/10

संयमी मनुष्य स्वर्ग को भी जीत लेता है।

✦ स्वर्गस्थितानामिह जीव लोके चत्वारि चिह्नानि वसन्ति देहे।
दानप्रसंगो मधुरा च वाणी देवार्चनं ब्राह्मणतर्पणं च॥
—चाणक्यनीति 7/16

इस संसार में रहते हुए भी जो 'स्वर्ग में स्थित' की तरह रहते हैं, उनके जीवन में चार चिह्न दिखलाई देते हैं—दान देने का स्वभाव, मधुर बोलना, देवताओं का पूजन और ब्राह्मणों एवं विद्वानों को तृप्त करना।

✦ भर्तृः शुश्रूषया नारी लभते स्वर्गमुत्तमम्।
अपि या निर्नमस्कारा निवृत्ता देवपूजनात्॥
—वाल्मीकिरामायण/अयोध्याकांड 24/26

जो अन्यान्य देवताओं की वंदना और पूजा से दूर रहती है, वह नारी भी केवल पति की सेवा मात्र से उत्तम स्वर्गलोक को प्राप्त करती है।

✦ सत्यं रूपं श्रुतं विद्या कौल्यं शीलं बलं धनम्।
शौर्यं च चित्रभाष्यं च दशेमे स्वर्गयोनयः॥
—विदुरनीति 3/59

सत्य, विनय का भाव, शास्त्रज्ञान, विद्या, कुलीनता, शील, बल, धन, शूरता और चमत्कारपूर्ण बात कहना—ये दस स्वर्ग के साधन हैं।

✦ आढयाश्च रूपवन्तश्च यौवनस्थाश्च भारत।
येवे जितेन्द्रिया धीरास्ते नराः स्वर्ग गामिनः ॥

—पद्मपुराण/भूमिखंड 2/96

धनवान, रूपवान, युवावस्था वाले होते हुए भी जो पुरुष इंद्रियजीत हैं, वे स्वर्ग जाते हैं।

✦ न कोपाद् व्याहरन्ते ये वाचं हृदय दारिणीम्।
साप्वं वदन्ति क्रुद्धापि ते नराः स्वर्गगामिनः ॥

—महाभारत/अनुशासनपर्व 134/26

जो पुरुष क्रोध में भरकर हृदय को विदीर्ण करने वाली वाणी नहीं बोलते, क्रोध का कारण होने पर भी नम्रतापूर्ण वचन कहते हैं, वे पुरुष स्वर्ग जाते हैं।

✦ यस्य पुत्रो वशीभूतोभार्या छन्दानुगामिनी।
विभवे यश्च सन्तुष्टस्तस्य स्वर्ग इहैव हि ॥

—चाणक्यनीति 2/3

आज्ञाकारी पुत्र, इच्छानुसार चलने वाली आज्ञाकारिणी स्त्री (पत्नी), थोड़े ही धन से संतोष प्राप्त करने वाले मनुष्य का स्वर्ग इस धरती पर ही होता है।

✦ गृहीतवाक्यो नयविद् वदान्यः शेषान्नभोक्ता ह्यविहिंसकश्च।
नानर्थकृत्याकुलितः कृतज्ञः सत्यो मृदुः स्वर्गमुपैति विद्वान् ॥

—विदुरनीति 5/14

बड़ों की आज्ञा मानने वाला, नीतिज्ञ, दाता, यज्ञशेष, अन्न, भोजन करने वाला, हिंसा रहित, अनर्थकारी कार्यों से दूर रहने वाला, कृतज्ञ, सत्यवादी और कोमल स्वभाववाला विद्वान् स्वर्गगामी होता है।

✦ श्रुतवन्तो दयावन्तः शुचयः सत्य संगराः।
स्वरर्थे परिसंतुष्टास्ते नराः स्वर्गगामिनः ॥

—महाभारत/अनुशासन 134/135

जो पुरुष शास्त्र का अभ्यास करते हैं, दयालु हैं, पवित्र हैं, सत्य प्रतिज्ञा वाले हैं और अपने धन से संतुष्ट हैं, वे स्वर्ग जाते हैं।

✦ द्वाविमौ पुरुषौ राजन् स्वर्गस्योपरि तिष्ठतः।
प्रभुश्च क्षमया युक्तो दरिद्रश्च प्रदानवान् ॥

—विदुरनीति 1/63

ये दो प्रकार के पुरुष स्वर्ग के भी ऊपर स्थान पाते हैं– शक्तिशाली होने पर भी

क्षमा करने वाला और निर्धन होने पर भी दान देने वाला।

◆ वैश्योऽधीत्य ब्राह्मणान् क्षत्रियांश्च धनै काले संविभज्याश्रितांश्च ।
   त्रेतापूतं धूममाघ्राय पुण्यं प्रेत्य स्वर्गे दिव्यसुखानि भुंक्ते ॥
   —विदुरनीति 8/27

वैश्य यदि वेद-शास्त्रों का अध्ययन करके ब्राह्मण, क्षत्रिय तथा आश्रितजनों को समय-समय पर धन देकर, उनकी सहायता करे और यज्ञों द्वारा तीनों अग्नियों के पवित्र धूम की सुगंध लेता रहे तो वह मरने के पश्चात् स्वर्गलोक में दिव्य सुख भोगता है।

◆ पुरुषं येन भाषन्ते कटुकं निष्ठरन्तथा ।
   अपैशुन्य रताः सन्तस्ते नराः स्वर्गगामिनः ॥
   —महाभारत/अनुशासनपर्व 134/22

जो पुरुष कठोर, कटु, निष्ठुर भाषण नहीं करते और चुगलखोरी से बचे हुए हैं, वे सत्पुरुष स्वर्ग जाते हैं।

❑ ❑ ❑

सज्जन/सज्जनता

✦ ॐ देवानामपि पन्थामगन्म।

—*अथर्ववेद 19/59/3*

उस मार्ग पर चलो, जिस मार्ग पर सज्जन चलते हैं।

✦ दस्यत् कृष्णोष्यध्वरम्।

—*ऋग्वेद 1/74/4*

सज्जन सत्कर्मों में सहायता करते हैं।

✦ हृत्सु पीतासो युध्यन्ते दुर्मदासो सुरापाम्।
ऊधर्न नग्रा जरन्ते॥

—*ऋग्वेद 8/2/12*

दुष्ट बुद्धि के लोग मनमानी शराब पीकर आपस में लड़ते रहते और नंगे होकर रात भर इधर-उधर घूमते रहते हैं। इसलिए सज्जन पुरुष कभी भूल कर भी शराब नहीं पिएं।

✦ यज्ञो दानमध्ययनं तपश्च चत्वार्येतान्यञ्चवेतानि सद्भिः।
दमः सत्यमार्जवमानृशंस्यं चत्वार्येतान्यनुयान्ति सन्तः॥

—*विदुरनीति 3/55*

यज्ञ, दान, अध्ययन और तप—ये चार सज्जनों के साथ नित्य संबद्ध हैं और इंद्रियनिग्रह, सत्य, सरलता तथा कोमलता—इन चारों का संतलोग अनुसरण करते हैं।

✦ योऽसाधुभ्योऽर्थमादाय साधुभ्यः संप्रयच्छति।
स कृत्वा प्लवमात्मानं सन्तारयति तावुभौ॥

—*मनुस्मृति 1/19*

जो मनुष्य दुष्ट से धन लेकर सज्जन को देता है, वह स्वयं को नाव बनाकर दोनों को पार लगा देता है।

✦ प्रशमश्च क्षमा चैव आर्जवं प्रियवादिता ।
असामर्थ्यफला ह्येते निर्गुणेषु सतां गुणाः ॥

—वाल्मीकिरामायण/युद्धकांड 21/14

शांति, क्षमा, सरलता, मधुर भाषण—ये जो सत्पुरुषों के गुण हैं। इनका गुणहीनों के प्रति प्रयोग करने पर यही परिणाम होता है कि वे उस गुणवान् पुरुष को भी असमर्थ समझ लेते हैं।

✦ सत्कथासु प्रवर्तन्ते सज्जना ये जगद्धिताः ।
निन्दायां कलहे वापि ह्यसन्तः पापतत्परः ॥

—नारदपुराण/पूर्वभाग 1/57

जो संसार का हित करने वाले सज्जन हैं, वे ही उत्तम कथाओं के कहने-सुनने में प्रवृत्त होते हैं। पाप-परायण लोग तो पर निंदा या दूसरों से कलह में ही लगे रहते हैं।

✦ सम्भावितस्य चाकीर्तिमरणादतिरिच्यते ।

—श्रीमद्भगवद्गीता

माननीय, सज्जन पुरुष के लिए अपकीर्ति मरण से भी बढ़कर है।

✦ नारिकेल समाकारा दृश्यन्ते खलु सज्जनाः ।
अन्ये बदरिकाकारा बहिमेव मनोहराः ॥

—सुभाषित भंडागार 47/24

सज्जन नारियल के फल के समान (बाहर से कठोर और अंदर से मृदु) होते हैं, जबकि दुर्जन बेर-फल की तरह केवल बाहर से ही मनोहर (मृदु) होते हैं, जबकि अंदर से अत्यंत कठोर होते हैं।

✦ दरिद्रस्य विषं गोष्ठी ।

—चाणक्यनीति 4/5

दरिद्रों को सज्जनों की सभा जहर ही है।

✦ दर्शनध्यानसंस्पर्शैर्मत्सी कूर्मी च पक्षिणी ।
शिशुं पालयते नित्यं तथा सज्जनसंगतिः ॥

—चाणक्यनीति 4/3

ध्यानपूर्वक देखरेख और स्पर्श से मछली, कछुई, पक्षियां अपने बच्चों का पालन-पोषण करती हैं, उसी प्रकार सज्जनों की संगति से जीवों की रक्षा होती है।

✦ वाञ्छा सज्जनसंगमे परगुणे प्रीतिर्गुरौ नम्रता
विद्यायां व्यसनं स्वयोषिति रतिर्लोकापवादाद्भयम्।
भक्तिः शूलिनि शक्तिरात्मदने संसर्गमुक्तिः खले
येष्वेते निवसन्ति निर्मल गुणास्तेभ्यो नरेभ्यो नमः॥

—भर्तृहरि नीतिशतक 62

सज्जन व्यक्ति अपने गुणों के कारण ही आदरणीय होते हैं। दूसरों के गुणों का हृदय में सम्मान देकर वे सज्जनों से ही मेल-जोल रखते हैं। विद्वान के प्रति विनम्र होते हैं, पराई नारी के प्रति कभी कामुक दृष्टि से नहीं देखते, लोकमत का वे हृदय से आदर करते हैं। भोगविलास, वासनाओं पर उनका नियंत्रण होता है। विधि-विध ाान से रहकर वे समाज की मान-मर्यादा पालते हैं।

✦ ज्यायस्वंताश्चित्तिनो।

—ऋग्वेद 3/30/5

आदरणीय सज्जनों का सम्मान करो।

✦ उपकारिषु यः साधुः साधुत्वे तस्य को गुणः।
अपकारिषु यः साधुः स साधुः सद्भिरुच्यते॥

—सुभाषित भंडागार 47/40

जो उपकारी के प्रति सज्जनता का आचरण करे, वह क्या सज्जन? जो अपकारी के प्रति सज्जनता का व्यवहार करे, वही विद्वज्जनों द्वारा सज्जन कहा जाता है।

❑ ❑ ❑

सत्य

◆ मृतं वदन्तो अनृतं रपेम।
—अथर्ववेद 18/1/4

हे सत्यवादियो! असत्य को मत अपनाओ। जो असत्य को अपनाता है, वह सब कुछ खो बैठता है।

◆ सत्यमेव जयति नानृतम्।
—मुंडकोपनिषद् 3/1/6

सत्य ही विजयी होता है यानी जीतता है, असत्य कभी नहीं।

◆ व्रतानां सत्यमुत्तमम्।
—गरुड़पुराण 1/115/53

व्रतों में सत्य सर्वोत्तम है।

◆ ऋतस्व पथा प्रेत।
—यजुर्वेद 7/45

सत्य के मार्ग पर चलो।

◆ सत्यं ब्रह्मेति सत्यं ह्येव ब्रह्म।
—बृहदारण्यक उपनिषद् 5/4/1

सत्य ब्रह्म है, सत्य ही ब्रह्म है।

◆ सत्यं हि परमं बलम्।
—महाभारत/अनुशासनपर्व 167/49

सत्य ही सबसे बड़ा बल है।

◆ सत्यं स्वर्गस्य सोपानम्।
—विदुरनीति 1/52

स्वर्ग के लिए सत्य ही एकमात्र मार्ग है।

✦ सुविज्ञानं चिकितुषे जनाय सच्चासच्च वचसी पस्पृधाते ।
तयोर्यत् सत्यं यतरहजीयस्तदित्सोमोऽवति हन्त्यासत् ॥
—अथर्ववेद 8/4/12

विवेकवान् पुरुष उसे कहते हैं जो सत्य को ग्रहण करता है और असत्य का त्याग कर देता है।

✦ सत्यं वै श्रीज्योतिः ।
—शतपथ ब्राह्मण 5/1/5/28

सत्य ही श्री व ज्योति है।

✦ इदमहमनृतात् सत्यमुपैमि ।
—यजुर्वेद 1/5

असत्य को त्याग कर सत्य ही ग्रहण करना चाहिए।

✦ सत्येन धार्यते पृथ्वी सत्येन तपते रविः ।
सत्येन बहति वायुश्च सर्वसत्ये प्रतिष्ठितम् ॥
—चाणक्यनीति 5/19

सत्य ही सबका कारण है। सत्य से ही पृथ्वी स्थिर है, सत्य ही से सूर्य तपता है और सत्य ही से वायु भी बहती है अर्थात् सत्य ही सबका मूल है।

✦ सत्यं ब्रूयात् प्रियं ब्रूयात् न ब्रूयात् सत्यमप्रियम् ।
प्रियं च नानृतं ब्रूयादेष धर्मः सनातनः ॥
—मनुस्मृति 4/138

सदा सत्य व प्रिय सत्य ही बोलें। अप्रिय सत्य कभी न बोलें किंतु ऐसा प्रिय भी न बोलें जो असत्य हो, यही सनातन धर्म है।

✦ तस्मात् सत्यं वदेत्प्राज्ञो यत्परप्रीतिकारणम् ।
सत्यं यत्परदुःखाय तदा मौनपरो भवेत् ॥
—विष्णुपुराण 3/12/43

वही सत्य कहना चाहिए जो दूसरों की प्रसन्नता का कारण हो। जो सत्य दूसरों के दुख के लिए हो उसके संबंध में बुद्धिमान मौन रहें।

✦ न हि प्रतिज्ञां कुर्वन्ति वितयां सत्यवादिनः ।
—वाल्मीकिरामायण/युद्धकांड 101/52

सत्यवादी पुरुष झूठी प्रतिज्ञा नहीं करते हैं।

✦ भवेत् सत्यं न वक्तव्यं वक्तव्यमनृतं भवेत्।
यत्रानृतं भवेत् सत्यं सत्यं वाप्यनृतं भवेत्॥

—महाभारत/शांतिपर्व 109/5

जहां झूठ ही सत्य का काम करे (किसी प्राणी के संकट को दूर करे) अथवा सत्य ही झूठ बन जाए (किसी के जीवन को संकट में डाल दे), ऐसे अवसरों पर सत्य नहीं बोलना चाहिए, वहां झूठ बोलना ही उचित है।

✦ सत्यं न सत्यं खलु यत्र हिंसा दयान्वितं चानृतमेव सत्यम्।
हितं नराणां भवतीह येन तदेव सत्यं न तथान्यथैव॥

—देवीभागवत 3/11/36

वह सत्य सत्य नहीं है, जिसमें हिंसा भरी हो। यदि दया युक्त हो तो असत्य भी सत्य ही कहा जाता है, जिससे मनुष्यों का हित होता हो, वही सत्य है।

✦ स वै सत्यमेव वदेत्। एतद्धवै देवा व्रतं चरन्ति यत्सत्यम्।
तस्मात्ते यशो यशो ह भवति य एवं विद्वान्सत्यं वदति॥

—शतपथ ब्राह्मण 1/1/1/4-5

सत्य ही बोलो। देवता निश्चय ही सत्य का आचरण करते हैं। इसी से वे यश पाते हैं। जो विद्वान सत्य बोलता है, वह भी यश पाता है।

✦ सत्यमेकपदं ब्रह्म सत्ये धर्मः प्रतिष्ठितः।
सत्यमेवाक्षया वेदाः सत्येनावाप्यते परम्॥

—वाल्मीकिरामायण/अयोध्याकांड 14/7

वस्तुतः प्रणव, वेद या सत्य से चित्त शुद्धि होती है। चित्त शुद्धि होने पर सत्य ब्रह्म परम पद की प्राप्ति सरल हो जाती है।

✦ सत्यं चोक्तं परो धर्मः स्वर्गः सत्ये प्रतिष्ठितः।

—मार्कण्डेयपुराण 8/41

सत्य भाषण सबसे बड़ा धर्म है। सत्य पर ही स्वर्ग प्रतिष्ठित है।

❑ ❑ ❑

सत्संग

✦ दूरे पूर्णेन वसति दूर ऊनेन हीयते।
महद्यक्षं भुवनस्य मध्ये तस्मै बलिं राष्ट्रभृतोभरन्ति॥

—अथर्ववेद 10/8/15

विद्वान, चरित्रवान श्रेष्ठ पुरुषों के सत्संग से मनुष्य की उन्नति होती है किंतु मूर्ख पतित मनुष्यों के पास रहने से दूसरों का भी पतन हो जाता है।

✦ अग्ने शकेम तेवयं यमं देवस्य वाणिनः।
अति द्वेषांसि तरेम॥

—ऋग्वेद 3/27/3

जिन्हें मोक्ष प्राप्ति की कामना हो उन्हें चाहिए कि वे द्वेष और दुर्गुणों से बचकर जीवन पथ पर चलें। इसके लिए उन्हें विद्वान पुरुषों का सत्संग करना और उत्तम रीतियों को धारण करना चाहिए।

✦ अव जहि यातुधानानव कृत्याकृतं जहि।
अथो यो अस्मान् दिप्सति तमु त्वं जघ्योसधे॥

—अथर्ववेद 5/14/2

अन्न जिस तरह भूख मिटाता है, वैसे सद्गुणों को अपने जीवन में धारण कर हम दोष-दुर्गुणों को दूर भगावें।

✦ क्षीराश्रितं जलं क्षीरमेव भवति।

—चाणक्यसूत्र 187

जिस प्रकार जल दूध में मिलाने पर दूध बन जाता है, उसी प्रकार गुणी हाथों में हाथ देने वाला भी गुणी बन जाता है।

✦ महत्संस्तु दुर्लभोऽगम्योऽमोघश्च।

—नारदसूत्र 39

महात्माओं का संग दुर्लभ, अगम्य और अमोघ है।

✦ उत्तिष्ठत जाग्रत प्राप्य वरान्नि बोधत।

—कठोपनिषद् 3/14

उठो, जागो और श्रेष्ठ पुरुषों के सत्संग से ज्ञान प्राप्त करो।

✦ दर्शनध्यानसंस्पर्शैमत्सी कूर्मी च पक्षिणी।
शिशु पालयते नित्यं तथा सज्जन संगति॥

—चाणक्यनीति 4/3

जैसे मछली, कछवी और मादा पक्षी क्रमशः दर्शन, ध्यान, स्पर्श से अपने बच्चों का पालन करती हैं, वैसे ही सज्जन पुरुषों का सत्संग मनुष्य का बहुत पालन करता है।

✦ अबुद्धसेवनाच्चापि बुद्धोप्यबुद्धतां व्रजेत्।

—महाभारत/शांतिपर्व 304/10

मूर्ख की संगति करने से बुद्धिमान भी मूर्ख हो जाता है।

✦ दुराचारी दुरादृष्टिर्दुरावासी च दुर्जनः।
यन्मैत्री क्रियते पुम्भिर्नरः शीघ्रं विनश्यति॥

—चाणक्यनीति 2/19

बुरे आचरण वाला, पापदृष्टि रखने वाला, निकृष्ट स्थान पर रहने वाला और दुष्टों से मित्रता करने वाला मनुष्य शीघ्र नष्ट हो जाता है। अतः बुरे का संग नहीं करना चाहिए।

✦ संयोगो वै प्रीतिकरो महत्सु प्रतिदृश्यते।

—महाभारत/आदिपर्व 169/56

महापुरुषों के साथ होने वाला सत्संग प्रीति को बढ़ाने वाला होता है।

✦ देवो देवेभिरा गमत्।

—ऋग्वेद 1/1/5

परमेश्वर विद्वानों की संगति से प्राप्त होता है।

✦ सत्संगः स्वर्गवासः।

—चाणक्यसूत्र 519

सज्जनों का संग स्वर्ग में वास करने के बराबर है।

◆ सतां सद्भिर्नाफलः संगमोऽस्ति।
—महाभारत/वनपर्व 297/47

सज्जनों की संगति कभी विफल नहीं होती।

◆ न रोधयति मां योगो न सांख्यं धर्म एव च।
न स्वाध्यायस्तपस्त्यागो नेष्टापूर्णा न दक्षिणा॥
—श्रीमद्भागवत 11/12/1

जगत में जितनी आसक्तियां हैं, उन्हें सत्संग नष्ट कर देता है। यही कारण है कि सत्संग जिस प्रकार मुझे वश में कर लेता है, वैसा साधन न योग है, न सांख्य, न धर्मपालन और न स्वाध्याय।

◆ यादृशैः संनिविशते यादृशांश्चोपसेवते।
यादृगिच्छेच्च भवितुं तादृग् भवति पुरुषः॥
—विदुरनीति 4/13

मनुष्य जैसे लोगों के साथ रहता है, जैसे लोगों की सेवा करता है और जैसा होना चाहता है, वैसा ही हो जाता है।

◆ सत्संगाद् भवति साधुता खलानाम्।
साधूनां न हि खलसंगतेः खलत्वम्॥
—चाणक्यनीति 12/7

दुष्ट को भी सत्संग साधु बना देता है, किंतु साधुओं में दुष्ट की संगति से दुष्टता नहीं आती है।

◆ तात स्वर्ग अपवर्ग सुख, धरिय तुला एक अंग।
तूल न ताहि सकल मिलि, जो सुख लव सतसंग॥
—श्रीरामचरितमानस/सुंदरकांड 4

स्वर्ग और मोक्ष के सुख को यदि तराजू के एक पलड़े पर रखा जाए तो वह उस सुख के बराबर नहीं हो सकता, जो सत्संग से क्षणमात्र में प्राप्त होता है।

□ □ □

संतोष/सब्र

✦ अन्तो नास्ति पिपासायाः संतोषः परमं सुखम्।
—महाभारत/वनपर्व 2/46

तृष्णा का कोई अंत नहीं है, अतः परम सुख तो संतोष में ही है।

✦ संतोषादनुत्तम सुखलाभः।
—पातंजलियोगसूत्र 2/42

संतोष की पूर्ण उपलब्धि होने पर अनुपम सुख प्राप्त होता है।

✦ सन्तोषस्त्रिषु कर्तव्यः स्वदारे भोजने धने।
त्रिषु चैव न कर्तव्योऽध्ययने तपदानयोः॥
—चाणक्यनीति 7/4

अपनी पत्नी, भोजन और धन इन तीनों में संतोष करना चाहिए परंतु अध्ययन, जप-तप और दान—इन तीनों में संतोष नहीं करना चाहिए।

✦ असंतुष्टोऽसकृल्लोकानाप्नोत्यपि सुरेश्वरः।
अकिंचनोऽपि संतुष्टः शेते सर्वांगविज्वरः॥
—श्रीमद्भागवत 10/52/32

यदि इंद्र का पद पाकर भी किसी को संतोष न हो तो उसे सुख के लिए एक लोक से दूसरे लोक में बार-बार भटकना पड़ेगा, वह कहीं भी शांति से बैठ नहीं सकेगा। परंतु जिसके पास तनिक भी संग्रह परिग्रह नहीं है और जो उसी अवस्था में संतुष्ट है, वह सब प्रकार से संतापरहित होकर सुख की नींद सोता है।

✦ असंतुष्टे सुखं नास्ति न धर्मः क्षुद्रमानसे।
—व्याघ्रपादस्मृति 371

संतोष में ही सुख है, असंतुष्ट रहने पर कभी सुख नहीं मिल सकता। असंतुष्ट मन से धर्म भी नहीं होता।

226

✦ सन्तोषं परमास्थाय सुखार्थी संयतो भवेत् ।
  सन्तोषमूलं हि सुख दुःखमूलं विपर्ययः ॥
  —मनुस्मृति 4/12

सुख चाहने वाले संतोषी बनें और अपने आपको संयम में रखें। संतोष ही सुख की जड़ है। असंतोष में तो दुख ही दुख है।

✦ संतोषो वै स्वर्गतमः संतोषः परमं सुखम् ।
  तुष्टेर्न किंचित् परतः सा सम्यक् प्रतितिष्ठति ॥
  —महाभारत/शांतिपर्व 21/2

मनुष्य के मन में संतोष होना स्वर्ग की प्राप्ति से भी बढ़कर है। संतोष ही सबसे बड़ा सुख है। संतोष यदि मन में भली-भांति प्रतिष्ठित हो जाए तो उससे बढ़कर संसार में कुछ भी नहीं है।

✦ सन्तोषामृततृप्तानां तत्सुखं शान्तचेतसाम् ।
  न च तद्धनलुब्धानामितश्चे तश्च धावताम् ॥
  —चाणक्यनीति 7/3

संतोष रूपी अमृत से शांत चित्त वाले लोगों को जो सुख प्राप्त होता है, वह धन के लोभी मनुष्यों को जो धन ही के लिए इधर-उधर दौड़ते रहते हैं, कदापि नहीं प्राप्त होता है।

✦ संतुष्य त्वं तोषपरो हि लाभः ।
  —विदुरनीति 8/13

संतोष ही सबसे बड़ा लाभ है।

✦ सर्पाः पिबन्ति पवनं न च दुर्बलास्ते
  शुष्कैस्तृणैर्वनगता बलिनो भवन्ति ।
  कन्दैः फलैर्मुनिवराः क्षपयन्ति कालं
  संतोष एव पुरुषस्य परं निधानम् ॥
  —सुभाषित भंडागार 78/14

सर्प वायु सेवन करके भी दुर्बल नहीं होते, जंगली हाथी सूखे घास-फूस पत्ते खाकर भी बलवान बने रहते हैं, ऋषि-मुनि कंद-मूल खाकर अपना जीवन आनंद पूर्वक व्यतीत कर देते हैं— इससे सिद्ध होता है कि संतोष ही व्यक्ति के लिए परम धन-संपदा है।

✦ सदा संतुष्टमनसः सर्वाः सुखमया दिशः।
शर्कराकंटकादिभ्यो यथोपानत्पदः शिवम् ॥

—श्रीमद्भागवत 7/15/17

संतुष्ट मन वाले के लिए सदा सभी दिशाएं सुखमयी हैं, जैसे जूता पहनने वाले के लिए कंकड़ और कांटे आदि से दुख नहीं होता।

✦ अप्राप्तं हि परित्यज्य संप्राप्ते समतां गतः।
अदृष्टखेदाखेदो यः संतुष्ट इति कथ्यते ॥

—महोपनिषद् 4/36

जो अप्राप्त वस्तु के लिए चिंता नहीं करता और प्राप्त वस्तु के लिए सम रहता है, जिसने न दुख देखा है, न सुख—वह संतुष्ट कहा जाता है।

✦ कोउ विश्राम कि पाव तात सहज संतोष बिनु।
चलै कि जलबिनु नाव कोटि जतन पचि पचि मरिअ ॥

—श्रीरामचरितमानस/उत्तरकांड 89 ख

स्वाभाविक संतोष के बिना किसी को सुख नहीं मिलता, जैसे करोड़ों उपाय करने पर भी बिना पानी के नाव नहीं चल सकती।

✦ असंतोषपरा मूढाः सन्तोषं यान्ति पण्डिताः।
असंतोषस्य नास्त्यन्तस्तुष्टिस्तु परमं सुखम् ॥

—महाभारत/वनपर्व 216/22

मूर्ख मनुष्य असंतोषी होते हैं, ज्ञानवानों को संतोष प्राप्त होता है। असंतोष का अंत नहीं है। संतोष ही परम सुख है।

❑ ❑ ❑

संस्कार

✦ संस्कारो हि नाम संस्कार्यस्य गुणाधानेन वा स्यादेषोपनयनेन वा।

—ब्रह्मसूत्रभाष्य 1/1/4

व्यक्ति में गुणों का आरोपण करने अथवा उसके दोषों को दूर करने के लिए जो कर्म किया जाता है, उसे संस्कार कहते हैं।

✦ जन्मना जायते शूद्रऽसंस्काराद् द्विज उच्यते।

जन्म से सभी शूद्र होते हैं, लेकिन संस्कारों द्वारा व्यक्ति को द्विज (ब्राह्मण, क्षत्रिय, वैश्य) बनाया जाता है।

✦ निषेकाद् बैजिकं चैनो गार्भिकं चापमृज्यते।
क्षेत्रसंस्कारसिद्धिश्च गर्भाधानफलं स्मृतम्॥

—स्मृतिसंग्रह

विधि पूर्वक संस्कार युक्त गर्भाधान से अच्छी और सुयोग्य संतान उत्पन्न होती है। इस संस्कार से वीर्य संबंधी तथा गर्भ संबंधी पाप का नाश होता है, दोष का मार्जन तथा क्षेत्र का संस्कार होता है। यही गर्भाधान संस्कार का फल है।

✦ आहाराचारचेष्टाभिर्यादृशोभिः समन्वितौ।
स्त्रीपुंसौ समुपेयातां तयोः पुत्रोऽपि तादृशः॥

—सुश्रुतसंहिता/शारीर 2/46/50

स्त्री और पुरुष जैसे आहार, व्यवहार तथा चेष्टा से संयुक्त होकर परस्पर समागम करते हैं, उनका पुत्र भी वैसे ही स्वभाव का होता है।

✦ गर्भाद् भवेच्च पुंस्त्वस्य प्रतिपादनम्।

—मनुस्मृति

गर्भ के अंदर पुत्र शरीर ही बने, यही पुंसवन संस्कार का फल है।

◆ पुन्नाम्नो नरकाद्यस्मात् त्रायते पितरं सुतः।
—मनुस्मृति 9/138

पुंसवन संस्कार के संबंध में कहा गया है कि पुम् नामक नरक से जो रक्षा करता है, उसे पुत्र कहते हैं। इसीलिए नरक से बचने के लिए मनुष्य पुत्र प्राप्ति की कामना करता है।

◆ किं पश्यस्सीत्युक्त्वा प्रजामिति वाचयेत् तं सा स्वयम्।
भुञ्जीत वीरसूर्जीवपत्नीति ब्राह्मण्यो मंगलाभिर्वाग्भि पासीरन् ॥
—गोभिलगृह्यसूत्र 2/7/9

स्त्री संतान देखते हुए खिचड़ी का स्वयं सेवन करे। सीमंतोन्नयन संस्कार के समय उपस्थित स्त्रियां आशीर्वाद देते हुए कहें कि तू जीवित संतान उत्पन्न करने वाली हो। तू चिरकाल तक सौभाग्यवती बनी रहो।

◆ आयुर्वर्चोऽभिवृद्धिश्च सिद्धिर्व्यवहृतेस्तथा।
नामकर्मफलं त्वेतत् समुद्दिष्टं मनीषिभिः ॥
—स्मृतिसंग्रह

नामकरण संस्कार से आयु तथा तेज की वृद्धि होती है एवं लौकिक व्यवहार में नाम की प्रसिद्धि से व्यक्ति का अलग अस्तित्व बनता है।

◆ शिवौ ते स्तां व्रीहियवावबलासावदोमधौ।
एतौ यक्ष्मं विबाधेते एतौ मुंचतो अंहसः ॥
—अथर्ववेद 8/2/18

अन्नप्राशन संस्कार के अनुसार हे बालक! जौ और चावल तुम्हारे लिए बलदायक तथा पुष्टिकारक हों, क्योंकि ये दोनों वस्तुएं यक्ष्मानाशक हैं तथा देवान्न होने से पापनाशक हैं।

◆ निवर्त्तयाम्यायुषेऽन्नाद्याय प्रजननाय।
रायस्पोषाय सुप्रजास्त्वाय सुवीर्याय ॥
—यजुर्वेद 3/63

हे बालक! मैं तेरी दीर्घायु के लिए तुझे अन्न-ग्रहण करने में समर्थ बनाने के लिए, उत्पादन शक्ति प्राप्ति के लिए, ऐश्वर्य वृद्धि के लिए, सुंदर संतान के लिए एवं बल तथा पराक्रम प्राप्ति के योग्य होने के लिए तेरा चूड़ाकर्म यानी मुंडन संस्कार करता हूं।

✦ गुरुमंत्रो मुखे यस्य तस्य सिद्ध्यन्ति नान्यथा।
दीक्षया सर्वकर्माणि सिद्ध्यन्ति गुरुपुत्रके॥

—गुरुगीता 2/131

जिसके मुख में गुरुमंत्र है, उसके सब कर्म सिद्ध होते हैं, दूसरे के नहीं। दीक्षा के कारण शिष्य के सभी कार्य सिद्ध हो जाते हैं।

✦ मातुरग्रेऽधिजननं द्वितीयं मौञ्जबन्धनम्।
न ह्यस्मिन्युज्यते कर्म किंचदामोञ्जीबन्धनात्॥

—मनुस्मृति 2/169, 171

पहला जन्म माता के पेट से होता है और दूसरा यज्ञोपवीत धारण से होता है। यज्ञोपवीत संस्कार हुए बिना द्विज किसी कर्म का अधिकारी नहीं होता।

✦ वायुरनिलममृतमथेदं भस्मान्तं शरीरम्।
ओम् क्रतो स्मर क्लिबे स्मर कृतं स्मर॥

—यजुर्वेद 40/15

हे कर्मशील जीव, तू शरीर छूटते समय परमात्मा के श्रेष्ठ और मुख्य नाम ओ३म् का स्मरण कर। प्रभु को याद कर। किए हुए अपने कर्मों को याद कर। शरीर में आने-जाने वाली वायु अमृत है, परंतु यह भौतिक शरीर भस्म पर्यंत है। यह शव भस्म करने योग्य है, इसलिए अंत्येष्टि संस्कार करना चाहिए।

❑ ❑ ❑

साधु/महात्मा

✦ साधूनां दर्शनं पुण्यं तीर्थभूता हि साधवः।
कालेन फलते तीर्थं सद्यः साधुसमागमः॥

—चाणक्यनीति 12/8

साधुओं का दर्शन ही पुण्य कारक होता है और वे तीर्थ स्थान स्वरूप ही हैं। तीर्थ स्थान का फल समय पाकर मिलता है, परंतु साधु संगति, साधुओं का सत्संग तुरंत फल देता है।

✦ विषयेषुनसंसक्ति समत्वं सर्वजन्तुषु
येषां हर्ष विषादी च न जातु सुख-दुखयोः।
त एव साधवोलोके गोविन्द सेविनः
तेषां दर्शनमात्रेण कृतार्थो जायते नरः॥

—पदमूपुराण 30/212

शब्दादि विषयों में जिनकी आसक्ति नहीं, सब प्राणियों में समता (पक्षपात न करना), सुख-दुख पड़ने पर हर्ष-विषाद नहीं और गोविन्द पद के सेवी— ऐसे पुरुष ही साधु हैं, जिनके दर्शन मात्र से मनुष्य कृतार्थ हो जाता है।

✦ ध्रुवा साधुषु सन्नतिः।

—महाभारत/द्रोणपर्व 76/25

साधुओं में नम्रता नित्य रहती है।

✦ साधूनां समचित्तानां सुतरां मत्कृतात्मनाम्।
दर्शनान्नो भवेद् बन्धः पुंसोऽक्ष्णोः सवितुर्यथा॥

—श्रीमद्भागवत 10/10/41

जिनकी बुद्धि समदर्शिनी है और हृदय पूर्णरूप से मेरे प्रति समर्पित है, उन साधु पुरुषों के दर्शन से बंधन होना ठीक वैसे ही संभव नहीं है, जैसे सूर्योदय होने पर मनुष्य के नेत्रों के सामने अंधकार होना।

◆ न स्मरन्त्यपराद्धनानि स्मरन्ति सुकृतान्यपि।
असंभिन्नार्यमर्यादाः साधवः पुरुषोत्तमाः ॥

—पद्मपुराण/उत्तरखंड 218/2

दूसरे के ऊपर धन का स्मरण नहीं करते और गुणों का स्मरण करते हैं। श्रेष्ठ मर्यादा का उल्लंघन नहीं करते; ऐसे पुरुष साधु होते हैं।

◆ साधुभ्यस्ते निवर्तन्ते पुत्र मित्राणि बान्धवाः।
ये च तैः सह गन्तारस्तद्धर्मात्सुकृतं कुलम् ॥

—चाणक्यनीति 4/2

साधु-महात्माओं के संपर्क में आने से प्रभु, मित्र, बंधु तथा उनके साथ चलने वाले सांसारिक वृत्तियों से निवृत्त हो जाते हैं तथा उनके पुण्य से उनका कुल उज्ज्वल हो जाता है।

◆ साधवो न्यासिनः शान्ता ब्रह्मिष्ठा लोकपावनाः।
हरन्त्यघं ते संगत् तेष्वास्ते ह्यघभिद्धरिः ॥

—श्रीमद्भागवत 9/9/6

इस लोक और परलोक की समस्त भोग-वासनाओं का सर्वथा परित्याग किए हुए शांतचित्त ब्रह्मनिष्ठ साधुजन, जो स्वभाव से ही लोगों को पवित्र करते रहते हैं, अपने अंग-संग से आपके पापों को हर लेंगे, क्योंकि उनके हृदय में समस्त पापों को समूल हर लेने वाले श्रीहरि नित्य निवास करते हैं।

◆ यस्य चित्तं द्रवीभूतं कृपया सर्वजन्तुषु।
तस्य ज्ञानेन मोक्षेण किं जटाभस्मलेपनैः ॥

—चाणक्यनीति 15/1

जिसका हृदय सब प्राणियों पर दया भाव से हमेशा द्रवित हो जाता है, संसार में ऐसे साधु स्वभाव के पुरुष धन्य हैं। उनको ज्ञान, मोक्ष, जटा और भस्म लगाकर ढोंग करने से क्या मतलब?

◆ परित्राणाय साधूनां विनाशाय च दुष्कृताम्।
धर्मसंस्थापनार्थाय संभवामि युगे युगे ॥

—श्रीमद्भगवद्गीता 4/8

साधु पुरुषों का उद्धार करने के लिए, पापकर्म करने वालों का विनाश करने के लिए और धर्म की अच्छी तरह से स्थापना करने के लिए मैं युग-युग में प्रकट होता हूं, यानी अवतार लेता हूं।

✦ किएहुं कुबेषु साधु सनमानू। जिमि जग जामवंत हनुमानू॥

—श्रीरामचरितमानस/बालकांड 6/7

बुरा वेश बना लेने पर भी साधु का सम्मान ही होता है, जैसे जगत में जाम्बवान् और हनुमान्जी का हुआ।

✦ विपदि धैर्यमथाभ्युदये क्षमा सदसि वाक्पटुता युधि विक्रमः।
यशसि चाभिरुचिर्व्यनं श्रुतौ प्रकृति सिद्धिमिदेहि महात्मनाम्॥

—भर्तृहरि नीतिशतक 63

विपत्ति में धैर्य, संपत्ति में क्षमा, सभा में बोलने का ढंग, न्याय प्राप्त युद्ध में पराक्रम, यश में प्रेम, शास्त्र में व्यसन; ये बातें साधु-महात्माओं में स्वाभाविकतया मिलती हैं।

✦ कुपालुरकृतद्रोहस्तितिक्षु सर्व देहिनाम्।
सत्यमारोऽनवद्यात्मा समः सर्वोपकारकः॥
कामैरहतधीर्दान्तो मृदुः शुचिरकिचनः।
अनीहो मितभुक्शांतः स्थिरो मच्छरणो मुनिः॥
अप्रमतो गंभीरात्मा धृतिमांजितषड्गगुणः।
अमानीमानद कल्पोमित्रः कारुणिक कविः॥

—श्रीमद्भागवत 11/11/29

जो समस्त प्राणियों पर कृपा करता है, किसी से बैर-भाव नहीं रखता, सामर्थ्य होते हुए भी दूसरे के दिए दुख को सह लेता है। सत्यवादी, शुद्ध चित्त (छल-कपट, ईर्ष्या, द्वेष से रहित), राग-द्वेष रहित, यथाशक्ति सबका उपकार करने वाला, बुरी कामनाओं से शून्य, जितेन्द्रिय, कोमल चित्त, आवश्यकता से अधिक धन संग्रह न करने वाला, शांत चित्त, कष्ट में धैर्य रखने वाला, अपना मान, प्रशंसा की इच्छा न करने वाला, औरों का मान करने वाला, मिलनसार, परोपकारी, ज्ञानवान, ज्ञानी पुरुष एक उत्तम साधु है।

✦ अशक्तस्तु भवेत्साधु।

—चाणक्यनीति 17/6

अकसर देखा गया है कि शक्तिहीन मनुष्य ही साधु होता है।

✦ सत्संगाद् भवति साधुता खलानाम्।
साधूनां न हि खलसंगतेः खलत्वम्॥

—चाणक्यनीति 12/7

दुष्ट को भी सत्संग साधु बना देता है, लेकिन साधुओं में दुष्ट की संगति से दुष्टता नहीं आती। ❑❑❑

स्वाध्याय

✦ स्वाध्यायान्मा प्रमदः ।
—तैत्तिरीय उपनिषद् 1/10

स्वाध्याय में आलस्य (प्रमाद) नहीं करना चाहिए ।

✦ उपह्वरे गिरीणां संगमे च नदीनाम् । धियो विप्रो अजायत ॥
—यजुर्वेद 26/15

विद्वान लोग जो स्वाध्याय करते हैं, एकांत मन से उसी का मनन-चिंतन करते रहते हैं । इससे योगियों के समान उनकी बुद्धि प्रखर होती है ।

✦ येन देवा नवि यन्ति नो च विद्विषते मिथः ।
तत्कृण्मो ब्रह्म वो गृहे संज्ञानं पुरुषेभ्यः ॥
—अथर्ववेद 3/30/4

विद्वान् पुरुष कभी परस्पर लड़ते-झगड़ते या ईर्ष्या-द्वेष नहीं करते । मनुष्यों के विचार समान हों, इसलिए सद्साहित्य के स्वाध्याय की आवश्यकता है ।

✦ यः पावमानीरध्येत्यृषिभिः संभृतं रसम् ।
सर्व स पूतमश्नाति स्वदितं मातरिश्वना ॥
—ऋग्वेद 9/67/31

जो पवित्र कल्याणकारी वेद वाणी का स्वाध्याय करता है, वह ऋषियों द्वारा संचित और योगीजनों से भोग्य पवित्र आनंद रस को भोगता है ।

✦ पावमानीः स्वस्त्ययनीस्ताभिर्गच्छति नान्दनम् ।
—सामवेद/उत्तरार्चिक 10/7/6

जिससे मनुष्यों के विचार सत्कर्म की ओर प्रेरित होते हों, ऐसे साहित्य के स्वाध्याय से स्त्री-पुरुषों को आनंद मिलता है ।

✦ स्वाध्यायसंयमाभ्यां स दृश्यते पुरुषोत्तमः।

—भवसन्तरणोपनिषद् 3/17

स्वाध्याय और संयम से परमात्मा का साक्षात्कार किया जा सकता है।

✦ स्वाध्यायाभ्यसनं चैव वाङ्मयं तप उच्यते ॥

—श्रीमद्भगवद्गीता 17/15

वेदशास्त्रों का स्वाध्याय और परमेश्वर के नाम के जप का अभ्यास वाणी संबंधी तप कहा जाता है।

✦ नित्य स्वाध्यायशीलश्च दुर्गान्याति तरन्ति ते।

—महाभारत/शांतिपर्व

नित्य स्वाध्याय करने वाला व्यक्ति दुखों से मुक्त हो जाता है।

✦ स्वाध्याये नित्य युक्तः स्यादेव चैवेह कर्मणा।

—मनुस्मृति 3/75

स्वाध्याय और शुभ कर्म में मनुष्य सदा तत्पर रहे।

✦ तदहब्रहिणो भवति यदहः स्वाध्यायं नाधीते।
तस्मात्स्वाध्यायोऽध्येत्व्यः ॥

—शतपथ ब्राह्मण 11/5/7

उसी दिन वह ब्राह्मण अब्राह्मण हो जाता है अर्थात् (ब्राह्मणत्व) से गिर जाता है, जिस दिन स्वाध्याय नहीं करता।

✦ स्वाध्यायाद्योगमासीन योगात् स्वाध्यायमावसेत्।
स्वाध्याययोग सम्पत्त्या परमात्मा प्रकाशते ॥

—विष्णुपुराण 6/6/2

स्वाध्याय से योग का और योग से स्वाध्याय का आश्रय करें। इस प्रकार स्वाध्याय और योग की संपत्ति से परमात्मा का साक्षात्कार होता है।

✦ सर्वान् परित्यजेदर्शान् स्वाध्यायस्य विरोधिनः।

—मनुस्मृति 4/17

स्वाध्याय में बाधक सभी कर्मों को छोड़ दें।

❑ ❑ ❑

सूर्य

✦ उद्यन्त्सूर्यो नुदतां मृत्युपाशान्।

—अथर्ववेद 17/1/30

उदित होता हुआ सूर्य मृत्यु के सभी कारणों को अर्थात् सभी रोगों को जड़ से नष्ट कर देता है।

✦ एते वाऽउत्पवितारो यत् सूर्यस्य रश्मयः।

—शतपथ ब्राह्मण 1/1/3/6

सूर्य की किरणें पवित्र करने वाली हैं।

✦ ज्योगेव हशेम सूर्यम्।

—अथर्ववेद 1/31/4

हम सूर्य को बहुत काल तक देखते रहें।

✦ मानसं वाचिकं वापि कायजं यच्च दृष्कृतम्।
सर्वं सूर्यप्रसादेन तदशेषं व्यपोहति॥

—ब्रह्मपुराण 29/30

जो उपासक भगवान सूर्य की उपासना करते हैं, उन्हें मनोवांछित फल प्राप्त होता है। उपासक के सम्मुख प्रकट होकर वे उसकी इच्छापूर्ति करते हैं और उनकी कृपा से मानसिक, वाचिक तथा शारीरिक सभी पाप नष्ट हो जाते हैं।

✦ स एष वैश्वानरो विश्वरूप।
प्राणेऽग्निरुदयतो तदेतहमाभ्युक्तम्॥

—प्रश्नोपनिषद् 1

उदय होने वाला सूर्य एक आग है। इस पर भी यह आग हर प्राणी को जीवन देता है। यह प्राण है, क्योंकि इसी में सबको जीवन प्रदान करने वाली चेतना शक्ति की प्रधानता और अधिकता है। यह सूर्य उस सूक्ष्म जीवन शक्ति का घनीभूत रूप है।

✦ मृत्योः पड्वीशं अवमुंचमानः।
माच्छित्था अस्माल्लोकादग्ने सूर्यस्य संदृशः॥

—अथर्ववेद 8/1/4

सूर्य के प्रकाश में रहना अमृत के लोक में रहने के तुल्य है।

✦ अग्नौ प्रास्ताहुतिः सम्यगादित्यमुपतिष्ठते।
आदित्याज्जायते वृष्टिर्वृष्टेरन्न ततः प्रजाः॥

—मनुस्मृति 3/76

वेदोक्त विधि से अग्नि में दी हुई आहुति सूर्य में स्थित होती है, सूर्य से वर्षा होती है, वर्षा से अन्न उत्पन्न होता है और अन्न से प्रजा होती है।

✦ सूर्यस्त्वाधिपतिर्मृत्योत्योरुदायच्छतु रश्मिभिः।

—अथर्ववेद 5/30/15

मृत्यु के बंधनों को यदि तोड़ना है, तो सूर्य के प्रकाश से अपना संपर्क बनाए रखें।

✦ विश्वरूपं हरिणं जातवेदसं परायणं ज्योतिरेकं तपन्तम्।
सहस्ररश्मि शतधा वर्तमानः प्राणः प्रजानां मुदयत्येषसूर्यः॥

—प्रश्नोपनिषद् 1

सूर्य विश्वरूप है। इस संसार में जो कुछ भी है सूर्य की किरणों के कारण ही है। वह हरिण है, किरणों का जन्मदाता (स्वामी) है। वही हर पैदा हुए पदार्थों में बसा हुआ है, क्योंकि उसी की किरणों से तो सब बना है। सूर्य परायण है, सारे जीवों का परम आसरा है। यह सहस्र रश्मियों वाला होने के कारण तपता रहता है और हमारे अनाज और फलों को पकाता है।

✦ सरक्तचूर्ण ससुवर्णतोयं स्त्रक्कुंकुमाढ्यं सकुशं सपुष्पक्।
प्रदत्तमादाय सहेमपात्रं प्रशस्तमर्घ्यं भगवन् प्रसीद॥

—शिवपुराण/कैलाससंहिता 6/40

हे सूर्य भगवान! आप सुवर्ण पात्र में रक्त वर्ण के चूर्ण कुंकुम, कुश, पुष्पमालादि से युक्त, रक्त स्वर्णिम जल द्वारा दिए गए श्रेष्ठ अर्घ्य को ग्रहण कर प्रसन्न हों। उल्लेखनीय है कि अर्घ्यदान से भगवान सूर्य प्रसन्न होकर आयु, आरोग्य, धन-धान्य, क्षेत्र, मित्र, तेज, वीर्य, यश, कांति, विद्या और वैभव के साथ-साथ सौभाग्य आदि प्रदान करते हैं तथा इससे सूर्यलोक की प्राप्ति होती है।

✦ आनन्दमयो ज्ञानमयो विज्ञानमय आदित्यः।

—सूर्योपनिषद्

आदित्य (सूर्य) आनंदमय, ज्ञानमय और विज्ञानमय है।

✦ यदादित्यगतं तेजो जगद्भासयतेऽखिलम्।
यच्चन्द्रमसि यच्चाग्नौ तत्तेजो विद्धि मामकम्॥

—श्रीमद्भगवद्गीता 15/12

भगवान के तेज की महिमा यूं बताई गई है कि जो तेज सूर्य में स्थित हुआ संपूर्ण सृष्टि को प्रकाशित करता है तथा जो तेज चंद्रमा में स्थित है और जो तेज अग्नि में है, वह तेज तू मेरा ही समझ।

❑ ❑ ❑

सुख

◆ पूषन्तव व्रते वयं न रिष्येम कदाचन ।
स्तोतारस्त इह स्मसि ॥
—यजुर्वेद 34/41

जो परमात्मा और महापुरुषों के गुण, कर्म, स्वभाव का अनुसरण करते हैं, उनका सुख नष्ट नहीं होता ।

◆ इमानि यानि पंचेन्द्रियाणि मनः षष्ठानि मे हृदि ब्रह्मणा संशितानि ।
यैरेव ससृजे घोरं तैरेवशान्तिरस्तु नः ॥
—अथर्ववेद 19/9/3

पांच इंद्रियां और छठा मन इनका सदुपयोग करें तो सुख मिलता है, दुरुपयोग करें तो यही सर्वनाश का कारण बन जाते हैं ।

◆ ॐ शन्नो देवी रभिष्टय आपो भवन्तु पीतये ।
शंयोरभिस्रवन्तु नः ॥
—यजुर्वेद 36/12

सबका प्रकाशक, सबका आनंद देने वाला और सर्वव्यापक ईश्वर मनोवांछित आनंद के लिए और पूर्णानंद की प्राप्ति के लिए हमको कल्याणकारी हो, वही परमेश्वर हम पर सब ओर से सुख की वर्षा करें ।

◆ आत्मानं नियमैस्तैस्तै कर्षयित्वा प्रयत्नतः ।
प्राप्तये निपुणैर्धर्मो न सुखाल्लभते सुखम् ॥
—वाल्मीकिरामायण/अरण्यकांड 9/31

चतुर मनुष्य भिन्न-भिन्न नियमों के द्वारा अपने शरीर को घसीटकर यानी कष्ट में डालकर यत्नपूर्वक धर्म का संपादन करते हैं, क्योंकि सुख के बिना कष्ट नहीं मिलता ।

✦ विश्वस्य हि प्राणनं जीवनं त्वे वि यदुष्छसि सूनरि।
सा नो रथेन बृहता विभावरि श्रुधि चित्रामधे हवम् ॥

—ऋग्वेद 1/48/10

उषा के उदय से जैसे संपूर्ण प्राणियों को सुख मिलता है, वैसे ही पतिव्रता स्त्री से पुरुष को सुख, आनंद मिलता है।

✦ दुर्लभं हि सदा सुखम्।

—वाल्मीकिरामायण/अयोध्याकांड 18/13

सदा सुख ही सुख रहे, यह बहुत दुर्लभ है।

✦ अस्माभिरु न प्रतिचक्ष्या भूदो ते यन्ति ये अपीरष पश्यान्।

—ऋग्वेद 1/113/11

जो स्त्री-पुरुष परमात्मा की साक्षी में मधुर संबंध बनाए रखते हैं, उन्हें भगवान सदैव सुखी रखते हैं।

✦ अर्थागमो नित्यमरोगिता च प्रिया च भार्या प्रियवादिनी च।
वश्यश्च पुत्रोऽर्थकरी च विद्या षड् जीवलोकस्य सुखानि राजन् ॥

—विदुरनीति 1/87

धन की आय, नित्य नीरोग रहना, स्त्री का अनुकूल तथा प्रियवादिनी होना, पुत्र का आज्ञा के अंदर रहना तथा धन पैदा करने वाली विद्या का ज्ञान— ये छह बातें इस मनुष्य लोक में सुखदायिनी होती हैं।

✦ सुखस्यानन्तरं दुःखं दुःखस्यानन्तरं सुखम्।
सुखदुःखं मनुष्याणां चक्रवत् परिवर्तते ॥

—महाभारत/शांतिपर्व 174/99

सुख के बाद दुख और दुख के पश्चात् सुख होता है, यह शाश्वत नियम है। मनुष्यों के सुख-दुख पहिए की भांति घूमते रहते हैं।

✦ आरोग्यमानृण्यविप्रवासः सद्भिर्मनुष्यैः सह सम्प्रयोगः।
स्वप्रत्यया वृत्तिरभीतवासः षड्जीवलोकस्यसुखानि राजन् ॥

—महाभारत/उद्योगपर्व 33/89

निरोगी रहना, ऋणी न होना, परदेश में न रहना, अच्छे लोगों के साथ मेल-मिलाप होना, अपनी कमाई से जीविका चलाना और निर्भय होकर रहना— ये छह मनुष्य लोक के सुख हैं।

✦ अशांतस्य कुतः सुखम्।

–श्रीमद्भगवद्गीता 2/66

अशांत (शांतिरहित) मनुष्य को सुख कैसे मिल सकता है?

✦ अनर्थकं विप्रवासं गृहेभ्यः पापैः सन्धि परदाराभिमर्शम्।
दम्भं स्तैन्यं पैशुन्यं मद्यपानं न सेवते यश्च सुखी सदैव॥

–विदुरनीति 1/113

जो निरर्थक विदेशवास पापियों से मेल, परस्त्री गमन, पाखंड, चोरी, चुगलखोरी तथा मदिरापान नहीं करता, वह सदा सुखी रहता है।

✦ गम्भीरां उदधीरिव क्रतु पुष्यसि गा इव।
प्र सुगोपा यवसं धेनवो यथा ह्रदं कुल्या इवाशत्॥

–ऋग्वेद 3/45/3

सुख उन्हें मिलता है जो समुद्र के समान अचल गंभीर बुद्धि वाले होते हैं, जिनमें पृथ्वी के समान क्षमा और पालन का सामर्थ्य होता है तथा जो गौ के समान दानी और नदी के जैसे निरंतर क्रियाशील होते हैं।

✦ पराधीन सपनेहुं सुख नाहीं।

–रामचरितमानस 1/102/3

दूसरे के अधीन रहने वाले को स्वप्न में भी सुख प्राप्त नहीं होता।

✦ विषयेन्द्रियसंयोगाद्यत्तदग्रेऽमृतोपमम्।
परिणामे विषमिव तत्सुखं राजसं स्मृतम्॥

–श्रीमद्भगवद्गीता 18/38

जो सुख इंद्रियों और विषयों के संयोग से होता है, वह पहले अमृत तुल्य और परिणाम में विष के समान होता है, इसलिए वह राजस सुख है।

✦ अनसूयुः कृतप्रज्ञः शोभनान्याचरन् सदा।
न कृच्छ्रं महदाप्नोति सर्वत्र च विरोचते॥

–विदुरनीति 3/65

दोषदृष्टि से रहित शुद्ध बुद्धिवाला पुरुष सदा शुभ कर्मों का अनुष्ठान करता हुआ महान् सुख को प्राप्त होता है और सर्वत्र उसका सम्मान होता है।

❑ ❑ ❑